实用新闻与传播学丛书　　总主编　顾理平

西方新闻理论教程
WESTERN JOURNALISM THEORIES

曹爱民　著

南京师范大学出版社
NANJING NORMAL UNIVERSITY PRESS

图书在版编目(CIP)数据

西方新闻理论教程 / 曹爱民著. —南京：南京师范大学出版社，2015.3
(实用新闻与传播学丛书)
ISBN 978-7-5651-1899-9

Ⅰ. ①西… Ⅱ. ①曹… Ⅲ. ①新闻学－西方国家－教材 Ⅳ. ①G219.1

中国版本图书馆 CIP 数据核字(2014)第 246990 号

书　　名	西方新闻理论教程
丛书策划	林荣芹　王　涛
著　　者	曹爱民
责任编辑	王　涛　金书羽
出版发行	南京师范大学出版社
地　　址	江苏省南京市宁海路 122 号(邮编：210097)
电　　话	(025)83598919(总编办)　83598412(营销部)　83598297(邮购部)
网　　址	http://www.njnup.com
电子信箱	nspzbb@163.com
照　　排	南京理工大学印刷照排中心
印　　刷	扬州市文丰印刷制品有限公司
开　　本	787 毫米×960 毫米　1/16
印　　张	17.5
字　　数	314 千
版　　次	2015 年 3 月第 1 版　2015 年 3 月第 1 次印刷
书　　号	ISBN 978-7-5651-1899-9
定　　价	36.00 元
出 版 人	彭志斌

南京师大版图书若有印装问题请与销售商调换
版权所有　侵犯必究

总 序

新锐博士团队,精辟理论阐述,实用本科教材,科学知识传播,这是我对本丛书的基本期待。翻阅一本本书稿,这种期待的满足感油然而生。江苏是一个新闻大省,拥有一批国内外有重要影响的新闻传媒集团和新闻传播人才;江苏也是一个教育大省,其中,新闻传播教育的学科点众多,新闻教育的优秀学者荟萃,但是,学者们的许多成果花开本土,却果结异乡,令人颇为遗憾。我们希望这套产于本土,香飘本土的教材,能成为我省新闻教育的一段宝贵记忆。换句话说,我们书写的,是一种历史责任感和使命感。

一、关于作者

在我的感觉中,一个人最具创造性的阶段应该在三十岁至四十岁间,理工科类稍早,人文学科稍晚。这并不奇怪,这个年龄段的人身体机能处于巅峰状态,精力旺盛,注意力集中,更主要的是他们告别了年少轻狂,也未至暮气沉沉,因此具备无穷的想象力和创造力。本丛书的作者,正是这样一个年龄段的年轻才俊,一群才华横溢的博士。在他们的身上体现出来的,首先是新锐的思想。他们普遍具有良好的教育背景,通过博览群书,具有了比较广阔的学术视野。他们对前辈先贤的理论有良好的理解,同时,他们又拥有可贵的质疑精神,不迷信权威,不妄从传统,希望用自己的头脑,来解读新闻传播的理论与实践。他们的奇思妙想和真知灼见频频闪现,因此,翻阅丛书,我们不时会有"原来如此""原来还可以如此"的惊喜。其次是良好的学术功力。丛书的作者均为博士或在读博士,他们都经历了良好的学术训练和理论熏陶,这就使丛书充满了浓浓的理性魅力,也更加符合学术规范的基本要求。学术功力的培养说起来简单,实际上是一个异常艰苦的过程。一方面,学术训练需要大量的时间和精力做保障。春暖花开要抵挡得住美景的诱惑,夏日酷暑要忍受得了炎热的烦扰,秋高气爽要抗拒得住美食的侵蚀,冬雪飘零要忍耐得了严寒的考验。另一方面,学术训练还需要一定的天赋和灵气。理论研究的过程中需要有好奇心和发现力,要有较强的领悟能力,而我们的作者正是这方面的佼佼者。第三,强烈的责任心。"文章千古事",教材的写作更是如此。大至谋篇布局及主要观点的表达,小至遣词造句的准确和标点的精当,作者们都要认真琢磨,反复推敲,体现了他们的良苦用心和科学态度。作者们都知道,这不仅是一般的学术研究,更是一种直接的知识传承,必须要本着对历史、对科学负责的态度来从事本书的写作。在初稿完成后,大家又不断地进行校阅,争取最好的呈现。这套书所有的作者都是大学一线教师,教书育人是他们的天职,他们把这种责任心倾注到了这套丛书的写作中,他们深知,面对一双双求知若渴的眼睛,面对日新月异的传媒发展局面,只有专注的、科学的表达,才对得起读者的期待和经受得住时间的检验。

二、关于丛书

这套丛书具备这样一些特点:第一,创新性。首先是内容的创新。新闻与传播学科是一门贴近社会的学科,必须时刻关注社会的日新月异和科技的最新进展,关注这个时代的宏观趋势和微观变迁。因此,创新性几乎可以说是这门学科的必然要求。近年来,经过一代代新闻人的不懈努力,学术界有不少册相关学科的教材出版,初步框定了主要的研究领域,构建成科学的学科体系,形成了基本的学科概念,这些内容是这套丛书必须传递的基本内容。因为我们始终相信一点,传统是创新之母,脱离了传统的创新只能是空中楼阁。因此,我们遵循已有的、规范的学科内容。在此基础上,我们更强调内容的不断创新。新闻的价值,贵在"新"字,否则就成了旧闻,而关于新闻的学科知识,当然也必须时时关注新闻界的最新变化,并从理论上对这种变化进行总结。于是,在这套丛书中,我们除了能看到对本学科相关知识的系统阐述外,更能看到这些新锐的学者关于新闻与传播学发展的最新总结。其次是形式的创新。除了一般教材常规的表述方式外,我们在形式上也做了一些创新性的尝试,譬如,我们在每章的开头都会有知识点导读或小贴士,在文中会有精当的最新案例分析,在文后附有促进理解的思考题。另外,在本丛书的编排和版式安排上,我们也做了不少创新性的尝试。我们希望这样的尝试,会给读者以耳目一新之感。第二,学理性。对学理性的坚守应该是一个有责任心的学者应有的态度,我们当然也不例外。这套丛书是一套教材,因此,它承担的学术责任理应更重。这种学术责任一方面表现为它对本学科知识表述的完整性上,即读者通过对本套教材的学习,对本学科的知识能有一个完整的、全面的了解。另一方面则表现为对本学科知识表述的准确性上。我们希望我们提供的观点是有创新价值的,但前提是准确。学术研究需要百花齐放,新见迭出,但教材提供的观点不追求石破天惊,更不应该离经叛道。我们希望我们提供的是基本成熟的,为学界和业界普遍认可的观点。第三,实用性。本套教材不追求玄虚空洞的抽象理论,专注于学而有用,因此,实用性是我们重要的着力点。

三、关于读者

中央电视台著名节目主持人白岩松在一档连线节目中曾有过这样一段话:"英国一家著名媒体的同行问我,英国的媒体人应该向中国的媒体人学什么?我告诉他,第一是中文。这当然是开玩笑。我告诉他首先要学习中国媒体人对世界的好奇心。"看似有些令人意外的回答,包含的却正是一个媒体人应该具备的基本素质。好奇心表达着一个人对世界的关心和关爱,也表达着一个媒体人发现新闻的必备能力。试想,如果一个人对外在世界漠不关心,充满着无所谓的态度,怎么会从纷繁复杂的诸多现象和事实中去发现最有价值的新闻进行传播呢?当然,一个媒体人应该具备的素质远不止好奇心这一项。国际化的视野,专业主义精神,社会责任意识,创新思维能力……所有这些,都有待在悠长岁月的流淌中养成。丛书的读者,主要是一批充满新闻理想的、意气风发的大学年轻学子,也包括那些对新闻传播有爱好的人们,坚守社会正义、维护社会良知是他们共同的追求。我们希望通过本套教材,能对他们实现各自的新闻理想有所帮助。

顾理平
(南京师范大学新闻与传播学院院长、博士生导师)

前　言

新闻学的主要任务是研究新闻传播现象，揭示新闻传播活动规律。从历史发展的角度来看，新闻学是肇始于西方国家的。中国近代新闻事业以及新闻学的发展都明显受到过西方新闻学的影响。本书中的西方新闻理论泛指的就是西方国家的新闻学理论观点。它虽然主要涉及的是西方新闻传播活动的基本规律，但是其中也包含大量具有普适性的原则和方法。在当前新闻传播全球化的历史背景下，学习西方新闻理论可以中西对照，从而有助于更加全面地把握新闻事业发展的特点和规律，对于建立科学严谨的新闻传播理论体系以及健康有序的媒体运行机制有着重要的意义和影响。

本书是在笔者多年西方新闻理论教学实践的基础上编写的，力求体现教材的系统性、通俗性和实用性。具体来说，这些特征主要体现在以下几个方面：

首先，"二维"体例架构，内容系统全面。

当前，西方新闻理论方面的教材并不多。已有的教材在内容安排上，要么是将西方新闻媒体和西方新闻理论并举，要么就是把西方新闻理论和大众传播学的理论融合交织。本书将西方新闻理论体系分为西方新闻制度理论和新闻业务理论进行分析和阐释，每一部分大致按照西方新闻理论自身发展的历史脉络安排，既体现出西方新闻界与政府、社会、公众之间的相互作用及其利益协调，又反映了西方新闻媒体不断的经验总结和积极探索的最新成果。虽不能说"一卷在手，应有尽有"，但也基本上较全面地反映了该课程的主要内容。

其次，"多元"信息组合，阅读氛围优化。

形式单一的文字呈现，容易造成阅读压迫感，现代社会的读者更讲究轻松的阅读氛围。本书设置有"情境导入""学习要点"等环节，可以提纲挈领地引导读者阅读。"小故事""小资料""资料链接"等板块，既丰富了每章的知识内容，又将信息化整为零，便于读者感知和接受。同时，书中配有大量图片，使得内容的呈现更加生动、直观、活泼，这也适应了读图时代读者对影像信息的需求。

最后,"中西"案例比较,理论联系实际。

理论来源于实践,并且伴随着实践而不断发展,最终又服务于实践。西方新闻理论的学习也要实现"学以致用"的目的。本书在编写过程中不仅参阅了大量关于西方新闻理论的最新研究成果,而且适当联系中西方的一些新闻现象展开分析。在"拓展训练"部分,还设置了一些有关中国新闻实践的思考题。中西比较,可以促进知识的拓展和延伸,培养学生理性分析问题的能力,也有助于更好地指导今后的新闻实践。

纵观西方国家所出现的诸多新闻传播理论,可以看到每一种理论都有其积极的一面,也有其局限性;每个国家和媒体也都不是纯粹地只奉行一种理论。新闻学本身就是一门实践性强、理论更新快的学科。如今,人类社会正在不断走向信息化、全球化和多元化,伴随着新闻媒体的快速发展,新的新闻理论也必然会不断涌现,并终将向综合化、多学科化的趋势发展。

本书可作为高等院校新闻传播学专业的教学用书以及新闻专业考研的新闻理论课程参考用书,也可供新闻学爱好者闲暇之际阅读欣赏。

鉴于时间和水平等原因,书中难免会有某些缺点或不当之处,敬请各位批评指正!

曹爱民

2014 年 11 月 18 日

目 录

总序 ·· 1
前言 ·· 1

上篇：新闻制度理论

第一章　集权主义新闻理论 ·· 3
　　第一节　集权主义新闻理论的历史探源 ································· 3
　　第二节　集权主义新闻理论的主要观点 ································· 8
　　第三节　集权主义新闻理论的具体实践 ································· 11
　　第四节　集权主义新闻理论的历史评析 ································· 16

第二章　自由主义新闻理论 ·· 21
　　第一节　自由主义新闻理论的历史探源 ································· 22
　　第二节　自由主义新闻理论的哲学基础及主要观点 ················· 25
　　第三节　自由主义新闻理论的具体实践及现实困惑 ················· 29
　　第四节　自由主义新闻理论的当代发展 ································· 34
　　第五节　自由主义新闻理论的历史评析 ································· 38

第三章　社会责任新闻理论 ·· 44
　　第一节　社会责任新闻理论的正式提出及初步实践 ················· 44
　　第二节　社会责任新闻理论的思想基础 ································· 47
　　第三节　社会责任新闻理论的基本观点 ································· 51
　　第四节　社会责任新闻理论的历史评析 ································· 57

第四章　新闻传播与国家发展理论 ································· 63
第一节　新闻传播与国家发展理论产生的背景 ················· 63
第二节　新闻传播与国家发展理论的历史发展 ················· 66
第三节　新闻传播与国家发展理论的主要观点 ················· 69
第四节　新闻传播与国家发展理论的历史评析 ················· 74

第五章　媒介帝国主义理论 ····································· 79
第一节　媒介帝国主义理论产生的背景 ························· 79
第二节　从文化帝国主义到媒介帝国主义 ····················· 82
第三节　媒介帝国主义理论的主要观点及其争论 ············· 86
第四节　媒介帝国主义理论的历史评析 ························· 90

第六章　民主参与媒介理论 ····································· 95
第一节　民主参与媒介理论的产生过程 ························· 95
第二节　民主参与媒介理论的早期实践 ························· 99
第三节　民主参与媒介理论的主要观点 ························ 101
第四节　民主参与媒介理论的当代发展 ························ 104
第五节　民主参与媒介理论的历史评析 ························ 108

第七章　新闻专业主义理论 ···································· 112
第一节　新闻专业主义理论产生的过程 ························ 113
第二节　新闻专业主义理论的基本观点 ························ 118
第三节　新闻专业主义理论面临的困境 ························ 123
第四节　新闻专业主义理论的历史评析 ························ 131

下篇：新闻业务理论

第八章　新闻价值理论 ··· 139
第一节　新闻价值理论产生的过程 ······························ 140
第二节　新闻价值的构成要素 ·································· 142

第三节　新闻价值理论的转变　149
　　第四节　新闻价值理论的历史评析　151

第九章　客观报道理论　156
　　第一节　客观报道理论产生的过程　156
　　第二节　客观报道理论的基本观点　160
　　第三节　客观报道理论面临的困境　165
　　第四节　客观报道理论的历史评析　169

第十章　深度报道理论　174
　　第一节　深度报道产生的背景　174
　　第二节　深度报道的主要特点　178
　　第三节　深度报道的常见类型　180
　　第四节　深度报道的历史评析　184

第十一章　新新闻主义　190
　　第一节　新新闻主义产生的背景　191
　　第二节　新新闻主义的报道特点　193
　　第三节　新新闻主义的当代发展　198
　　第四节　新新闻主义的历史评析　200

第十二章　精确新闻学　204
　　第一节　精确新闻的历史发展　205
　　第二节　精确新闻的基本特点　208
　　第三节　精确新闻的报道方法　211
　　第四节　精确新闻的历史评析　215

第十三章　公共新闻学　219
　　第一节　公共新闻的兴起　220
　　第二节　公共新闻的基本主张　223

第三节　公共新闻的实践活动 …………………………… 227
第四节　公共新闻的历史评析 …………………………… 233

第十四章　公民新闻学 ……………………………………… 238
第一节　公民新闻产生的背景 …………………………… 239
第二节　公民新闻的历史发展 …………………………… 242
第三节　公民新闻的传播特点 …………………………… 249
第四节　公民新闻的历史评析 …………………………… 252

参考文献 ……………………………………………………… 261

上篇：新闻制度理论

第一章 集权主义新闻理论

【情境导入】

集权主义新闻理论的核心内容是"传播权力论"。"报纸的任务就是将统治者的意志传播给被统治阶级,使他们视地狱为天堂。"这是集权主义新闻理论的极端表现。这一理论虽已终结,但其思想在特定的社会历史时期仍时有体现。

【学习要点】

1. 集权主义新闻理论的历史探源
2. 集权主义新闻理论的主要观点
3. 集权主义新闻理论的历史评析

集权主义新闻理论(Authoritarian Theory of the Press)又称"报刊的集权主义理论",最早可追溯到古希腊哲学家苏格拉底、柏拉图等的思想。集权主义新闻理论是对16、17世纪欧洲封建专制主义新闻思想的理论概括。该理论认为,在新闻信息的传播过程中,传播者和被传播者是对立的两极,在社会中占少数的传播者因特权或出于某种宏大目标而拥有至高无上的传播权力,是权力的主体,而其他占多数的权力客体——传播对象,则须无条件地服从传播者。集权主义新闻理论曾经在欧洲和东方封建社会占绝对统治地位,其最极端的形态就是以希特勒和墨索里尼为代表的法西斯主义新闻观。

第一节 集权主义新闻理论的历史探源

在人类社会初始阶段,新闻传播不可能成为独立的认识方式,它必然与原始宗教、巫术、神话、艺术以及日常生活的认知浑然一体,新闻传播思想也必然包含于哲学、政治、文化的思想体系之中。这些思想观念来源于现实,又引领着现实的社会实践,指导着一个国家新闻制度的设计。

一、集权主义思想观念

在历史的发展进程中,人类会形成关于社会的各种观念,而这种观念随着人类社会的发展,由模糊到清晰,最后又通过一些哲学家、政治家、思想家反映出来。苏格拉底提出的艺术作品检查制度是集权主义新闻思想的最初展露,但由于柏拉图是把贵族权力观念体系化、哲学化的第一人,因此,研究西方新闻理论的学者一般把集权主义思想追溯到柏拉图的观点。

(一) 柏拉图与他的"国家目标学说"

柏拉图是古希腊著名的哲学家,也是集权主义理论的第一位代表者。柏拉图的"国家目标学说"继承了他的老师苏格拉底的衣钵,完成了集权主义理论的奠基工作,成为封建君主控制言论传播的理论依据,也为集权主义新闻理论的形成提供了最直接的思想源泉。

柏拉图在《理想国》《法律篇》等著作中认为:社会制度必须以三个等级的存在为基础,才能建设健康的社会和幸福的生活。第一等级即国家的领袖,负责管理国家,第二等级负责维护国家秩序,第三等级从事生产劳动,而且这种等级制度是自然的、不变的。一旦国家权力被平均分配,堕落就会随之而来。

在柏拉图的"理想国"里,国家的政治目标和文化目标应该由卫国者确立并负责组织实施。公民完全不必要具有参与国家政治事务的能力和权利,国家必须严格地

图 1-1 柏拉图

控制各种意见和讨论。柏拉图甚至提出要把一切违反严格条例的艺术家、哲学家和诗人都遣送到其他城市去。他在《法律篇》一书中,同样很有礼貌地要求诗人把他的作品送给执政者审阅,执政者可以判断那些作品是否有益于公民的精神健康。

关于贵族政体模式的构想,柏拉图认为,人的本性(包括他的物质利益和私欲)会促使政府从贵族政体降低为富阀政体,降低为寡头政体,降低为民主政体,最后降低为暴君政体。为了避免这种情形的发生,根本办法就是不能让更多的人参与国家管理,而只能由少数聪明人来做国家的领袖,国家只有掌握在聪明的执政者手中才安全。所以,他的最高理想就是哲学家应成为政治家,或政治家应具有哲学头脑。

(二)其他集权主义思想家的观点

尼可罗·马基雅维利是意大利文艺复兴时期诞生的历史巨人、伟大的政治思想家。在传播思想史上,他常被列为集权主义新闻理论历史演进中承前启后的关键人物。和古希腊、古罗马的先辈不同,马基雅维利并不关心国家的目的和宗旨,也不关心采用什么方法(君主政体还是共和政体)去实现那些目标,他所关心的是取得政权和维持政权的手段,因此提出了"国家安全学说"。在马基雅维利看来,一切讨论和行为都应该服从于国家安全这个主要目的,而国家的安全无疑是通过统治者或君主现实的而不是道义的政策来实现的。当执政者认为公众的讨论和做法威胁到国家主权安全时,公众讨论就必须受到限制,有关行为也

图1-2 尼可罗·马基雅维利

必须加以禁止。他的主张集中体现在《邦主鉴》《罗马史论》中,其基本观点就是:以爱国的理由为政治行动的基础,严格控制讨论和消息的大量传播;国家的稳定和进步高于一切;公民的个人考虑是从属的。

此外,亚里士多德为了保障君主政体必须"用强硬的政治手段钳制言论"的观点,以及英国最著名的集权主义哲学家霍布斯的"国家主权学说"、现代集权主义政治学说的重要代表人物黑格尔的"国家意志学说"等都是集权主义新闻理论的重要思想根源。而且,黑格尔还是第一个明确把他的基本哲学原则应用于公众传播和公民参与决定公共事务方面的哲学家,他公开嘲笑"所有的人都应当参与国家事务"的主张,认为这是一种幼稚的、不可实现的想法,国家

就是绝对观念的最高表现形式①。

这些集权主义思想家的观点长期以来一直作为封建统治者的理论武器。在大众媒介诞生以后,这一功能强大的传播手段就迅速成为统治者手中的工具,并被用来为统治阶级服务。

二、集权主义的社会制度

在原始公社末期,随着生产力水平的不断提高,有了剩余产品,一些氏族部落首领利用手中的权力不劳而获地占有这些产品,成为特权阶层,氏族民主制走向瓦解,社会的等级制度开始出现,并逐步发展成为一种大权独揽的集权主义社会制度。

集权主义也被称为"威权主义""极权主义"或"专制主义"等,"专制"是其基本特征。"专制"的意思就是"独断",也就是某一人或政党、特定群体以独裁的方式垄断政权的政治制度。无论是奴隶社会、封建社会,甚至现代史中的法西斯主义统治都可以称为"集权(专制)主义统治"。集权主义者认为,社会事务必须一切以权力或权威为重,社会等级秩序和上下级之间的关系是绝对的支配与服从关系。一切决策、政治权力、经济政策皆由独裁者掌控,没有第二个人或政党可以分享其权力。

在奴隶社会和封建社会中建立的君主集权主义制度的主要特征是:君主是全国土地财产的唯一最高所有者;君主集全国的立法、司法、行政权力于一身,其个人意志就是法律,对臣民拥有生杀予夺大权;君主的人格被神化,自称是神的化身或神的使者,强迫臣民崇拜;君主之下设有庞大的官僚机构,军队是其统治的物质支柱,国王凭借官僚机构和军队,对内剥削、统治广大人民,对外发动侵略战争,掠夺土地和财富。

当最早的报刊出现之时,人类社会早已建立了集权主义社会制度。封建集权主义制度仅在英国就盛行了约二百年之久。报刊既然是出现在一个已经有高度组织性的社会里,它的活动自然要受到当时管理社会的一些基本原则的支配和影响。因而不仅是英国都铎王朝、法国波旁王朝、西班牙哈布斯堡王朝,事实上整个西欧,都用集权主义的基本原则作为媒介控制制度的理论基础。

---

① [美]韦尔伯·斯拉姆,等.报刊的四种理论.中国人民大学新闻系,译.北京:新华出版社,1980:15.

"英国是世界上第一个管制出版的国家。1528年,国王亨利八世下令不许外国出版商在英国开设新的印刷厂。1557年、1586年和1637年,国王下诏管制出版业。根据上述诏令精神演变为总逮捕状制度。警方持总逮捕状至出版物的印刷地或出售地实行搜索、封存、没收或焚毁出版物,也可以对嫌疑分子进行搜索、逮捕或判刑。总逮捕状制度一直实行到18世纪末。"①

在长期的封建社会大背景下,普通公众连最基本的生存权都控制在统治阶级手里,自然也不可能享受自由传播的权利。"溥天之下,莫非王土;率土之滨,莫非王臣","文死谏,武死战","君叫臣死,臣不死不忠"。在这种政治气候下,在这种社会主流价值观影响下,自由权利对于王公贵族尚且如此欠缺,何况黎民百姓?他们没有与统治阶级唱反调的任何条件,只要当权者认为谁有"异心",谁就会招来杀身之祸。在这种氛围下诞生的报刊,集权主义理论大行其道是在所难免的。

图1-3 欧洲的书报检查制度
来源:《书屋》2000年第12期

【小资料】

中国古代封建王朝奉行"上上禁其心,其次禁其言,其次禁其行"的统治哲学,总是想用"禁"的方式来维持稳定、巩固政权。从秦朝的焚书坑儒到汉代的"罢黜百家,独尊儒术"和腹诽之律,再到明清的文字狱,都记载了封建统治者对思想自由和言论自由的禁绝和控制。中国各个朝代的统治者都十分重视官报发布,派最亲信的人掌管。不过,多位主管官员未能善终,有的下狱,有的被砍头,明代还有主管官员被剐成1350块的悲惨结局。所以,中国古代报纸的历史,基本上是一部封建统治阶级控制传播媒介、控制舆论、限制言论出版自由的历史。

---

① 陶涵.比较新闻学.北京:文津出版社,1994:2.

第二节　集权主义新闻理论的主要观点

对于大众传播工具与社会之间关系的任何理论，从本质上来说，都是由人与国家关系的某些思想原则来决定的。从古希腊三贤到黑格尔，都对这些原则进行过论述，并形成了集权主义思想。为实现组织社会的功能与目的，封建统治者必然会接受其中的某些原则或假设，并最终导致集权主义新闻理论的出现。

一、国家控制并掌握新闻传播工具

集权主义者认为，国家作为集体组织的最高表现形式，在价值尺度上，理应成为社会所有成员的当然代表者。因为没有国家，个人就无从发挥一个文明人的特质。个人必须依靠社会和国家，才能实现进一步的文明。这是一切集权主义制度的共同理论要素。只有在国家里依托于国家，个人才能实现他的目的；没有国家，人类只能永远处在原始状态。

"不论在哪一种社会制度中，首要的一个问题就是谁有权使用通信工具。这种联系每个市民的手段应当由国家直接行使呢？还是让它们成为半独立性的机构而由国家加以监督呢？还是把这种手段公之于所有的人，只要他们过去的行为或现在的倾向能表明不会妨碍或公然反对政府政策呢？各个政府在不同的时代用不同的方法回答了这个问题，这决定于什么样的政策在当时最有成效。""那些从事公众通信事业的人，那些往往不能理解国家总的目标的人，那些经常是不完全知道国家政策的人——怎么能让这些人由于他们的愚昧无知而妨害已经决定了的为公众谋福利的事业的成功呢？"①

集权主义理论要求智力活动的高度统一，因为只有通过这种统一，国家才能顺利地为公众的利益服务。反对者认为，这种统一总是要通过经常的监督和控制才能达到。而集权主义者则认为，这种统一必须通过国家控制，从实现个人对于社会整体的贡献中得来。

---

① ［美］韦尔伯·斯拉姆，等.报刊的四种理论.中国人民大学新闻系，译.北京：新华出版社，1980：20-21.

报刊作为一个涉及智力活动的机构,它的所有功能和全部活动,都是整个社会系统的一个分支,是当代政治制度不可分割的一个组成部分,因此,它必然是由有组织的社会通过政府来加以控制,以便政府能够实现它的目的。集权主义新闻理论的核心观点就是,任何大众传播工具,都必须掌握在国家(或政府)的手里,决不能让它脱离政府的控制,在政府的监控之外自由地运行。因此,集权主义国家总是把大众传播工具,特别是新兴的广播、电视等国有化或社会化,并且加以垄断。

二、报刊必须为当权者服务,维护专制国家的利益

根据集权主义关于国家性质和功能的哲理,国内一切工具都应该致力于国家的目的和政策。这些目的是由一个统治者或卓越人物来决定的,而不是像自由主义论者所说的由"思想市场"来决定。权力属于国家和当权者,并且有了权力才有了解决公共问题的责任。

作为社会重要手段的大众传播工具,应该符合这个总的原则,报刊的第一个义务就是要支持和促进政府的政策,避免妨碍国家的目的。其内容的评价与考查,是按它实现既定目标的贡献来决定的。大众传播工具的功能不是去决定或怀疑这些既定的国家目标;那种功能属于运用政治权力的个人或团体,属于中央权力机关的事务。报刊没有责任来决定社会的目的或实现这些目的的方法。"报刊可以监督政府的观念,对集权主义论者是没有意义的,因为它们会立即反问——那么谁来监督报刊呢?"[①]

三、报刊必须绝对尊重和服从权威,不得批评占统治地位的道德和政治价值

国家是人类个性和幸福充分发展的基本要素。国家有权决定它的目的和选择实现这些目的的方法,它的权力有时是通过神的引导,有时是依靠高度的智慧或领导的品质。

集权主义者主张社会事物必须一切以权力或权威为转移。在大多数欧洲封建君主国家中,国家就是特定的统治者或君主。根据17世纪的君主政体学

---

① [美]韦尔伯·斯拉姆,等.报刊的四种理论.中国人民大学新闻系,译.北京:新华出版社,1980:32.

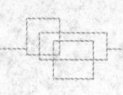

说,统治者乃司法与法律的制定者,他的行动不受人民群众的批评。

"既然统治者被看作是臣民的主宰,它所处的地位的性质就决定了他必然是明智的、善良的。这就一定要推论出,公开地指责他乃错误的,即使他有错误,也只能用极礼貌的形式指出来;无论他有无错误,都不能加以谴责或企图降低他的威信。"①

集权主义新闻理论认为,威胁君主就是威胁国家的安全,因此就是叛乱罪。新闻媒体也不能破坏国家的文化,社会固定目标一旦确定,传播工具就不能不负责任地阻碍这些目标的实现,政府在这方面负有责任和行动的权力。

四、政府有权对出版物进行事先检查,这种检查是合法的

每个社会都有维持和平秩序的权力,因此就有权禁止宣传带有危险倾向的意见。社会有这个权力,而执政者正是它的代理人。执政者在限制他所认为的危险意见时,在道德上或神学上他可能是错误的,但是在政治上他是正确的。

在大多数集权主义国家里,一般公众即人民大众,被认为是不懂政治问题的,因此在这一集团中任何讨论都应受限制。中央顾问团体所讨论的问题,几乎都不予刊布,唯一公布的事项,是需要一般公众遵守或支持的一些决定。即使是一般会议,也要严加防范,不让公众知道讨论的内容,会议成员经常因在会外讨论议程而受到处罚。

此外,以普通社会阶层为对象的大众传播工具还可能蛊惑群众,或者使群众去关心那些他们既不能理解又没有责任的事情。从国家利益出发,通过限制个人的某种自由来实现社会的利益是必要的。对传播媒介的内容进行审查,是政府实现社会管理的合法行为。

五、批评当权者或当局制度属于犯罪行为,应该给予严厉的法律制裁

集权主义者一般允许对他们的制度所依据的政治原则抱有不相同的意见,以避免直接批评当前政治领袖及其措施。他们不允许企图推翻他们政权

---

① [美]韦尔伯·斯拉姆,等.报刊的四种理论.中国人民大学新闻系,译.北京:新华出版社,1980:26.

的批评,对于政治机器可以提出异议,对于掌握这个机器的人则禁止有异议。集权主义盛行一时的西欧各国还发展了一种司法程序,使一切企图用公开议论或鼓吹来更换政府人员或改变政府政策的人都要受到法律审判。

在斯图亚特王朝时期,对煽动性诽谤罪的起诉是对付印刷商和出版人的主要武器。王室发动起诉、任命法官,并提供证人。法律规定的这种犯罪甚至包括各种方式的公开批评和指责。凡属当局所不喜欢的事情都可以当作煽动罪起诉的根据。国王裁判所的大法官霍尔特在他的文告里就肯定了这种做法:"有人企图让人民认为政府是由贪官当权,如果说那不是对政府的诽谤,这真是一个非常奇怪的理论。……说贪官当政当然是对政府的诬蔑。如果对于那些使人民对政府怀恶感的人不加责问,就没有一个政府能够存在下去。因为一切政府都需要人民的爱戴,企图使人民仇视政府的措施,那是对政府最坏的事情。这应当认为是一种犯罪,不这样,政府就不会安全。"[①]

第三节 集权主义新闻理论的具体实践

当德国工匠古登堡发明了世界上第一台印刷机后,大众报刊的出现就成为历史的必然。西方工业革命无疑又成为大众报刊诞生的最直接推动力。但是,尽管印刷技术在西方世界传播了约二百年,报纸却并没有很快成为资产阶级的代言人,集权主义理论仍然一直提供着决定大众报刊对于当代社会的作用和关系的唯一基础,反映着封建统治阶级的意识形态和政治主张。

一、集权主义控制报刊的主要手段

16、17世纪,为了满足资产阶级革命的需要,随着文艺复兴和宗教革命的发展,欧洲各国曾先后出现过不少反对封建专制、传播资产阶级革命思想的书籍和报刊,这给封建王朝和专制政府带来了一定的威胁。欧洲各国的封建王朝立即行动,迅速采取措施,严厉制裁和镇压了这些自由传播的活动。在资产阶级革命取得决定性胜利之前,集权主义传播制度在欧洲统治了数百年,英

[①] [美]韦尔伯·斯拉姆,等.报刊的四种理论.中国人民大学新闻系,译.北京:新华出版社,1980:27.

国、法国、德国、俄国都有过漫长的集权主义统治,比较典型的是英国于1586年发布的《星法院法令》,形成了一套完整的出版管理制度。在这期间,许多国家纷纷发布禁令、制定禁书法案和实行出版许可制。

(一) 特许制

特许制是英国统治者最先想出来的办法,就是把经营媒介的专利权授予那些经过选择的驯顺的商人,条件是只要他们不反对中央政府的政策,不危害国家安全,就可以从这种独占事业中谋取利润。后来英国政府培养了一个专利人或称特许印刷商的组织——出版业工会,来监督印刷业,国家几乎不必承担开支,因而特许制也被称为出版业工会制。

(二) 许可制

许可制即个别印刷品的许可制。这种制度有时允许有特许的或独占的报刊存在,有时则要求私营印刷业接受官方管理。早在特许制度实行时,独占的和官方印刷商通常都不能参与国家事务,因此不能正确判断一些有争议的问题,自然经常不能够或不愿意遵循政府政策。为了弥补这种欠缺,国家要求将一些特殊方面的,如宗教或政治的出版物,送交国家挑选的代表检查,因为最高统治者认为这些代表是熟悉国家意图的。因此,许可制在17、18世纪也被称为"检查制"。

(三) 提起公诉

提起公诉即运用法律的手段,通过法院对于违反公认的既定法律条例的行为提起公诉。这种方法尽管比以上两种方法发展得迟一些,但由于政府某种程度的退出与让步,得到了印刷商们的普遍接受。这种方法的实行表现了一种进步,因为法院允许被控有罪的人利用法律提供保障。另一方面,通过对煽动性诽谤罪或煽动罪的法律制裁,也大大便利了集权主义政府控制报刊。一般来说,煽动罪往往被用来对付反对派和持有异议的人,而叛乱罪则用来惩处那些企图动摇国家基础(如攻击根本的政治制度、企图改变国家的性质或推翻现有执政者)的活动。

(四) 津贴制

在整个18世纪,集权主义已逐步由主动地位退到了防守地位,国家垄断、特许制和提起公诉都不能有效地阻止报纸对政府的批评,当权者只得寻求别的办法来保护国家的权力。最常用的办法就是政府收买私营报刊或用公款给予津贴,许多政治作家的名字也常被秘密地列入薪俸册中,政府通过贿赂知名的报人把报刊与政府联系起来。

(五) 征收印花税

图 1-4 1765 年,英国政府在美国殖民地征收印花税的税徽(左)以及美国报业抗议改贴的骷髅图案(右)
来源:1765 年 10 月 31 日的《宾夕法尼亚新闻与广告人周报》

在 18、19 世纪,出现了一种间接控制报刊的方法,这就是规定一种特别的征税制度,即征收高额的印花税(知识税),以此来限制印刷品的发行和利润。因为如果一张报纸主要靠发行来获得利润,它就会不太在乎政府的津贴,对政府事务的态度就会较为强硬。如果征收报纸的广告税和发行税,就可以在不干涉报纸内容的情况下,直接使报纸减少利润,从而限制报纸的发行数量,减少报纸的社会影响,实现对报纸的有效调控。直到 1861 年,"知识税"才最终被取消。

【小资料】

我国在 1840 年鸦片战争以后进入半殖民地半封建时代,清政府的传播制度也具有半殖民地半封建的性质:一方面,清政府对以列强为靠山的外国报刊给予"治外法权",把管理主权拱手让给租界当局;另一方面,对民族报业则实行高压政策,对宣传进步和革命思想的报刊采取严厉的制裁和查封措施。1902 年制定的《大清报律》规定:报纸不得揭载"诋毁宫廷之语、淆乱政体之语",并规定了发行前的审查制度。

二、法西斯集权主义新闻控制与宣传

集权主义新闻理论的应用并不以 16 世纪到 19 世纪为限,在其后的年代里,这一理论仍然是一些国家和地区的基本理论,如日本、意大利、德国、西班牙和许多亚洲以及南美国家和地区的政府,都曾自觉或不自觉地采纳过这一理论。

1933 年 1 月 30 日,希特勒通过贿选当上了德国总理。2 月,纳粹政府蓄意制造了国会纵火案,并以此为借口大肆捕杀共产党人,同时封闭了多家共产党报纸和 130 多家社会民主党人的报纸,《魏玛宪法》中规定的出版自由条款被无理地停止实施,法西斯集权主义的报纸体制就此确立。3 月,德国政府设立国家宣传部,戈培尔出任宣传部长,开始了集权主义的舆论统治。对德国新闻界进行控制的机构,还有帝国报业协会、帝国报纸发行人协会、帝国元首新闻办公室和埃耶出版社等。

每天早晨,《柏林日报》和其他大城市的日报驻柏林的记者都要聚集在宣传部,听戈培尔或其他宣传部的官员发出指示——哪些新闻应该发表,哪些新闻应该扣下,哪些新闻如何写、标什么题,当天需要发表什么社论等。对中小城市的报纸,由宣传部每天用电话或信件发出指示。① 3 月 18 日,戈培尔发表了关于新闻界任务的讲话,他说:

图 1-5 希特勒在演讲

"正如我早已强调指出的那样,新闻界不仅要发布消息,而且必须发布指示。在这里,我首先要奉劝已公开声称为国家的报刊,先生们,你们将会看到这样一种理想的状况:新闻界被组织得那么好,以至于它在政府的手里可以说是可随意演奏的一架钢琴,是为政府效劳的影响群众的极为重要、极为有意义的工具。"②

在这一年,纳粹政府还公布了《新闻记者法》,在实施细则中规定:凡从事马克思主义新闻工作或其他"政治上有害行为者",不得参加新闻工作。这就

---

① 陶涵.比较新闻学.北京:文津出版社,1994:21.
② 陈力丹.世界新闻传播史.第 2 版.上海:上海交通大学出版社,2002:94.

将德国的新闻传播活动完全纳入了纳粹党的宣传轨道。1932年,全德国共有报纸4 700多家;但到1933年夏,一下子锐减到仅存977家,且差不多都为雅利安血统的胡根堡报团所拥有,成为纳粹党的御用工具。

同报刊相比,广播、通讯社系统也被纳入法西斯政府思想行动"一体化"的进程之中。希特勒把广播看作陆海空军之后的"第四条战线",利用它来宣传纳粹的政策,向本国和欧洲各国人民发动心理攻势。1941年,德国设在本土的对外宣传的电台有88座,而国内民众却只能听到政府指定的电台节目。政府还专门设计了廉价的、只能听到国内信号的"人民的收音机",供德国人民使用。沃尔夫通讯社1933年即被政府接管,改名为德国通讯社,成为正式的官方通讯社。

在意大利,墨索里尼上台后对新闻界采取了一系列管制措施:第一,实行一区一报纸。限制报纸数量,以挤压、消灭反对派的报纸。第二,制定《新闻记者登记法》。用法律手段强化对新闻媒体和记者的管制,对一切意见相左的报纸一个不留地加以封杀。第三,经常向媒体发布口头或书面的指示。要求报纸只要是对政府有利的事,就积极报道,反之就拒绝报道,甚至可以不惜制造假新闻。第四,实行全面的新闻检查。新闻检查人员可以随意延长检查时间,也可以任意删改和禁止发布某些新闻。

墨索里尼和希特勒把集权主义推向了极致,完全可以说是"登峰造极,无以复加"。希特勒最让人难以忘怀的一句话是:"我唯一的任务就是让大众的呆笨脑子牢牢记住,希特勒是觉醒的德国之神。"[①]为此,他在《我的奋斗》一书中对报界说:"报纸的任务就是将统治者的意志传播给被统治阶级,使他们视地狱为天堂。"希特勒用真理与宣传的合成学说作为其传播思想的理论核心,认为凡是促进德国利益和巩固的就是真理:"我们的真理——真理为我们。"他甚至认为:"即使是最大的谎言,经不断的重复叙述,也可成为真理。"墨索里尼和希特勒创立了"国家至上"的学说,反对民主与自由,强调国家—政府—领袖的绝对控制,强调对领袖的盲目崇拜,在全世界推行法西斯主义,给世界人民,特别是给德国和意大利两国人民带来了深重灾难。

【小故事】

1940年5月,德国进攻法国之前,首先展开了强大的谣言攻势。他们利用三个功率强大的电台,播放捏造出的法语新闻,使听众误以为是法国官方提

---

① [德]威克斯.宣传部长戈培尔(德文版).慕尼黑:阿瑟莫维出版社,1986:68//陶涵.比较新闻学.北京:文津出版社,1994:19.

供的消息,从而在法国国内引起极大的恐慌和混乱。德国入侵法国的第二天,巴黎报界宣称,有人发现德国伞兵化装成邮差、警察、牧师或修女。此后,谣言越来越多……这些虚假新闻对法国军民产生了极为恶劣的影响,随后法国国内大规模而毫无结果的搜捕、盘查,又加剧了混乱局面。川流不息的难民拥塞在所有的公路上,军队简直无法调动。这种混乱局面最终导致了法军的失败。

第四节 集权主义新闻理论的历史评析

集权主义新闻理论是在欧洲封建专制主义的气候下产生的。它是封建统治阶级维护当时封建经济基础、维护中央统治、压制反对言论、打击地方性报纸、保护新闻检查制度的产物,体现着集权主义政治制度的理论观点。它的突出特点就是主张媒介必须一切以权力的意志为转移,一切为统治者服务,强调社会等级秩序和上下级之间的绝对支配与服从关系。

一、客观上促进了自由主义新闻理论的诞生

教育的普及和随之而来的对更多出版物的需求,各种私营企业的成长,以及新教派宗教学说和民主制政治学说的传播——所有这一切,都使国家不能继续垄断印刷业。并且,由于社会经济的不断发展,人们对信息的需求与日俱增,人们强烈要求冲破束缚获取信息,这样就在一定程度上加速了西方封建专制主义国家制度的快速瓦解和崩溃,形成百家争鸣的局面。

在法律上对煽动性诽谤罪或煽动罪的制裁,虽然便利了集权主义政府控制报刊,但是也激起了在经济领域日益发挥重要作用的新兴资产阶级的强烈不满,为了冲破宗教神权以及封建专制对人们言论思想的禁锢和残酷压迫,他们提出了言论出版自由,并通过各种斗争形式,最终使封建势力控制的报刊出版发行以及出版物检查制度得以废除,自由主义新闻理论才最终得以诞生。

二、作为一种实践,在历史上最具有普遍性

集权主义新闻理论主张媒介必须一切以权力的意志为转移,一切为统治者服务,以便于更有利、更有效地保证统治者的意志得到贯彻。因而集权主义

新闻理论很受统治阶级的欢迎。正如弗雷德·西伯特所说的那样:"从历史上和地理上来说,集权主义理论是最有普遍性的。当社会和技术充分发展到足以产生我们今天所谓公众通信工具的时候,这一理论就为许多国家所自动采纳。在许多现代社会里,它奠定了报刊制度的基础。即便是不采纳这个理论的地方,它仍然继续影响着一些在理论上信守自由主义原则的政府的实际行动。"①

英国著名学者约翰逊博士也认为:"无限制的自由的危险与限制自由的危险,已经构成了一个政治学上的问题,似乎人类理智迄今还无法解决。如果除了本国当局事前所批准的东西以外,什么都不能出版,那么权力就永远成了真理的标准;如果每个空想的革命家都可以宣传他的计划,那公众就将不知所从;如果每个对政府有怨言的人都可以散布不满情绪,那就不会有安定;如果每个神学的怀疑论者都可以宣传他的愚蠢想法,那就不会有宗教。"②

在当今社会,无论在民主国家还是在非民主国家,都有一种日渐增长的限制信息自由的趋势,集权主义思想仍时有体现,只是程度不同而已。有全面控制新闻媒体的国家;有媒体在形式上可以批评政治,但是实行检查制度的国家;有制定了特别出版法和其他歧视性立法,可据此逮捕和迫害新闻记者的国家;有用非正式的方法使媒体就范的国家。他们或通过立法直接限制或控制传播自由,或寻找借口暂停实施新闻自由的有关条款等。

《最后的权利:重议〈报刊的四种理论〉》中写道:"我们认为西伯特的集权主义是一个构思蹩脚的稻草人,应该被视为一系列实践而非一种理论。我们还认为,集权主义作为一系列实践,无论是在专制国家中,还是在号称以自由或民主为核心信仰的政府中,都可以找得到。"③如今,"就算集权主义理论已经消失,集权主义政体正在消失,集权主义实践却不会消失。自由主义政体和私人部门要素也可以具有集权主义实践的能力。另外,当代政治和传播的某些因素也在加强对集权主义控制的呼唤"④。

---

① [美]韦尔伯·斯拉姆,等.报刊的四种理论.中国人民大学新闻系,译.北京:新华出版社,1980:8.
② [美]韦尔伯·斯拉姆,等.报刊的四种理论.中国人民大学新闻系,译.北京新华出版社,1980:42.
③ [美]约翰·C.尼罗,等.最后的权利:重议《报刊的四种理论》.周翔,译.汕头:汕头大学出版社,2008:50.
④ [美]约翰·C.尼罗,等.最后的权利:重议《报刊的四种理论》.周翔,译.汕头:汕头大学出版社,2008:59.

总而言之,集权主义新闻理论并非一个过时的概念,它在特定的环境下,还会以各种各样的面目呈现。这实际上也是一个值得后人深思和警惕的问题。

三、维护封建等级制度和专制主义,禁锢了人们的思想,阻碍了社会的发展

集权主义新闻理论在对社会事物进行评价和判断时,不是从事物本身的内在价值出发,而是从与外部权力或权威的关系上来考虑问题。这种理论承认封建君主等特权阶级对报刊享有绝对的统治权,把报刊当作维护特权阶级的统治和发号施令的重要武器,严禁报刊批评政府。封建统治者有权颁发或撤销出版报刊的特许状,并有权监督报刊的活动和检查报刊的内容。

图1-6 英国星法院

为了维护集权主义的政治制度,作为封建势力代表的政府对于报刊和出版的管制是极其严厉的,有时甚至是残酷的。英国"星法院"规定,对违反条例的出版者不仅要处以罚金,而且可以判处徒刑和肉刑,包括戴枷示众、笞刑、烙印、截去手足等;对反对封建统治的"思想犯"或"政治犯",甚至可以秘密审判,不经辩护程序即可做出判决。星法院在惩治出版商方面一直充当着急先锋的角色,成为英国报纸刚出现那段历史中争取出版自由的一大障碍。星法院又称"星室法庭"(Star Chamber),成立于1487年,由于位于西敏寺一个屋顶有

星形装饰的大厅而得名。1586年,为加强对出版特许制度的控制,伊丽莎白女王颁布了《星法院法令》。星法院同枢密院、高等法院等构成英国封建王朝最重要的专制机器,英国许多报业先驱都曾受到它的传讯、折磨、监禁。① 星法院作为皇家出版法庭也成为英国专制制度的象征。直到1641年7月英国资产阶级革命前夕,星法院才由议会通过法案予以取缔关闭。

集权主义新闻理论的产生和发展,钳制了人们的思想,使皇权专制很容易变成暴政、独裁,并且在封建社会末期,严重阻碍了新兴资本主义生产关系的萌芽和发展。在现代社会,集权主义新闻理论仍然阻碍着人们自由、民主、平等权利的实现。因此,从本质上来说,集权主义新闻理论是与人类社会不断进步的历史发展方向相违背的。

【资料链接】

《传媒的四种理论》(弗雷德里克·S.西伯特、西奥多·彼得森、韦尔伯·斯拉姆,2008)一书由四篇论文构成,分为四章,分别论述了传媒的四种理论模式,即传媒的威权主义理论、传媒的自由至上主义理论、传媒的社会责任理论和传媒的苏联共产主义理论。该书首次从新闻事业和政治制度的关系上展示了新闻传播制度规范理论的图式,着重论述了在不同的社会政治制度下对新闻媒介的控制和新闻自由问题,开创了比较新闻学的先河,被西方新闻学界公认为权威新闻理论著作之一,曾获美国新闻学荣誉学会的研究奖章。该书于1956年在美国出版,带有明显的冷战思维和西方主流思想的烙印。国内最早的中文版为中国人民大学新闻系翻译的《报刊的四种理论》,由新华出版社于1980年出版。

【拓展训练】

1. 试析《报刊的四种理论》所说的:"共产主义为了实现它的目的,就强调必须通过共产党建立无产阶级专政……而无产阶级专政在理论上与历史上别种专制形式是一致的。大众传播工具有义务拥护国家。它们应当通过协助国

---

① 郭庆光.传播学教程.北京:中国人民大学出版社,1999:135.

家实现它的目的,来实现自己的目的。"
2. 试析舆论一律和舆论不一律。
3. 辨析与集权主义相对应的受众理论(魔弹论)。
4. 简述集权主义新闻理论和社会责任论的关系。
5. 列举美国政府对媒介进行控制和管理的案例,并加以解释。

第二章　自由主义新闻理论

【情境导入】

"自由是一切伟大智慧的乳母","爱自由如发妻,换太平以颈血"。长期以来,自由始终是人类追求的终极目标之一。自由主义新闻理论的核心——新闻自由,也成为当代各国新闻界所标榜的口号和高扬的旗帜。但是自由并非人们所想象的那么单纯,自由总是处于各种矛盾之中。

【学习要点】

1. 自由主义新闻理论的主要观点
2. 自由主义新闻理论的现实困惑
3. 自由主义新闻理论的当代发展
4. 自由主义新闻理论的历史评析

自由主义新闻理论(Libertarian Theory of the Press)也称"报刊的自由主义理论"或"传媒的自由至上主义理论"等。17世纪,英国思想家、政论家约翰·弥尔顿在一场论战中首先明确提出"出版自由"的概念。后来,这一概念被引入新闻活动领域,形成自由主义新闻理论。该理论发端于17世纪,形成于18世纪,盛行于19世纪,反映了自由竞争时期资产阶级的经济利益和政治需要,在资产阶级民主革命时期和资本主义社会前期的新闻学中占主导地位。到了20世纪,随着资本主义在经济上和政治上垄断的加剧,自由主义新闻理论逐渐受到社会责任新闻理论的挑战。

第一节　自由主义新闻理论的历史探源

自由是一种权利,也是一种理念,从本质上讲就是指人的自由。追求自由的生存状态一直是人类的理想。可以说自从有了人类,便有了对自由的追求。因此,各个时代的哲学家从不同的角度探寻自由的内涵和实现方式。虽然系统、成熟的自由主义理论产生于近代西欧,但其思想渊源可追溯到古希腊。早期的自由观念后来被近代的笛卡儿、康德和黑格尔等继承和发扬而成为资产阶级民主革命的响亮口号,并运用于争取言论自由、出版自由的斗争中,最终形成自由主义新闻理论,成为资本主义社会制度的重要组成部分。

一、自由主义思想的历史起源

图 2-1　柏拉图讲学图

不管古希腊的权威思想家如何主张集权主义,如何制定具体而严厉的措施管制言论,苏格拉底、柏拉图、亚里士多德等思想家还是得以著书立说,并利用讲学和辩论,直接叙述和评论当时现实中有关政治、经济、法律、道德等重大问题,这恰恰就是自由的一种表现。古希腊的文化繁荣很大程度上就是传播自由所致。从这种意义上来看,古希腊实际上可以算作自由主义的起源地。

古希腊和古罗马都有主张自由主义观点的人物。其代表是希罗多德和塔西佗,其中塔西佗的观点对后世自由主义思想的影响更大。塔西佗是古罗马历史学家,他的一句被马克思非常赞赏的名言就是:"当你能够感觉你愿意感觉的东西,能够说出你所感觉到的东西,这是非常幸福的时候。"希罗多德是古希腊历史学家,他在《历史》一书中认为,如果只听一个人的意见,就无从选择最好的意见。此外,还有亚里士多德"人有意志自由"的观点、苏格拉底所宣扬的平等主义等。

古希腊传播自由与繁荣局面的深层原因在于当时社会主体的分化比较成熟。古希腊的城邦制以及与此相适应的贵族民主制表明了不同的贵族及其所属平民具有相互独立的利益来源,社会结构正是在这种利益分化的交换关系中整合的。也就是说,贵族间形成了主要以平等契约为主的利益关系,因而也就有了不同贵族之间的主体关系制衡效应。古希腊知识分子作为平等的不同利益主体的代言人,分属于不同的利益集团,相互间无人身依附性,或者这种依附性被极大地弱化了。由于古希腊最高执政官是由具有不同利益来源的贵族选举出来的,不大可能实行独裁、专制。各种消息和社会重大问题的信息公开在不同利益观念和价值认知的条件下传播,社会整体理性能力达到了空前的水平,这才有古希腊传播自由和文明成果的灿烂辉煌。这种社会主体关系和与此相适应的社会认知方式,实际就是西方自由主义思想的基础和传统。

二、自由主义新闻理论的早期发展

美国传播学家弗雷德里克·西伯特对自由主义新闻理论的历史发展曾概述说:"16世纪提供了直接的现实基础,17世纪见到了哲学原理的发展,18世纪将这些理论付诸实践。"[①]这里所说的"直接的现实基础"是指16世纪资产阶级报刊反对封建专制的斗争。

15世纪,近代报刊已在欧洲各国发展起来,但当时报刊主要传播商业信息,对封建统治者并没有造成什么威胁。进入16世纪后,报刊开始转向思想传播和政治斗争,引起各国封建王朝的恐惧,纷纷建立严厉的报刊审查制度,以控制、限制报刊。在整个16世纪,资产阶级为争取出版自由所进行的斗争此起彼伏、激烈悲壮。这些斗争虽取得了一些具体成果,迫使封建王朝不得不做些让步,但由于没有系统的理论做指导,不可能从根本上动摇封建专制的新闻制度。资产阶级报刊的先驱者为争取报刊自由的斗争呼唤着资产阶级新闻理论。

---

① [美]韦尔伯·斯拉姆,等.报刊的四种理论.中国人民大学新闻系,译.北京:新华出版社,1980:47.

17世纪，在为资产阶级革命进行舆论准备的过程中，欧洲早期的思想家所提出的关于人的理性、人的权利、国家性质和作用等一系列学说，不仅构成了整个西方资产阶级社会政治理论的核心，而且成为了西方各国自由主义新闻理论的主要思想来源和基础。其中，英国政治思想家约翰·弥尔顿以及美国政治思想家约翰·洛克为自由主义新闻理论做出了直接的贡献。1644年，弥尔顿因出版书籍引起纠纷，被传到议会答复质询。他在议会做了长篇演讲——《论出版自由》，系统阐述了出版自由思想。这篇演讲后来被译成几十种文字，成为西方新闻自由思想的奠基之作。

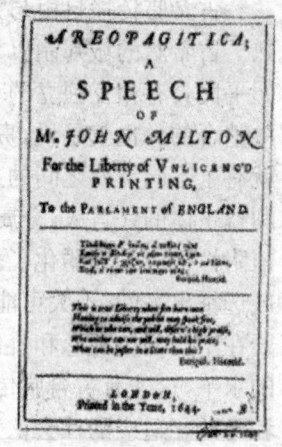

图2-2 1644年出版的《论出版自由》封面

18世纪，随着资产阶级政权的先后建立和新闻业的不断发展，西方新闻自由从理论探索转向制度化的实践探索。在这一历史过程中，西方各主要资本主义国家经历了激烈的矛盾冲突，这一矛盾冲突不再是资产阶级对封建专制的斗争，而主要是发生在资产阶级内部不同派别、不同利益集团之间的冲突。其原因就在于，新闻自由原则对任何权威所构成的挑战性、批判性以及某些破坏性，对刚建立的资产阶级政权构成了现实的威胁。随后，资产阶级政权又开始了对新闻自由原则进行重新认识、重新建构的艰难过程。

【小资料】

马礼逊在《广州记录报》发表《印刷自由论》一文，向中国人介绍了西方出版自由观点和天赋人权学说。《东西洋考每月统记传》所载《新闻纸略论》一文，简介了报纸的产生、当前状况和出版自由问题。王韬盛赞西方报刊"辩论其是非，折衷其曲直"的言论自由观念，认为报纸要"指陈时弊，无所忌讳"，"言之者无罪，闻之者足戒"，成为中国第一个提出报刊言论自由思想的人。其后，梁启超、谭嗣同、章太炎、李大钊等都是积极主张和践行报刊言论自由的先驱者。"苏报案""沈荩案"和"卞小吾案"则是封建专制抵御新闻出版自由的典型案例。

第二节 自由主义新闻理论的哲学基础及主要观点

17、18世纪,自由主义哲学思想兴起,许多思想家对此进行理论探讨,并为建立自由的民主国家提出各种设想。自由主义新闻理论正是在这些自由主义哲学思想的基础上发展起来的,并形成了较为系统的理论体系和观点。

一、自由主义新闻理论的哲学基础

自由主义哲学家与集权主义哲学家一样,也对有关人性、社会性质、人与社会和国家的关系以及认识与真理性质等问题进行了考察,但是他们却得出了截然不同的看法。

(一)理性原则

理性至上是文艺复兴中为反对神权至上而兴起的观点,也是16、17世纪响彻欧洲大地的口号。自由主义哲学家认为,人是理智的动物,人本身就是目的,个人的快乐与幸福就是社会的目的。人作为有思想的有机体能够掌控其周围的世界,能够做出促进社会利益的决定。法国哲学家笛卡儿、英国哲学家培根都反复指出,理性是每个正常人所具有的,而具有理性的人能够运用自己的理性去分辨真伪和善恶,无须由神或帝王来代替人的理性发号施令。

弥尔顿在《论出版自由》一书中,正是从理性原则出发,提出了出版自由的论断,主张每个人都有将自己的思想诉诸社会的自由权利。

弥尔顿的主要论点是:(1)人是有理性的动物,应当相信读者有判断是非的能力;(2)检查官的水平往往低于作者的水平,因此,对出版物的事先检查制度有害无益;(3)任何一种思想即使禁止出版,也无法禁止其流传,因此,禁止某些出版物的企图最终都是徒劳的。所以,他坚决主张让一切思想、

图2-3 约翰·弥尔顿

见解都公开地表达出来,真理必定会在思想的自由市场上击败谬误。他呼吁:"让她(真理)和虚伪交手吧,谁又看见过真理在放胆交手时吃过败仗呢?"① 因为人是理性的,人的本性决定了人必定会选择真理,自我修正谬误。真理总是越辩越明,越辩越会有更多的人接受。

弥尔顿在《论出版自由》一书中高度赞誉言论出版自由是"一切自由中最重要的自由","这自由是一切伟大智慧的乳母"。② 由此,弥尔顿被西方新闻史奉为新闻自由理论的"开山鼻祖"。后来的新闻学者从弥尔顿的思想出发,发展出自由主义新闻理论的两大基本原则,即"意见的自由市场"和"自我修正"。

(二)自然法则和社会契约论

荷兰哲学家别涅狄克特·斯宾诺沙从反对封建神学出发,提出自然权利说,即每个人都拥有财产权、信仰自由权和思想自由权。而英国政治思想家约翰·洛克进一步发展了自然权利说,第一次提出"天赋人权"的基本原则,即生命、自由、财产是人人享有的不可剥夺、不可转让的权利,而且提出"天赋人权"应当受到法律保护,"法律的目的不是废除和限制自由,而是保护和扩大自由"③。自由既然是人的天赋权利,那么,出版自由、言论自由包括新闻自由,就是无须任何权威认可的自然权利,从而把新闻自由放在了不可动摇的基石上。洛克还根据经验主义的方法得出结论,认为权力的中心在于人民的意志,政府和人民不过是一种契约关系,政府是受人民委托办事的人。洛克被称为"美国民主之父",他的哲学思想不仅点燃了美国独立战争之火,而且渗入了美国独立宣言和法国的人权法案之中。

(三)权力制衡

权力制衡是自然法则的必然延伸。为了保障自由,免受专制主义的压迫,必须让权力分立,以权力制约权力。洛克认为,不分权就没有自由,立法权和执行权应该分开。洛克的政治思想学说奠定了西方的社会政治制度,包括新闻制度的理论基础。

法国启蒙运动先驱孟德斯鸠更是明确提出"三权分立",而且强调在三权

---

① [英]弥尔顿.论出版自由.吴之椿,译.北京:商务印书馆,1958:46.
② [英]弥尔顿.论出版自由.吴之椿,译.北京:商务印书馆,1958:45.
③ [英]洛克.政府论(下篇).叶启芳,瞿菊农,译.北京:商务印书馆,1964:36.

分立之外，把舆论看作一个权力形式而对掌握国家权力的人实行约束。他认为，为了实行有效的舆论监督，必须实行言论自由。这样，言论自由的意义就从哲学原理上升到政治学原理，从人的一般性质上升到国家的性质，由此确立了言论自由包括新闻自由在国家政治结构中不可动摇的地位。

除了上述几个理论前提外，自由主义新闻理论在其形成过程中还受到牛顿力学和古典经济学的影响。从牛顿的永恒机械运动原则，可以引申出世界这架机器按某种不变的自然法则永恒地运动着。古典经济学则认为，如果政府保持最小限度的干预，让市场这只看不见的手自然调节，经济就将健康地发展下去；当人们为自我利益而工作时，就不可避免地为公众而工作。这一切引申到新闻学上，就是要求政府不干预报刊，让人们自由地表达自己的观点，让报刊按其自身的要求和规律去发展。

图 2-4　约翰·洛克

二、自由主义新闻理论的主要观点

自由主义新闻理论内容主要涉及新闻自由和政府、社会、个人的关系等。弥尔顿和洛克在 17 世纪为自由主义新闻制度奠定了基础。而到了 19 世纪，当自由主义的发展达到顶峰时，这种制度便传遍了全球。几乎世界上所有的民主国家都采纳了这些自由主义原则，并体现在各国的宪法或根本法中。

（一）公民拥有新闻自由，反对政府垄断

新闻自由早期也被称为出版自由、言论自由、言论出版自由或报业自由，是自由主义新闻理论的核心内容。自由主义新闻理论就是为了确立、维护和发展新闻自由所做的理论探索，并从论证新闻自由的合理性、必然性出发，来反对政府垄断传播手段。该理论主张，不论是本国公民或是外国人，只要有传播倾向，就该享有不受限制的机会去拥有并管理一套大众传播工具，这一领域是对所有人开放的。任何人只要有足够的资本，就可以拥有传播工具，并且可以在公开市场上进行竞争。成败与否，则要看他所创办的传播企业是否具有获取利润的能力，是否能获得公众的认可。

(二)大众媒体独立自主,不受政府的控制或操纵

媒体和政府的关系是自由主义新闻理论中的一个关键性问题。在以自由主义原则为基础的社会中,媒体的地位涉及一个适应民主的政治机构和民主的生活方式问题。也就是说,媒体是一个国家的政治制度是否民主、人民生活是否民主的一面镜子。大众传播媒体最主要的目的,是通过提供作为决定基础的各种证据和意见,来协助发现真理,协助解决政治问题和社会问题。这一过程的主要特点就在于不受政府的控制或操纵,媒体通过销售和广告来保证财政上的独立。政府的唯一职责是采取措施来保护新闻自由,为新闻媒体采访、发布新闻提供种种方便。国家的主要任务是保持一个稳定的体系,使个人主义的自由力量得以相互作用,为此应该实行非行政控制手段,主要的控制工具是司法体系。

(三)大众媒体拥有对政府的监督权

在一个民主国家中,政府是人民的公仆。然而,即使政府如一般所说为大众服务并对大众负责,也不能完全相信政府的目标和公民的目标完全一致,媒体就是用来防止政府回到集权主义的做法以及破坏每个公民不可剥夺的权利的办法之一。媒体在社会上的作用,在于媒体有权利和责任作为一种司法范围之外的对政府的监督力量。媒体要督促国家官员不滥用或超越他们的权利。媒体要作为执行民主制度的监护者,时刻警惕着去发现并揭露任何独断的或集权主义的做法。杰斐逊认为,监督政府最主要、最经常的途径和手段就是媒体。这个思想以后就引申为媒体是除行政、立法、司法以外的国家第四种势力或第四种权力。

(四)"意见自由市场"和"自我修正"理论

该理论认为所有人的机会都是均等的,应该让人民群众和各党派都利用媒体充分自由地表达各自的意见,国家无权限制它认为是虚假和不健康的东西,通过竞争,正确意见最终会得到承认。英国哲学家约翰·斯图亚特·穆勒对此做了最全面的阐述。他认为,任何试图利用权威的力量来压制言论自由表达的做法都是不合理的,是一种对个人乃至整个人类智慧力的掠夺。杰斐逊则断言:"如果严厉地惩罚人民的错误,就会有损于唯一的公众自由的安全

保障","事实已经证明,当报刊不犯错误时,它就是软弱无力的"。①

(五)客观地报道事实

自由主义新闻理论从个体主义至上的价值观出发,崇尚并提倡客观报道,强调新闻报道的最终目的不是向公众灌输某种标准的观点,而是客观地反映现实,让人们对外部世界形成独立的见解,以便形成意见的交流市场。为了使新闻报道满足不同政治立场、不同社会阶层、不同职业的个体需要,自由主义新闻理论把客观地向公众提供事实作为新闻报道的最高标准和新闻从业人员的职业道德标准。客观报道是自由主义新闻理论在新闻实践中的具体体现。

第三节 自由主义新闻理论的具体实践及现实困惑

至18世纪末,自由主义新闻理论的主要精神最终被写入西方主要国家的法律,并被公认为神圣不可侵犯的原则。但是,由于文化、地理以及历史等原因,各国对自由主义新闻理论的实践又各不相同。

一、自由主义新闻理论的具体实践

英国是资产阶级革命的发源地,也是最早提出新闻自由口号的国家。1694年,英国国会废除了象征封建专制的特许制,宣布实行新闻自由。但到1712年,国会又颁布印花税法案,对报刊施以重税,印花税制实行不到半年,英国一半的报刊被迫停刊。同时,政府还采取禁止记者采访国会辩论等一系列规定来限制新闻采访报道,对那些敢于揭露政府弊端的报人以诽谤罪、叛国罪进行制裁。经过长达百余年的斗争,直到18世纪末,印花税法和其他限制新闻自由的规定才被取消,英国的新闻自由才最终得以实现。正如恩格斯所言:"诽谤罪、叛国罪和渎神罪,都沉重地压在出版事业身上……英国的出版自由一百年来苟延残喘,完全靠当局的恩典。"②

---

① 李良荣.新闻学概论.上海:复旦大学出版社,2009:7.
② 马克思恩格斯全集(第1卷).北京:人民出版社,1956:695.

法国大革命后,雅各宾派领袖罗伯斯庇尔是世界新闻史上第一个系统阐述新闻自由立法思想的政论家。法国也被称为资产阶级革命最彻底的国家。1789年,法国通过《人权宣言》,取消了一切限制新闻自由的封建王朝法规和任何形式的出版许可证,提出"无拘束地交流思想和意见是人类最宝贵的权利之一,每个公民都有言论、著述和出版的自由,只要他对滥用法律规定情况下的这种自由负责"。但不久,热月党人专政,对反政府报纸大开杀戒。拿破仑称帝后,对新闻事业的压制比君主专制更厉害。法国政府1800年1月17日颁布的法令规定,在巴黎只准许13家报刊出版,并威胁如果刊登诋毁当局的文章,立即予以取缔。1830年,波旁王朝查理十世甚至颁布取消一切新闻自由的法令,终于引爆人民起义并推翻波旁王朝。新建立的政府再一次宣布取消一切新闻检查,法国新闻界从此才算获得相对的独立。

　　法国著名思想家卢梭有段关于舆论的论说非常值得后人品味,他说,舆论是铭刻在大理石和公民内心的法律,是构成国家的真正宪法;舆论每天都在获得新的力量,而且能不知不觉地以习惯的力量代替权威的力量,因此,任何强权都必须尊重舆论的意志,尊重人民的自由意愿,否则便无法维持其存在。① 结合法国新闻自由的坎坷经历来看,可谓一言中的。

　　在美国,新闻自由问题同样在资产阶级政权内部引发了一场激烈的斗争。独立战争胜利以后,以汉密尔顿为代表的联邦党人与以杰斐逊为代表的民主党人就国家体制问题展开了一场论战,新闻自由是这场论战的一个要点。

　　汉密尔顿的主要观点是:言论出版自由是毫无意义的空话,谁也不能给它下一个完备的定义;出版自由是依靠舆论、公民和政府来维系的,毫无必要载入宪法;关于言论出版自由的主张是一个只被雅各宾派和煽动性政治家所接受的学说,鼓励的是捏造、虚构,因此,新闻出版必须经受检查,应当受到严格限制;关于新闻的立法,必须加强新闻界的责任,以杜绝新闻诽谤,而对新闻诽谤的认定,不能只凭是否说出了事实来加以判断。

　　杰斐逊的主要观点是:生命、自由、追求幸福是天赋权利,为了保障这些权利才成立政府,但政府的形式一旦变异,便有可能加害于天赋的权利;世界上每个政府都有人类的弱点和腐化堕落的某种"胚芽",为了防止政府的蜕化,就必须由人民来监督政府。

　　最后,美国国会终于在1789年通过宪法的十条修正案(又称《权利法案》),其中第一条就明确宣布:"国会不得制定下列法律:确立宗教或禁止宗教

---

① 靖鸣.问题新闻学.香港:香港天马图书有限公司,2003:102.

信仰自由;剥夺人们的言论或出版自由;剥夺人民和平集会及向政府请愿伸冤之权利。"宪法《第一修正案》是美国人的命根子,也成为美国新闻从业者的第一法宝。宪法修正案的提出和批准,是各种政治力量和利益集团经过长期激烈斗争和妥协的结果。这场论战持续了20余年,结局是美国式自由新闻体制的确立。新闻自由在美国得到了法律的确认和保护。时至今日,汉密尔顿与杰斐逊两人关于出版自由的思想,仍然在一定程度上影响着美国大众媒介与政府体系的互动。

图2-5 美国宪法《第一修正案》残稿

经过长达300余年的艰苦探索和斗争,到18世纪末19世纪初,自由主义新闻理论在西方各主要资本主义国家基本上都以法律形式得以确认,并成为资本主义政治制度的重要组成部分和根本标志之一,这反映了处于上升时期的资产阶级的进步性。正如列宁所说:"出版自由这一口号,从中世纪末到19世纪,在全世界成了伟大的口号。为什么呢?因为它反映了资产阶级的进步性,即反映了资产阶级反对僧侣、国王、封建主和地主的斗争。"①

【小资料】

在确立自由主义新闻体制的历史进程中,托马斯·杰斐逊贡献最大、影响最大。他是被马克思誉为"第一个人权宣言"的美国《独立宣言》的起草人,也是自由主义理论的忠实信奉者和伟大实践者,被称为美国"新闻自由之父"。他曾说:"民意是我国政府赖以存在的基础,所以我们首要的目标就是保持这一权利;若由我来决定我们要一个没有报纸的政府,还是没有政府的报纸,我会毫不迟疑地回答:我宁愿要后者。"这句名言至今还广为流传,被美国的一些新闻学论著视为经典。杰斐逊病逝于

图2-6 托马斯·杰斐逊

---

① 列宁全集(第32卷).北京:人民出版社,1990:492.

1826年7月4日,这一天恰好是他起草的《独立宣言》颁布50周年纪念日。

二、自由主义新闻理论的现实困惑

自19世纪中叶起,自由主义新闻理论在制度上确立以后,因适应了资产阶级在政治上、经济上发展的需要,西方各主要国家的新闻事业得以迅猛发展,成为各国最具活力、最有生气的新兴产业。但是,由于阶级和历史的局限性,以及自由主义理论本身的不完善性,自由主义新闻理论在现实的实践中屡屡面临挑战和困惑。

(一)媒介垄断扼杀意见自由市场

进入20世纪,西方各主要资本主义国家由自由竞争走向垄断的现象在资本主义报业中也明显地反映出来。40年代,日本三大报团控制着全国报刊80%的发行量。1987年时,仅默多克、马克斯韦尔、斯帝文思的三大报团就控制了英国日报发行量的73%和全国性星期日报发行量的82%。80年代初期,巴格迪坎在《传播媒介的垄断》一书中指出:美国最大的20家报业公司控制了每天报纸销售量的一半以上,20家最大的公司拥有美国杂志年销售额的50%,美国广播公司、哥伦比亚广播公司、全国广播公司三大广播电视网拥有全国家庭电视用户的98%,11家最大的出版公司的收入占据全美图书销售额的一半以上,而所有的电影都由全国八九家电影公司制作。所有这些最大的传播媒介公司,如同500强企业一样,是美国经济中的贵族阶层。它们与其他大公司互相指派领导人,新闻传播媒介与世界金融巨头们的关系是"控制者互相控制",新闻传播媒介在新闻中相互照应,它们能够置身于令人困窘的消息之外,保证一个正面形象。

媒介集中和垄断的加剧使得媒介越来越被少数人所控制,大多数人则失去了表达自己意见的手段和机会。于是,出版自由就成了一句空话。报业的垄断和创办新报的困难,严重威胁了报业的多样化。意见自由市场是以报业多样化为基础的,报业多样化一直是自由主义新闻理论与体制所追求的基本目标。报业多样化的动摇意味着意见自由市场的解体。

(二)商业娱乐至上导致政治边缘化

媒介的高度垄断带来了竞争的加剧。为了获得最大化的商业利益,媒体一方面大登广告,一方面为了使报道尽可能多地吸引广大受众,传播内容越来越浅薄化、刺激化和煽情化。媒介内容的主要目的是为了满足少数富有的投资者、公司管理者和广告商的需求，而不是广大公众。公众不再被视为民主政治的一部分，而仅仅是消费群，"受众即市场"的思想开始泛滥。媒介公司制作的那些迎合受众的节目，大多数流于低级趣味而缺乏"公共性"，将公民"浸泡"在娱乐中。在美国，电视上尽量播出轻松的、非政治性的节目，给观众制造"轻松的购买情境"，人们更多地注意广告中的商品，新闻越来越少，社会信息和思想丧失了多样性，思考都由广告代理和大公司通过媒体代劳了。公民被排挤出了公共问题的讨论活动，甚至失去了对公共问题的兴趣，造成了一种"政治疏离"的现象，民主最终变成了没有公民参与的政治游戏。

（三）新闻报道权让位于资本所有权

广告收入是西方报刊主要的经济来源，甚至是有些报刊的全部经济来源。一些企业财团掌握着报刊的生死兴衰，不但广告版面迁就大的企业，而且新闻、言论也俯就大企业，大企业随时可以用撤销广告相威胁。自由主义新闻理论设计者的初衷是希望媒体能摆脱政府的控制，让媒体自由地表达人民的意愿，然而在利润支配下的媒体，仅仅只有大企业的老板们才能自由地表达他们的意愿。

在西方国家，新闻自由的主体是传媒所有者，言论自由的主体是个人。当传媒工作者发出的观点或报道与传媒所有人发生分歧时，传媒工作者个人的言论自由不得不服从所有人的观点，否则就要面临解雇。这是西方国家新闻体制中难以解决的固有矛盾。这种斗争从 20 世纪初开始显现，特别在"二战"后，围绕这个问题展开的斗争一度非常激烈。在德国，这种斗争被称为争取"内部新闻自由"；在美国，被视为编辑权与经营权的关系问题；在法国，叫作争取"报道权"；在日本，叫作争取"编辑权"。中国新闻网的一篇题为《资本比自由硬，默多克胜利了》的评论中写道："美国新闻人不得不面对一个悲凉的现实：他们只是圣徒，不是主。主的名字叫资本。"

（四）受众权利缺失造成媒介权利膨胀

自由主义新闻理论首先强调的是传播的权利，比如采访权、出版权、发布权等，至于信息传播的后果则主要依据事后追惩制。这一方面保证了传播者表达意见的权利和自由，推动了社会民主的发展，另一方面却忽视了作为公众的受传者的权利，造成媒介权利的膨胀，导致虚假新闻层出不穷，低俗新闻屡次挑战道德底线,诽谤或者侵害他人隐私权的报道久禁不绝,受众的知情权、表达权和监督权旁落。在美国"扒粪运动"的中后期,媒体充斥着大量煽情和不负责任的报道,揭黑手段也可谓无所不用其极,结果媒体"引火自焚",受到各界的批评。这些不良社会影响,是对自由主义新闻理论运用不当造成的,它过度强调了媒体的传播权,造成媒体权利的膨胀,而忽视了受众的隐私权、监督权。2011年,被炒得沸沸扬扬的"窃听门事件"涉及4 000多名受害者,这不仅仅是《世界新闻报》一家报纸的问题,而且充分表明了任何新闻自由都必须在现有的法律和伦理框架下运行,不加约束的新闻自由,必然是产生犯罪的温床。

自由主义新闻理论面临的深刻危机与困惑,反映出媒体、政府、企业和社会公众之间关系的复杂性。如何恰当、科学、合理地解决这些问题,是摆在新闻工作者面前的重要任务之一。

第四节　自由主义新闻理论的当代发展

20世纪,近代报业开始向现代报业转型,自由主义新闻理论已不再是单纯的理论问题,它在实践中不断发展,融入了更加丰富的内容,人们对它的认识也不断变化,但争取言论、出版自由的权利是自始至终贯穿其间的一条主线。

一、诉诸多种法律权利

新闻自由的实现受着多种社会因素的制约和影响。为了保障新闻自由,一些学者基于公共性和公益性的基础,提出了一系列公民的权利主张。认识和了解这些权利,对于传媒加强自律和职业规范,更好地实现新闻自由是十分必要的。

(一)知晓权

两次世界大战期间,西方各国政府以国家安全为由,任意扩大保密范围,消极对待政务信息公开化,压制了新闻自由。两次世界大战后,西方新闻界在反思法西斯主义猖獗的原因后认为,由于新闻业和广大受众被剥夺了知悉政治情况的权利,才导致独裁者能够欺骗人民,为所欲为。1945年,美联社著名记者肯特·库柏在《人民的知晓权》一文中首先使用"知晓权"这一概念,指的是公民享有获取公共信息以及与本人有关信息的权利。其本质是信息的公开和自由流动,目的是消除信息传播的障碍。库柏认为,知晓权是新闻自由的基本含义之一。20世纪50年代以后,随着现代民主政治的发

图 2-7 肯特·库柏

展,知晓权对于社会公共生活的重要意义日益凸显。作为保护与扩大新闻自由的理论依据,知晓权被许多学者理解为一种广泛的社会权利和个人权利,在西方新闻学中被大量使用。这些学者也提出了一系列观点。

知晓权是公民行使一切民主自由权利的基本前提。没有知晓权,公民的言论自由权、选举权、参政权、平等权等,都是一句空话。即使允许公民说话,他们也"无话可说"。知晓权不仅仅是一项基本人权,也是公民首要的政治权利和媒介受众权利中最重要的一环。

知晓权是现代国家民主宪政的基础要素,是防止出现恶劣政府的必要条件。民主宪政是基于民主与政府的社会契约。既然人民大众是国家主权的主体,政府只是实现民意的机关,那么民众就有权通过各种方式,主要是大众传播媒介,来了解政府工作的一切情况,包括政府的决策过程,并对他们进行有效的监督。知晓权原则是美国宪法《第一修正案》的内容之一,因此,知晓权实际上是宪法权利,有法理依据,剥夺这种知晓权便是严重的违宪行为。

知晓权作为公众的一项社会权利和政治权利,是信息化社会带来的一种必然性。随着社会的高度复杂化和日益信息化,人们主要通过大众媒介的信息渠道来影响国家政治,并进行普遍的社会交流。约翰·奈斯比特在《大趋势——改变我们生活的十个新方向》中认为,信息时代的民主政治将从代议民主制向共同民主参与制转变,而知晓权无疑是实现这一转变的根本条件。

20世纪60年代以来,随着有关知晓权理论研讨的深化,西方新闻界与法律界力图把这个思想变成实践的原则,使之进入新闻立法和司法领域,但这一点遭到了部分学者和政府官员的责难、怀疑,甚至嘲笑和抵制,使其面临理论

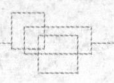

上的观念矛盾和实施中的重重困难。在1974年的水门事件中,新闻界要求尼克松总统交出有关材料,遭到拒绝。尼克松和他的司法部部长声辩说,根据行政权力原则,无论何时只要为了公共利益就可以不透露信息资料,至于什么是公共利益和是否确实为了公共利益,则由总统决定。最高法院驳回了这种主张,并认为,所谓公共利益的标准过于宽泛,须由法院来裁定。

总体来说,知晓权思想所面临的冲突主要表现为:知晓权与专制主义的传统政治观念的冲突、知晓权与行政特权以及政府保密权的冲突、记者权利与现行的司法制度的冲突、知晓权与隐私权的冲突等。而且,由于知晓权的权利义务关系问题尚未得到令人满意的解决,知晓权还难以真正产生效力。

(二) 表达权

从一般意义上说,表达权又称表达自由,是指公民表达自己意见的自由,包括言论自由、著作自由、出版自由、新闻自由、集会自由、结社自由、游行示威自由等。在新闻传播领域,表达权主要是指新闻媒介的表达自由和受众通过新闻媒介表达自己意见的权利和自由,表现为新闻从业者的传播权和普通民众的传媒接近权。表达自由作为现代公民最基本的民主权利,在世界各国的法律中都有较明确的规定,我国《宪法》即规定:中华人民共和国公民有言论、出版、集会、结社、游行、示威的自由。美国在宪法《第一修正案》中规定:国会不得制定法律剥夺人民的言论或出版自由。

(三) 舆论监督权

舆论监督权是公众或媒体运用大众传播媒介对政治、经济、文化等各公共领域内的部门和各项活动依法行使批评建议和监督的权利。这部分权利与媒介享有的新闻自由权是重合的,也是公民基本权利的组成部分之一。社会公共生活的信息属于社会公共资源,事关公众利益,带有公共性;新闻媒介作为专门性的社会信息系统的重要组成部分,整合和传播公共信息是其重要而不可推卸的责任。同时,公众也自然有权依法监督其活动是否符合社会公共利益。媒介的建议权和监督权不是媒介自上而下赋予受众的,而是受众作为公民自然应当享有的权利。

二、确立各级政府信息公开制度

所谓政府信息公开,就是指政府机关依照法定程序以法定形式公开与社会成员利益相关的所有信息,并允许公众通过查询、阅览、复制、摘录、收听、观看、下载等形式充分利用政府所掌握的信息的行为与制度。该制度所体现出的公开透明和有序运作理念对于构建民主、高效的政府具有重要意义。

政府信息公开制度最早发源于北欧的瑞典。瑞典是一个高度重视言论、出版和信息自由的国家。在瑞典现有的四个宪法性法律文件中,《政府宪章》《出版自由法》和《表达自由法》三个法律文件都是瑞典信息公开法律制度的重要渊源。1766年,瑞典政府颁布的《出版自由法》是世界上第一部从宪法层面确认公民出版自由和政府信息公开的法律,在世界上开"信息公开法"之先河。

政府信息公开制度是公民有效了解、参与国家管理和监督的重要制度,也是保障公众知晓权的一项制度。正如美国前总统约翰逊所言,"在国家安全许可的范围内,公众能够得到全部信息时,民主政治才能最好地运行"[1]。要建立规范的信息公开制度,必须适时地制定《信息公开法》。《信息公开法》一般应确立四项基本原则:政府信息公开,不公开是例外;所有人都具有同等得到政府信息的权利;政府拒绝提供文件必须负举证责任;司法机关对政府拒绝提供文件的行为拥有审查权。

1966年,美国国会正式通过了《信息自由法案》,具体规定了行政机关应当向公众公开哪些信息,应当如何公开这些信息,公民应当如何索取政府信息,如果公民向行政机关索要它应当公开的信息而遭到拒绝,应当如何通过司法程序寻求援助等重大法律原则,并且确认了一项基本原则,即政府的任何信息公开都是正常的,不公开是例外。这一原则成为所有美国公民包括新闻记者争取新闻自由的新式武器。《信息自由法案》、1976年制定的《阳光下的政府法》以及1996年制定的《电子化信息公开法》共同构成了美国完整的政府信息公开制度。

从20世纪50年代开始,美国白宫就设立了新闻办公室和新闻发言人。此后,世界各国政府也纷纷将新闻发布会作为落实信息公开的重要途径。政府通过媒体向社会公布所做的决策以及对一些事件的观点、立场和态度,从而引导舆论,树立政府对内对外的形象。

【小资料】

美国《独立宣言》写道:"我们认为这些真理是不言而喻的:人是生而平等的,他们都被造物主赋予某些不可让渡的权利,其中包括生存权、自由权和追

---

[1] 王名扬.美国行政法.北京:中国法制出版社,1995:959.

求幸福等权利。为了确保这些权利,人民建立了政府,而政府的权力是由于被统治者的同意产生出来的。当任何形式的政体妨害了这种目的时,人民有权力去改变它,或废除它,人民有权力建立新政府,它必须建立在最能保证人民的安全和幸福的原则上,其政权的组织形式也要以此为依归。"

第五节 自由主义新闻理论的历史评析

自由主义新闻理论是资本主义国家最早形成的一种新闻理论体系,是西方各国新闻体制的基石和主导性理论。它的影响巨大而广泛,虽然在现代遭遇了种种矛盾和挑战,但迄今仍被西方各国新闻界奉为圭臬。

一、促进了资本主义制度的建立和近代报业的发展

争取出版自由、言论自由,是资产阶级的理论先驱们为反对封建专制主义和宗教蒙昧主义而进行的一场斗争,它是资产阶级处于上升时期的政治斗争需要和经济发展需要在新闻事业上的反映。在这场斗争中,自由主义新闻理论成为反对神权和王权的有力思想武器,为彻底废除以英国王室新闻出版法为代表的封建报刊检查制度立下了汗马功劳。

资产阶级在取得政权以后所推行的自由市场经济,其基本前提是信息的自由流动,是各利益集团意见的自由表达。否则,自由市场经济无法运转。自由主义新闻理论适应了资产阶级在政治、经济上的发展需要,促进了资本主义制度的建立和发展,在促使法国和美国以国家大法的形式确定言论与出版自由为公民不可剥夺的权利的过程中,起到了助产士和催生婆的作用,并一度成为美国等西方各国新闻和大众传媒立法以及运作的主导性理论。

同时,这一理论也大大推动了新闻事业的自由发展。19世纪中叶,自由主义新闻理论在制度上确立以后,美国等西方各主要国家的新闻事业迅猛发展,成为最具活力、最有生气的新兴产业。正如列宁所说:"出版自由这一口号,从中世纪末到19世纪,在全世界成了伟大的口号。为什么呢?因为它反映了资产阶级的进步性,即反映了资产阶级反对僧侣、国王、封建主和地主的斗争。"[①]

---

① 杨春华,星华.列宁论报刊与新闻写作.北京:新华出版社,1983:574.

【小故事】

　　美国和苏联的两位报人碰在一起谈论大众媒介问题,在最初几分钟内就显示出两种思想范畴的互不相容。美国人为他们的自由报刊感到幸福,而且对在国家占有、检查制度和宣传之下呻吟的苏联同行感到同情。苏联代表则声称他们享受到唯一的真正的新闻自由,而他们不幸的美国同行却不得不为一种唯利是图的、受特殊利益支配的、腐败和不负责任的报刊服务。美国人自豪地谈到他们能够得到全世界的最新消息,以及大众媒介给予的享受和娱乐。苏联人则认为最新消息并不是为公众服务的重要内容,而且美国媒体所提供的大部分娱乐性内容都是"废话",对一个大国来说是毫不可取的。谈话就这样继续下去,直到双方都怀疑对方思想混乱而分道扬镳。

二、作为一种社会价值观念影响深远

　　"新闻自由是政治自由的基础。哪里的人们不能自由地彼此传递他们的思想,哪里就没有自由可言;哪里存在着表达自由,自由社会就在哪里发端。""表达自由(新闻自由)在各种自由权中是独一无二的,它促进和保护其他所有的自由。"[①]

　　自由主义新闻理论关于言论出版自由的主张,一直影响着近现代各国报纸争取更大新闻自由权利的斗争。它是西方文明的重要指导原则,是西方国家新闻发展的动力,也是媒介对政府实行监督的重要法宝,起到了"排气阀"的作用,确保了西方文明和社会的顺利发展,构成了资本主义民主的完美社会系统。[②]

　　新闻自由在理论和实践上的最大优点就是它作为一种社会价值观念,作为人类锲而不舍的追求,消除了人们心灵中的桎梏,使人们拥有用个人自我引导来促进人类利益和幸福的能力与信心,影响着现代国家政治制度的建设,影响着社会生活的各个方面,为人类社会的发展开辟了新的未来。

　　1946年,联合国大会宣布:"新闻自由当为基本人权之一,且属于联合国致力维护的一切自由之关键。"在《世界人权宣言》与《公民权利和政治权利国际公

[①] [美]新闻自由委员会.一个自由而负责的新闻界.展江,等,译.北京:中国人民大学出版社,2004:3.

[②] 刘行芳,刘修兵.西方新闻理论概论.第2版.武汉:武汉大学出版社,2011:292.

约》等著名国际人权条约以及各区域的人权条约中,公民表达自由都作为基本人权予以规定,并要求各签约国遵守。1993年12月20日,联合国大会又宣布5月3日为"世界新闻自由日",旨在提高新闻自由的意识,承认自由、多元化和独立的新闻是任何民主社会必不可少的组成部分,并提醒政府尊重和提升言论自由的权利。这一行动源于教科文组织大会1991年发布的《促进世界新闻自由的决议》,它将5月3日定为《关于促进非洲新闻界的独立和多元化的温得和克宣言》纪念日,该宣言是1991年5月3日教科文组织和联合国在纳米比亚温得和克举办的"发展非洲独立和多元化新闻研讨会"上通过的。

当前,公民舆论监督权的实现以及公共领域和公民社会的构建,都需要以言论和出版自由为核心的新闻自由提供坚实的基础和强有力的支撑。正如德国哲学家哈贝马斯所说:"一个国家经济的进一步自由化和政治体制的进一步民主化,将最终促进而且也需要民主形式的舆论必须植根于其中的、我们称之为政治公共领域和联系网络的某种等价物。"①随着人们对新闻自由观念有了更加全面、科学的理解,以及国家政治制度和新闻制度的不断完善,言论出版自由的主张必将给社会制度的建设以及新闻事业的发展开辟广阔的空间,促进新闻事业的健康发展。

三、本身充满着多种复杂的矛盾

自由主义新闻理论在创建之初就埋下了隐患。它对什么是自由,对自由可以控制到什么程度等方面的问题,并没有进行较全面的理论分析,更没有达成基本一致的认识。"对于民主社会来说,长期存在的问题是要决定公众通信工具发表意见的自由的限度在哪里。如前所述,所有自由主义的哲学家都同意自由发表意见不是绝对的,而是有限制的。"②而且某些对新闻自由的限制已经被公认为是符合自由主义原则的。所有的民主政

图2-8 漫画《世界新闻自由日》

---

① [德]哈贝马斯.关于公共领域的问答.梁光严,译.社会学研究,1999(3).

② [美]韦尔伯·拉姆,等.报刊的四种理论.中国人民大学新闻系,译.北京:新华出版社,1980:63.

府都承认国家有保护个人名誉的职责,都承认国家有必要限制大众传播工具用诽谤来伤害社会成员的行为,只是某些国家在执行这一职责时比其他国家更加积极一些。禁止传播淫秽和不体面的内容也是所有国家普遍接受的对媒体的一种限制,这种限制对于保障道德是必要的。那么在民主范围内施加什么样的限制才算不违反新闻自由原则呢?自由主义新闻理论并没有形成一套有助于解决这一世纪难题的一般性原则。

正如经济暨社会理事会通信自由问题报告员在1954年的报告中,分析所遭遇的种种困难的原因时所写道的:"关于新闻自由辩论的大部分基本问题及阻碍进展的主要因素,是关于新闻自由概念中所涉及的权利和自由的显著意见分歧。如果把这种分歧说成是两种论点的冲突,即一种论点认为无限制地出入于观念的市场最能有效地促进有组织的社会的利益,另一种论点认为国家的控制和指导能够更好地保障这种利益,这样的看法就未免把问题过于简单化了。世界上的实际情况,可以更正确地形容为一种'连续的意识上的光谱',所有不同的国家,分布在两极之间。"①

自由主义新闻理论体系总体上来说表现出来的是更多的激情和理想化色彩。随着社会经济、政治、文化条件的变化,一系列社会科学实证性研究的展开,以及大众传媒的快速发展,自由主义新闻理论的历史局限性明显暴露出来。"意见的自由市场"和"真理的自我修正过程"等曾经辉煌的理论走向衰落,自由主义新闻理论受到多位学者的尖锐批评甚至被颠覆。唯理主义受到现代心理学家的攻击;天赋权利的理论被人揭露为只是一种动听的口号,而没有基本的政治或社会的根据;自由企业作为一种经济哲学,也被人怀疑;个人权利因危害多数人的福利而受到强烈的攻击。世界多数国家虽然接受和承认新闻自由,但是由于政治、内部安全、经济情况以及民族主义的压力等原因,自由主义与集权主义只有一墙之隔。每当国内发生政治危机时,有些正式采用自由主义以防止政府控制媒体的国家就又恢复了集权主义的做法。

20世纪,自由主义所面临的挑战不仅仅是理论本身显露的缺陷、国内的怀疑或资本主义国家体系内部的否定,还来自国际,从而构成了国际意识形态斗争的组成部分和主要领域。20世纪70年代之前,自由主义的敌手是苏联新闻思想。70年代以后,自由主义的敌手变成了在第三世界国家占统治地位的新闻思想,形成了媒介帝国主义理论。东西方和南北方的新闻思想斗争成

---

① 陈建云.中外新闻学名著导读.杭州:浙江大学出版社,2005:285.

为世界新闻理论发展史的主旋律。

图2-9 2011年《世界新闻报》在"窃听丑闻"中关门走人

新闻自由理想与现实的落差、新闻自由的双重标准以及新闻自由与公民隐私权和保密权之间的内在矛盾,都促使人们不得不对自由主义新闻理论重新审视,也呼唤着新的新闻理论的出现。

【资料链接】

《最后的权利:重议〈报刊的四种理论〉》(约翰·C.尼罗,2008)一书肯定了《报刊的四种理论》这本经典著作作为一种教学媒介,它提供了观察新闻出版自由与社会关系的一种替代方式;作为一种工具,它能帮助学者和门外汉解决古典自由主义中的矛盾。同时,该书还批评了《报刊的四种理论》的意识形态僵化,提出了有关互联网的问题,并强调了自这本最畅销的著作出版以来传播制度和社会已经发生的重大变化。该书注重反思和批评,为理解和评价《报刊的四种理论》提供了一个新的视角。

【拓展训练】

1. 新闻自由与言论自由、自由主义新闻理论是不是一回事?为什么?

2. 辨析:"有闻必录"就是新闻自由。
3. 辨析:新闻自由只存在于西方。
4. 试析西方新闻自由在具体实践中存在的两大悖论。
5. 怎样才能更好地实现新闻自由?

第三章 社会责任新闻理论

【情境导入】

1942年,《时代》杂志创办人亨利·卢斯在一次无意的谈话中催生了美国新闻自由委员会。该委员会以芝加哥大学校长罗伯特·哈钦斯为首,由新闻学范畴外的社会科学教授组成。他们应卢斯的要求对美国新闻自由状况进行了调查,并在提交的报告《一个自由而负责的新闻界》中最先提出了媒体的社会责任论。这一主张对后来西方新闻理论的发展方向和新闻界的媒体实践产生了深远影响。

【学习要点】

1. 社会责任新闻理论与自由主义新闻理论的关系
2. 社会责任新闻理论的主要观点
3. 社会责任新闻理论的历史评析

社会责任新闻理论(Social Responsibility Theory of the Press),又称"报刊的社会责任论"或"传媒的社会责任论"等,最早可以追溯到19世纪末期《纽约时报》的创办和普利策的新闻专业主义思想。20世纪40年代,社会责任新闻理论由美国的一批学者开始构建,50年代后被西方大多数国家所接受,并逐步趋向成熟,影响日益广泛。

第一节 社会责任新闻理论的正式提出及初步实践

社会责任新闻理论的出现是在特定历史条件下多种因素共同作用的结果。19世纪后半期开始,高涨的技术变革和工业革命改变了国家的面貌,改变了美国的生活方式,也影响了报刊本身的性质。报业在规模日趋扩大和重要性日益增加的过程中,时常受到多方面的尖锐批评,这种批评还要求报业具备一定的业务准则,甚至暗暗地以政府管制相威胁。新理论的知识气候不断出现,达尔文、爱因斯坦等对自然权利、静止的宇宙等问题提出质疑,弗洛伊德及其追随者对人的纯粹理性的批判等,都促使人们对旧的自由主义理论产生怀疑,并亟期一个新的理论加以纠正。

一、社会责任新闻理论的正式提出

20世纪30年代以后,美国开始罗斯福新政,政府大规模干预经济,新闻界也受到影响。美国一般工商业的社会责任感的增长,促进了报刊职业精神的发展。报业吸收了一些有原则、有修养的人从事新闻报道。大众传播道德法规中的内容也慢慢开始改变。最早的一个新闻法规是美国报纸主编协会在1923年制定的,它号召报纸要对公众福利负责,做到真诚、真实、公正、公平、节制、尊重个人私生活。

1904年,约瑟夫·普利策在《北美评论》上发表文章《新闻学院》为他成立新闻学院的建议做辩论:只有最高的理想、兢兢业业的正当行为、对于所涉及的问题具备正确知识以及真诚的道德责任感,才能使得报刊"不屈从商业利益,不谋求自私的目的,不反对公众的利益"[①]。

这可谓是呼唤社会责任新闻理论的先声。

1942年12月的一天,《时代》杂志的创办人亨利·卢斯会见了《大不列颠百科全书》的经理们,言谈中涉及有关出版发行等问题。兴之所至,他给他的朋友、芝加哥大学校长罗伯特·哈钦斯写了一张便条,询问进行一次美国新闻业调查需多少费用,并说他对了解美国新闻自由的现状及未来发展怀有兴趣,提议对新闻自由的现状和前景进行一项调查分析。《时代》杂志公司愿意出资20万美元给予经济资助。

1944年,以芝加哥大学校长罗伯特·哈钦斯为首的、由新闻学学科之外的13位一流学者组成的被誉为"20世纪最著名的学术团体"的美国新闻自由委员会(也称哈钦斯委员会)成立,并承担起对美国新闻自由进行调查分析的任务。该委员会前后听取了58家报纸、杂志、广播电台以及电影界诸多人士

---

① [美]普利策.新闻学院.北美评论,1904(5)//陈绚.新闻传播伦理与法规教程.北京:中国传媒大学出版社,2007:44.

的证词,收集了 225 名以上关心新闻界状况的各产业、政府和私人机构成员的访谈,召开了 17 次为期两到三天的委员会全体会议,研究了 176 份由委员或工作人员准备的文件,工作历时近三年,九易其稿。1946 年,题为《一个自由而负责的新闻界》的调查研究总报告及六份分报告完成,并于 1947 年陆续出版问世。作为一种明确的思想观点,社会责任新闻理论被正式提出。

该报告开宗明义地指出:委员会认为美国当时的新闻自由处于危险之中,并指出三点原因。

图 3-1　亨利·卢斯

首先,"作为一种大众传播工具,新闻界的发展大大降低了能通过新闻界表达其意见和观点的人的比例。其次,能把新闻机构作为大众传播工具使用的少数人,未能提供满足社会需要的服务。最后,那些新闻机构的指导者不时地从事受到社会谴责的种种活动。这些活动如果继续下去的话,新闻机构将不可避免地受到管理或控制"。他们还认为:"新闻自由之所以面临这种危险,部分是新闻界的经济结构所致,也是现代社会工业组织所致,同时是因为新闻界的主管未能意识到一个现代国家的

图 3-2　罗伯特·哈钦斯

需要,未能估计出并承担起那些需要赋予他们的责任。"[1]

卢斯本想通过这次调查恢复新闻界衰落的公共形象,增进公众对新闻自由重要性的理解,进一步扩大新闻自由,而如今的这份报告则事与愿违。卢斯贬斥这份研究报告"甚至缺少高中生的逻辑思维,简直令人吃惊"[2]。一怒之下,他断然停止提供研究资金。对此,哈钦斯毫不退让,最后依靠他在耶鲁大学的朋友威廉·贝恩顿的资助,完成并出版了这些报告。1956 年,美国新闻

---

[1] [美]新闻自由委员会.一个自由而负责的新闻界.展江,等,译.北京:中国人民大学出版社,2004:1-2.

[2] 徐耀魁.西方新闻理论评析.北京:新华出版社,1998:223.

学博士韦尔伯·斯拉姆等人在《报刊的四种理论》一书中对这一理论做了详尽的阐述,使它在世界范围内产生了重大影响。

二、社会责任新闻理论的初步实践

大概就是在新闻自由委员会开始在美国出版它的报告的时候,英国在全国新闻工作者协会倡议下成立的皇家新闻委员会也在研究英国报刊的垄断问题,寻找改进英国报业的办法。在皇家委员会的建议下,英国组织了一个报业总理事会,以提倡报刊的社会责任和社会服务。这一机构的主要任务是谴责或揭露报刊方面的某些不当做法,对控诉进行调查,如果控诉属实,则设法纠正;如果控诉不实,则予以答复。它公开发行的第一届年度报告中包括了若干对于个别报纸的控诉,以及对整个报业趋势的概述。

在报界新闻自由变得日益糟糕的同时,美国有些报纸的发行人似乎感觉到对于他们所服务的社会应有一种责任感。出于自愿,他们开始把责任和自由联系起来。报纸的出版者们谈到他们的职业时,往往流露出"公众有获得消息的权利"和"报刊对公众的贡献"等词句。有些报刊尝试以关心社会利益——至少如他们所认为的社会利益——的态度来经营报刊,制定报业道德法规,在此期间还产生了几份有影响的严肃报纸。电影工业、广播、电视也开始按照为社会利益服务的法律要求,根据他们所认识到的社会利益各尽其责。

【小资料】

西方新闻界在相当长的一段时间内,对新闻理论的研究并不十分重视。他们对"术"的研究重于对"学"的研究,微观研究重于宏观研究。新闻理论方面的专著并不多,比较有代表性的著作,在20世纪20年代有李普曼的《舆论学》和约斯特的《新闻学原理》,这两本书都是美国高等院校新闻院系长期广泛使用的理论教材,后者还获得过普利策奖。

第二节 社会责任新闻理论的思想基础

关于什么是自由,自由主义新闻理论认为,自由是"不受某些东西约束的自由,即行动不受专断的阻碍,不受统治权力或权威的制约",可以概括为"不受……约束的自由"。而社会责任新闻理论则强调"自由就是使用人的行动的权利"。要实现这种自由,需要两个基本前提:第一,"没有来自外部的限制和控制";第二,"具有行动所必需的手段和设备"。这种自由可以概括为"有做……的自由"。从这一点出发,社会责任论者对新闻自由提出了新的见解。社会责任新闻理论后来一系列的主张都是建立在这些思想观点基础之上的。

一、自由伴随着义务

在自由主义理论下,言论自由是一项自然权利,一项人类与生俱来的权利,一项无人能剥夺的权利。这一权利的行使可能有时会受到限制,但并不负有任何义务。这个假定是自由的人可以发表他们的意见,其余的人可以自由听取,言论自由和出版自由能够在思想市场上促使真理战胜虚假。

图3-3 2012年,《费城问询报》因报道学校暴力事件,促进了一系列关于学校安全措施的教育改革,因此获得普利策公共服务奖

图 3-4 普利策公共服务奖奖章

在社会责任理论下,言论自由是一项精神权利,它伴随着一定的义务。"它应对自己的良知和公众福祉负有义务。表达思想观点这一不可或缺的功能是一种责任——对共同体的,并且也是对超越共同体的某种东西的——可以说是真理的责任。"①公众的言论自由并非是无条件的。没有公认的道德义务就没有精神权利。即使对该权利的要求出自于某人对公众福祉或思想的义务,但是当这种义务受到忽视或遭到拒斥时,权利的基础也就不复存在了。

而且,新闻自由在任何社会和任何时代都不是一种一成不变的孤立的价值观。它是社会的一种内在功能,必须随着社会情境的变化而变化。在国泰民安或危机四起的时候,它会有所不同;它也会随着公众情绪和信仰的变化而变化。在这些过程中,自由伴随着的义务也会有所不同。

新闻界要想完全自由,就必须了解和克服任何伴随自身经济地位、集中趋势及其金字塔式结构而产生的偏见。新闻界必须享有的是能够发展它自己关于服务与成就的种种概念的自由、为维系和发展自由社会做出贡献的自由。由此可见,新闻界还必须是可以问责的。它必须对社会负有责任:满足公众需求,维护公民权利,以及那些没有任何报刊代言,几乎被遗忘的言说者的权利。

美国的宪法《第一修正案》对新闻自由在字面上没有附加任何条件,在事实上却是附有种种条件的,是有限制的自由,容不得新闻媒体为所欲为。宪法《第一修正案》制定的目的是防止政府干涉言论出版自由,而不是主张新闻自由不受限制。

---

① [美]新闻自由委员会.一个自由而负责的新闻界.展江,等,译.北京:中国人民大学出版社,2004:5.

二、公民"知的权利"

美国宪法《第一修正案》规定要保障言论自由。那么,究竟要保障谁的言论自由?是媒体的自由还是公众的自由?

自由主义新闻理论认为:只要新闻媒体获得了自由,公民也自然而然地获得了言论自由。但社会责任论的倡导者们经过调查发现:自由主义新闻理论所倡导的新闻自由只不过是媒体自由,法律保障的也仅仅是媒体自由,而且在媒体垄断日益严重的情况下,媒体自由的实际结果是伤害了公众自由,公众实际上得到的仅仅是一种逃避的自由。

因此,社会责任新闻理论认为:公众自由高于媒体自由,公众拥有获得新闻的权利,即"知的权利"或"被告知的权利"。如果一个人在道德上有被告知的义务,那么他可以合乎逻辑地主张:他也有被告知的权利,以履行其义务。言论自由既然是一项道德权利,媒体所有者和从业人员就没有权利只发表他们自己所喜欢的东西,他们有义务一定要把公民的重要观点在媒体中表达出来,使一切值得公众听取的意见都让公众所听取。如果媒体不能主动地满足公民被告知的要求,社会和政府就可以采取措施,以保障公民利益。

三、媒体必须约束自己的行为

自由主义新闻理论的核心是处理政府与媒体之间的关系,它认为:如果能够阻止政府对新闻自由的干涉,那么媒体自由就有了充分保障。

社会责任新闻理论则认为:随着历史的发展,政府对媒体自由的威胁已退居次要地位,媒体自由的主要威胁来自媒体自身。"现代新闻界本身就是一种新现象。它的典型单位是大型的大众传播机构。这些机构能促进思考与讨论,也能将它们窒息。它们能推进文明进程,也能使之受挫。它们能使人类的品质降低和庸俗化。它们能威胁世界和平。它们能夸大或贬低新闻及其重要性,助长和满足某种情绪,制造自以为是的虚构故事和盲点,夸夸其谈,大言不惭,宣扬空洞的口号。随着新工具的不断应用,它们的影响范围和势力与日俱增。这些工具已超越了那些珍视宪法《第一修正案》所赋予的新闻自由的前辈的想象力,将谎言散布得更为快捷和遥远。"①

媒体为了自身利益而损害公众利益的不负责表现,已损害了信息和思想在社会内的自由交流和流通,激起了公众的强烈不满。如果媒体不能约束自己的行为,那么公众不得不呼吁政府或公众自己的组织来管制媒体,新闻界及其自由将在宇宙的劫难中沉沦。如果媒体的确想生存,就必须自我约束、节制和相互理解,对社会尽到自己的职责,不断地向人们提供关于世界和他人的知识,帮助他们理解与欣赏一个支持所有人的自由社会的目标,协助建立一个世界共同体。

可见,自由主义新闻理论的立足点在于约束政府行为,社会责任新闻理论的立足点是约束媒体自身行为,强调媒体要为社会政治制度和经济制度服务,对社会负责,实行有控制的新闻自由,政府为了公共利益可以干预和控制媒体活动。

第三节 社会责任新闻理论的基本观点

进入20世纪,自由主义传统观念的哲学基础已经被现代知识界深刻的思想变革所摧毁,古典放任主义的经济学已经被几乎所有现代工业国家的实践所摈弃,思想自由竞争的公开市场在现代社会中已不复存在。在此背景下,社会责任新闻理论得以诞生,并开始了它以自由和责任为主题的理论研究和思想传播。社会责任新闻理论并没有抛弃自由主义新闻理论,它只不过是嫁接在自由主义新闻理论树杈上的新枝而已。

一、向政府发出的五项呼吁

自由主义新闻理论的核心是反对政府对媒体活动的任何干预。但在新的历史条件下,媒体不能真正实行自律,公众对媒体的不负责任又无能为力。因而,政府有权力来管束和制约新闻媒介,以体现政府在大众传播方面的作用。关于传播产业,政府的主要职能是保持渠道畅通。美国宪法《第一修正案》是

---

① [美]新闻自由委员会.一个自由而负责的新闻界.展江,等,译.北京:中国人民大学出版社,2004:2.

为了保障表达自由,而不是创造出一个特权产业。宪法《第一修正案》也没有被解释成"要防止运用专门法律来管理某些类别的表述"①。

(一) 切实保障新闻自由

政府应该制定宪法保障新闻自由,尤其是对广播和电影的保障,都应该得到承认。"新闻自由是政治自由的基础。哪里的人们不能自由地彼此传递他们的思想,哪里就没有自由可言;哪里存在着表达自由,自由社会就在哪里发端,因而每一种自由权的扩展就具备了现实性。因此,表达自由在各种自由权中是独一无二的:它促进和保护其他所有的自由。"②对于电影,应该要求其在美国最高法院所解释的宪法《第一修正案》的适用范围内运作。对于广播,《通讯法》中禁止建立检查制度这项规定应给予宪法支持。广播申请人如果没有做好为公众利益服务的准备,可以不授予执照。政府应该强化对检查制度的禁止,而不是在无视其表现的情况下保证领有执照者获得永久的特权。应时刻铭记:天空属于公众,而不属于广播业。

(二) 制定反垄断法,鼓励传播行业的新投资者

制定反垄断法来制止新闻媒体的过度集中,保持大众传播业间的竞争。鼓励传播行业的新投资者,促进新技术的引进,以维持思想和意见的自由市场。在传播业中,哪里需要集中,政府就要在哪里努力保证公众从这种集中中获益。政府的行为类型甚至可以包括为新办报纸和杂志走上报摊提供警方保护,制定城市法令,以及针对垄断电影院的电影公司进行反垄断诉讼等。当然,最理想的是新闻媒体自身采取联合行动,提供一个自由社会所需要的信息或讨论的多样性以及确保其数量和质量。

(三) 通过立法使新闻受害方得到应有的补偿机会

被新闻界虚假陈述所伤害的人要为自己的名誉进行辩护,唯一的法律途径是索赔性民事诉讼。但是这种补偿办法代价高昂,困难重重,并且充斥着专业术语。政府应该通过立法使受害方可以撤销或重述冒犯方所提供的事实,

---

① [美]新闻自由委员会.一个自由而负责的新闻界.展江,等,译.北京:中国人民大学出版社,2004:51.

② [美]新闻自由委员会.一个自由而负责的新闻界.展江,等,译.北京:中国人民大学出版社,2004:3.

或者得到回应的机会,作为对目前补偿诽谤的一种替代方法。从道德上考虑,新闻自由是一项有条件的权利——这个条件就是撰稿人、播报者和发行人的诚实与责任。一个有意无意撒谎的人无权要求得到美国宪法《第一修正案》的保护。

(四)废除威胁政治和经济问题讨论的法律

美国最高法院已经指出,任何言论,甚至力主以暴力推翻政府的言论都受到宪法《第一修正案》的保护,除非有明显而现实的危险表明那些言论将导致暴乱。所以,那些禁止并不存在引起暴力这种明显而现实危险言论的立法应该废除。对法律范畴内的真正危险分子,可以通过共谋法和一般刑法予以制裁。

(五)采取措施保证公众及时、全面了解政府政策以及政策制定的目的

政府应该开放信息来源,保障信息自由流通,通过大众传播媒体向公众告知政策以及这些政策背后的用意。如果私人大众传播机构不能够或不愿意给政府提供这样的媒体,政府可以使用自己的媒体。如果私人大众传播机构不能够或不愿意提供本国的信息给其他国家,政府就要使用自己的媒体来弥补这种不足。否则,本国或其他国家的人民由于得不到官方信息和讨论,可能会在至关重要的问题上继续懵懂无知。除了提供国内外信息之外,政府在国际传播方面还具有一些特殊责任,比如:为所有人赢得接触新闻的同等机会;消除阻碍信息自由流通的障碍;与国际合作,采取一切可以使用的新技术来促进信息的最广泛传播等。

二、对新闻界提出的五项要求

新闻媒体应该担负起一个自由社会所需要的责任,这样新闻自由才能有更大的实现空间。新闻自由委员会在其总报告《一个自由而负责的新闻界》中对新闻界提出了五项理想化的具体要求。

(一)就当日事件在赋予其意义的情境中进行真实、全面和智慧的报道

媒体的报道应该准确,不应该撒谎。为此,记者必须谨慎而干练。他必须正确评估哪一个消息来源最具权威性,他必须做第一手的观察而不能道听途说,他要知道问什么问题、观察什么对象以及报道哪些事项。他的雇主也有责

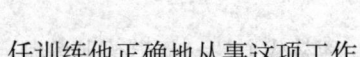

任训练他正确地从事这项工作。

其次,报道要分清事实就是事实,观点就是观点,并尽可能将两者分开。虽然不存在没有情境的事实,也不存在不受记者意见影响的事实性报道,但是现代社会要求记者比以往付出更大的努力来区分事实与意见,务必做到实事求是。尤其是在国际信息传播中,媒体必须报道事实真相。国内事件的报道应该将单个事件放在适当的视角之下予以观察,当成群体行动的一个样本,从事物的联系中去分析其产生的原因、社会影响、后果,做到事实准确且本质真实。

(二)成为交流评论和批评的论坛

媒体应该将自己视为公共讨论的共同载体,并且全面、明确地承担相应的责任。媒体要担负起社会成员之间交流思想观点的责任,尤其是与媒体自身相反的观点。媒体可以不赞成他们的观点,但应该给他们公开表达的机会。

一个理想的联合体势必囊括综合性报刊,它们虽然不可避免地关心己方观点的呈现,但也应公平地阐明他方观点。作为对它们是否公正的检验和部分地防止它们漏报重要事件的屏障,更专门化的鼓吹辩护性的报刊应该占有至关重要的地位,以免形成偏见。

对新闻来源的交代是自由社会所必需的。任何一家媒体都应该确定事实、意见和论据的来源,以便受众对它们做出判断。被呈现的事实、意见和论据在相当程度上受到提供者总体可信度的影响。若要对陈述的正确性做出评价,陈述的提供者必须为人们所知晓。如果讨论要达到民主社会所希望的效果,真正做到全面而自由,那么参与讨论者的姓名和身份就不应该秘而不宣。

(三)提供社会各个群体的典型画面

在现代社会,公众越来越依赖于根据媒体所提供的情况做出好或坏的判断。这就要求媒体充当社会各群体相互传递意见与态度的工具,对社会各集团、各种族、各阶层、各区域的人做出合乎实际的正确描述,增进彼此的了解,避免因误解而引起群体冲突,确保社会稳定。

人们做决定时,很大程度上凭借好恶印象,将事实、意见与刻板成见联系起来。电影、广播、图书、杂志、报纸和连环漫画都是产生和固化这些流行观念的主要力量。当它们所描绘的形象不能真实地反映某一社会群体时,就会造成误导。

媒体负责任的表现就意味着,被重复和强调的形象应该是这些社会群体真实而典型的形象。关于任何社会群体的真相,虽然其缺点与恶习不应被排除,但是还应当包括对其价值观和普遍人性的认可。新闻自由委员会坚持认为:如果人们能接触到某个特定群体生活的核心真相,他们就将逐渐建立起对它的尊重与理解。

(四) 呈现与阐明社会目标与价值观

这是对大众传播媒体提出的全新要求。自由主义新闻理论强调意见自由市场,相信人们会从理性出发,自然而然地拥护真理,抛弃谬误。但事实上,受众并非总是理性的,他们时常会跟着潮流或固执己见。

因而,社会责任论者提出,大众传播机构是一种教育工具,而且有可能是最有力的教育工具,它们可以呈现和阐明社会共同体应该为之奋斗的理想,承担起教育者的责任。为此,新闻界应对各种事件和力量据实报道,不得操纵事实,无论这些力量是为阻碍达成社会目标还是为实现社会目标而工作的。

(五) 保证充分接触当日消息

在现代工业社会中,公民不能直接亲身经历社会上的很多事情,因而对媒体有越来越大的依赖性,而且他们对当前信息的需求在种类、数量和质量上都远远大于以往。第二次世界大战期间,特别是战后,越来越多的地区、州和联邦各级政府官员拒绝发布对某些官员不利的消息,不断压制新闻自由。新闻界作为破除新闻自由流通障碍的公众代理人,应该向每一个公民提供当前社会的信息流、思想流和感情流,保证每个公民能平等地共同分享所需要的信息。这是新闻界社会责任的一个方面,也是公众"被告知的权利"的实现。

只有信息能为每个人所用,公民才能了解社会,了解他们所信任的领袖。任何公民在任何时间都有做决定的权利,政体正是以这种方式经过公众的许可而得以延续的。

美国新闻自由委员会虽然制定了以上五条新闻业准则,大多数媒体也接受这些准则,但是他们认为媒体实践这些准则仍然会困难重重。为此,新闻自由委员会又希望通过新闻界、公众和政府三方面共同努力,以促使新闻业务的全面提升。

三、对公众的三点希望

在传播革命已经发生的情况下,公众还不了解传播工具的巨大力量,没有觉察到传播工具越来越集中于少数人手中。他们更不理解,新闻界的表现与当今世界上一个自由社会的要求相距多么遥远。一旦公众知道这些实情,他们就可以拥有或者能够创办一些非营利机构,用来弥补新闻界的不足、制定新闻界的竞争标准以及使新闻界履行它的责任。

(一)教育机构帮助提供公众所需要的特定类别、数量和质量的新闻服务

报刊、广播、电影、电视等传播工具是塑造人们思想的最有力手段。教育机构有责任帮助公众利用这些大众传播工具,为商业媒体无兴趣服务的公众提供特定的新闻服务,为公众传递信息,激发公众对美好事物的需求并自己制造美好事物继而恢复思想的多样性。

(二)在传播领域创建从事高级研究、调查和出版工作的学术专业中心

现有的新闻学院利用其所在大学的全部资源,使它们的学生接受视野最广博、内容最丰富的训练,创立进修、研究和批评性的出版物等中心。如果没有建立调查中心、研究生课程中心以及批评性出版物中心,新闻界所谓的传媒产业也就不复存在。为新闻工作进行的准备需要最好的通才教育。进入新闻学院的学生们,应当使他们受到最广泛的教育,不应该因为他们已经决定要从事新闻工作,就剥夺其接受文理兼备教育的权利。新闻学院还必须与所属大学的其他院系建立尽可能密切的联系。

(三)建立每年评估和报告新闻界表现的独立机构

这样的机构独立于政府和新闻界之外,它靠捐款创办,有一个为期10年的试验期,然后通过对其业绩的审核重新决定最适合其宗旨的组织形式。

这种机构的活动包括:(1)通过与从业者的讨论和工作人员的分析,继续帮助新闻界界定可操作的表现标准。(2)指出新闻界服务在某些领域中的不足以及在某些领域中的集中趋势,使得地方社区和新闻界自己可以组织起来,向服务缺乏的地方提供服务,或者为那些看起来有日益趋向垄断危险的地方提供替代性服务。(3)对存在少数族裔群体无法合理地接触传播渠道现象的地区进行调查。(4)在国外就美国新闻界呈现的美国生活图景进行调查,与别国机构以及从事跨国传播分析的国际机构进行合作。(5)调查新闻界撒谎的事例,尤其注意对判断公共议题所需数据的持续歪曲。(6)定期评估传播产业各种分支的趋势和特点。(7)继续评估影响传播的政府行为。(8)鼓励在大学中建立传播领域的高级调查、研究和批评中心。(9)鼓励有望满足特殊受众需要的那些项目。(10)针对以上各项展开尽可能广泛的公开性讨论。

这些建议综合起来,表明了一些能使新闻界变得负责任并因此保持自由的方法。法律和公众舆论这些外在力量也能够以各种方式在一定程度上制约新闻界的不良表现,但是新闻界到底能否尽到应尽的责任,归根到底还是取决于运作和掌握传播媒体的人。

【小故事】

20世纪初期,美国报业史上一位划时代的人物普利策开始厌恶自己所肇始的黄色新闻的泛滥,于是退出了与赫斯特的竞争。在按照他的遗愿设立的哥伦比亚大学新闻学院前,后人塑立了他的铜像,并在基座上镌刻了他的一段名言:"我们的国家与报业休戚相关,升沉与共。报业必须具有能力,大公无私,训练有素,深知公理并有维护公理的勇气,才能保障社会道德。否则,民选政府就会徒有虚名,成为一种赝品。报业的谩骂、煽动、虚伪、专横将使国家与报业一同堕落。塑造国家前途之权,掌握在未来的新闻记者手中。"

第四节 社会责任新闻理论的历史评析

社会责任新闻理论通过对自由主义新闻理论的修正而成为西方大多数国家的主导性理论之一,随着垄断资本主义的发展而盛行至今。尽管它自身有着不可克服的致命缺陷,但是西方大多数国家仍把它作为新闻立法、制定新闻政策和构建新闻工作者道德规范的理论依据。传播学研究兴起后,社会责任新闻理论便被纳入传播学"控制分析"的研究范围。

一、社会责任新闻理论的积极影响

社会责任新闻理论在20世纪40年代中期问世,十年以后,不仅在美国新闻界得到普遍的认同,而且开始风行于西方各国。社会责任新闻理论倡导者的努力一度是成功的。因为他们建立起了责任的立场,让自由与责任相遇、交织在一起,共同扩大新闻自由的丰富内涵,给媒体提供了一个来自社会共同体的伦理标准,在美国和西方其他国家都产生了积极的影响。

(一)缓和了公众、新闻媒体、政府三方面的冲突

社会责任新闻理论是维护西方资本主义社会政治制度的。它在一定程度上适应了西方社会的变迁,适合西方国家的发展需要。它从现实出发,在理论上修正了自由主义新闻理论的许多缺陷,较好地协调了公众、新闻媒体和政府三者之间的关系。它一方面提出公众具有"知的权利",另一方面又一再宣称要保障新闻自由;它一方面揭露和批评了新闻媒体滥用新闻自由的种种弊病,同时却一再保护新闻媒体的私有制;它一方面要求政府出面来约束新闻媒体的自由行为,另一方面又一再提醒政府对这种约束要有所限制,并保证新闻媒体对政府的舆论监督。这样,社会责任新闻理论照顾了各方面的利益,缓和了公众、新闻媒体、政府三方面的冲突。

图 3-5　英国媒体自律机构——报业投诉委员会的标识

(二)促进了新闻道德自律的发展

西方各国的媒体都先后依据社会责任新闻理论来建构新闻道德自律体系,同业协会也进行自我监督和相互监督,甚至在英国、美国等国还建立有新闻评议会,处理公众对媒体的投诉和媒体违反职业道德的问题。由于自律以及来自各方面的压力,媒体的煽情新闻在一定程度上得到了抑制。至少,在新闻界逐步形成了一定的风气:刊登煽情新闻是不光彩的。西方发达国家主流媒体在自我监督对社会提供新闻和信息服务时态度更加严谨,手段更加有力,从业人员的自律组织和规约日益完善。社会责任新闻理论成为新闻从业人员培训和教育的重要内容,影响了几代新闻人。欧洲国家"媒体问责制"的思想根源就是来自媒体的"社会责任论"。

【小资料】

作为一个完整的概念,"社会责任新闻理论"最早是由美国新闻自由委员会在1947年的研究报告《一个自由而负责的新闻界》中提出的。1956年,美

国新闻传播学者撰写的《报刊的四种理论》中,对社会责任新闻理论做了系统阐述。20世纪90年代,独立的行业组织"欧洲新闻中心",开始以"媒体问责制"的概念,对各国的探索做了有规范意义的梳理和总结。1996年,"欧洲新闻中心"在欧洲理事会、联合国教科文组织和荷兰政府的支持下,举办了题为"欧洲媒体问责制的构建经验"研究。

(三)带来了世界新闻传播业的发展

社会责任新闻理论为公众评价新闻媒体建立了一个价值体系,成为人们对大众传播媒体进行批评的武器,从而对媒体造成巨大的社会舆论压力,促使媒体自我约束和规范。媒体在既定的范围内,实现新闻自由的权利,履行一定的社会责任,改变了以往的不良形象,从而提高了媒体的公信力和对社会生活的影响力。

二、社会责任新闻理论的内在局限

社会责任新闻理论提出的一系列主张和建议,其出发点是美好的,但是因其一直受到资本主义社会关系、结构关系、结构目标的限制而无法真正实现。研究者在对责任的概念、范围、对象及意义的界定、阐述和认识的过程中出现的较大分歧也削弱了理论本身的影响力。《报刊的四种理论》一书的作者对社会责任新闻理论的评价就不高,"社会责任理论现在主要的仍然是一种理论,记住这一点是重要的"[①]。如今,虽然社会责任新闻理论已经普遍为西方媒体所接受,但是一旦面临现实矛盾或者复杂的报道情境,社会责任新闻理论又会显得格格不入,遭遇困境和迷茫。

(一)无法从根本上解决私有制带来的矛盾

社会责任新闻理论的提出并没有正视西方媒体的私有制和新闻媒体本身的社会性之间不可调和的矛盾,相反,它一再宣称要维护新闻媒体的私人占有。所以它只能在一定程度上缓和西方社会的矛盾,不能从根本上消除传播媒体与受众和政府的对立。在实践中,社会责任新闻理论也必然会遭受到一些媒体老板的反对,他们拒绝所有形式的干预。社会责任新闻理论只不过是在社会环境变化和媒体垄断的情况下,为了克服自由主义新闻理论带来的弊

---

① 李良荣.当代西方新闻媒体.上海:复旦大学出版社,2010:83.

端,针对媒体形态和经济结构变化的一种调整。几十年来,西方发达资本主义国家的新闻和大众传媒垄断化趋势并没有减弱,跨国的新闻传媒垄断集团更是难以约束,有不少新闻媒体煽情、媚俗、追逐私利,严重地损害了其公信力。当社会责任遭遇到资本的扩张和盈利需求的时候,所谓的新闻自律常常又会荡然无存,并不能发挥其实际效果。

(二) 令人困惑的社会责任概念

责任与大众媒介的政治、文化、经济、娱乐、教育等功能关系密切。研究者站在不同角度、不同立场规定责任对象、责任内容,自然又会产生多样性的观点。责任的多元化减少了责任论的实践性。阿特休尔评论说:"严酷的现实是:社会责任这一术语令人费解。也就是说,这个内容极其含混的术语,几乎可以往里加进任何意思。"① 由于责任概念的混乱,实际上,责任准则对大众传播业并没有发挥应有的实际作用。梅里尔在研究了责任的三种理论之后,也不无失望地说:"没有什么理论能消除人们对责任的不同看法,没有人能提出一条令人满意的责任理论,因为没有办法在一个自由而开放的社会中,解决新闻业的责任问题。"②

这些态度不仅反映了责任内容本身的多元化结构,而且反映了传媒责任论研究已日渐走向虚无状态。责任论如同一根脆弱的芦苇,在经历一番热闹的讨论后,反而疲惫不堪了。③ 西方媒体在一些新闻报道中,以维护自己国家和民族的政治经济与文化利益为前提来确定报道立场和角度的做法司空见惯,在报道有争议的国际问题时表现得更加明显。这时,所谓的"责任",恐怕充其量也就是一块"遮羞布"罢了。

(三) 遭遇新媒体的多重挑战

社会责任新闻理论认为,新闻和大众传媒可以通过自律而承担起应有的社会服务功能,假设的前提是媒体从业人员是有良知的,可以胜任他们担负的社会责任。20世纪下半叶以来,互联网等新媒体不断兴起,带来了信息传播格局和传播方式的新变化。人们在各种网络虚拟空间里尽情发布"消息",尽

---

① [美]J.赫伯特·阿特休尔.权力的媒介.黄煜,裘志康,译.北京:华夏出版社,1989:213.
② 徐耀魁.西方新闻理论评析.北京:新华出版社,1998:248.
③ 徐耀魁.西方新闻理论评析.北京:新华出版社,1998:248.

情流露情感,尽情展示隐私,也尽情互相谩骂。面对这种情况,网络新闻应该遵循什么样的规则,发布新闻应该负有什么样的责任,网络信息应该对谁负责,又由谁来定责?

另外,按照西方价值观的正统标准,大众传媒被赋予了公众政治信息交流的中心舞台和维系社会价值纽带的正面形象。但是,当网络展示政治信息传播功能的时候,它不能像传统大众传媒那样成为一种受约束的政治传播媒体,在互联网上的政治信息,有可能是良莠杂陈的状态。连恐怖分子也利用互联网来结党联络、布置活动,以展开大规模的针对平民的恐怖行径。网络的文化表达功能更是一种泥沙俱下的状态。以上这些都是社会责任新闻理论还没有能够很好回答的问题。

【小资料】

美国哈钦斯委员会1946年的专门报告《政府与大众传播》试图解读西方社会责任论中的"政府——媒介"关系,认为社会责任论的原意并非鼓励政府对媒介活动进行介入。报告把媒介自律认定为迫使媒介满足社会需要、承担社会责任的首要措施,实际上是对政府介入大众传播活动所带来的未知危险的一种规避,即由媒介自律来实现媒介社会责任所承担的危险要低于政府介入所带来的危险。当媒介无法自律时,只有采取高风险的补救措施,即由政府介入来强制媒介负起所应承担的责任。而降低政府介入所带来的风险的唯一方法,是劝说政府在介入大众传播领域时要尽量采取积极性的行动。1995年,在《报刊的四种理论》出版40年后,三位作者的后辈同事出版了《最后的权利:重议〈报刊的四种理论〉》一书,从方法论、学术和意识形态上重新解构了四种理论。

社会责任新闻理论强调自由,也强调责任,并将责任视为自由的最后边界,显示了与其他新闻理论的不同之处。但是关于责任的理解和界定始终存在着分歧,无法提供一个判断责任行为的简明尺度。责任理解的"多元"反而消解了责任论内在一致性所聚集的能量,使得社会责任新闻理论又时常停留在十字路口而不知何去何从。尽管如此,社会责任新闻理论还是纠正了自由主义新闻理论绝对自由的错误,阐明了言论自由为基本的人权,鼓励推行新闻自律制度,促进了新闻报道的真实和公正程度,在与多种力量的博弈中艰难发展。

【资料链接】

《一个自由而负责的新闻界》(美国新闻自由委员会,2004)围绕新闻自由和防止新闻界滥用权力等事关美国式民主制度的重大问题进行了深入的调查研究。报告的第一句话就是:"本委员会打算回答这样一个问题:新闻自由是否处在危险之中?我们的答案为:是的。"一语震惊当时的世界新闻界,使人们对媒体的权利和义务开始了新的思考。该报告被誉为社会责任新闻理论的奠基之作。报告末尾还附有《哈钦斯委员会、新闻界与责任概念》和《哈钦斯委员会走过50年:再现于今日公共与公民新闻事业的主题》两篇文章。1986年,中国台湾贤明出版社出版的美国传播学者丹尼·埃利奥特的《负责的新闻业》一书,也较为全面地反映了社会责任新闻理论的研究成果以及有关争议的观点。

【拓展训练】

1. 社会责任新闻理论为什么又被称为"新自由主义"?
2. 社会责任新闻理论怎样解决以利润为导向所引发的一系列矛盾?试评述之。
3. 简述社会责任新闻理论与新闻职业道德建设之间的关系。
4. 社会责任新闻理论所遇到的困惑有哪些?
5. 批评家土库曼和兰斯·贝内特曾控诉道:"媒体向极少数群体和社会活动提供的服务,事实上妨碍和破坏了这些群体的活动,因为媒体将这些群体的错误印象普及给大众,或者加强了他们的负面刻板印象。"请对这句话进行评析。

第四章 新闻传播与国家发展理论

【情境导入】

对于任何国家来说,发展都是硬道理。新闻传播与国家发展理论正是顺应东西方国家的共同需求而产生的。它最先由欧美等国家提出,后来成为全球性的研究课题,吸引了全世界许多科研机构和学者的目光,并且在用新闻传播媒介促进国家发展这一方面达到了高度的一致:新闻传播媒介是国家发展的工具,在指导发展中国家新闻传播事业建设中应该发挥积极的作用和影响。

【学习要点】

1. 新闻传播与国家发展理论的历史发展
2. 新闻传播与国家发展理论的主要观点
3. 新闻传播与国家发展理论的历史评析

新闻传播与国家发展理论(Communication and National Development Theory)最早是由欧美学者提出的,主要研究大众传播与国家发展和现代化之间的关系,包括发展传播学理论和发展新闻学理论,是新闻传播研究的重要方面之一。无论是发展传播学还是发展新闻学,它们都主张有目的、系统化地利用某一社会体系的新闻传播资源,来推进、支持和维护国家发展和社会进步。

第一节 新闻传播与国家发展理论产生的背景

新闻传播与国家发展理论兴起于第二次世界大战以后大规模的国家发展与现代化实践之中,受到当时政治、经济和文化等多种因素的制约和影响。

"用大众传播媒介促进第三世界国家进步,扩大资本主义世界的政治版图是这一理论出现的政治原因;电视、广播、报刊等传播媒介的普及以及新的传播技术的支持为理论发展提供了物质条件;资本主义经济的繁荣与发展中国家的现代化进程,又为理论的深化创造了现实的社会基础。"①由此可见,新闻传播与国家发展理论正是顺应东西方国家的共同需求而产生的。

图4-1 1949年杜鲁门发表"第四点计划"

一、美国建立全球新秩序的需要

第二次世界大战以后,国际政治版图的变化使美国开始进入"美国世纪"的追梦时期。全力推行马歇尔计划,重新整合战后西方经济秩序,争取更大的国际空间成为美国的国家发展战略。1949年,美国总统杜鲁门在就职演说中发表"第四点计划",提出了"发展"理论,即利用多种手段促进落后国家发展,试图依靠较高的劳动生产率和强大的经济实力,迅速抢占海外市场,建立美国主导的资本主义世界经济秩序。马特拉曾经尖锐地指出,"提出发展概念的目的,是围绕着国际社会巨大的不平衡这一事实来调动能源和舆论,因为这种不平衡会引发共产主义来临的威胁。进步意识形态自我变形为发展意识形态,

---

① 孙聚成. 信息力:新闻传播与国家发展. 北京:人民出版社,2006:39.

传播和它的技术被呼唤着去占据一个前台位置"①。

在这种背景下,美国大规模地投入物资,建立技术合作管理会及新的组织,使美国的进步科学和先进工业的优势能为欠发达地区所用,为发展中国家提供了一系列与传媒相关的资助和设备,解决他们在教育、健康、农业和政治方面遇到的问题。与此同时,在美国政府的倡导、支持甚至组织下,一些传播学者主张运用大众传播媒介来实现发展目的,从而提出了新闻传播与国家发展理论。

二、第三世界国家的现代化发展需要

第二次世界大战结束后,随着世界殖民统治体系的瓦解,许多第三世界国家虽然获得了民族解放和民族独立,但依然面临历史上殖民主义的掠夺给它们留下的种种问题和重重困难。这些国家在生产力水平、医疗卫生条件、文化普及、经济结构等各方面,都处于较为落后的状态,迫切希望加速国家的发展,缩短与发达国家在经济、政治、文化等各方面的差距。如何迅速繁荣国家经济,建立民主政治,摆脱愚昧贫困等国家发展问题成为这些国家战后的中心事务。

第三世界国家追求的国家发展的核心就是实现现代化。所谓现代化,就是人类社会从传统社会转变为现代社会的过程。"概括起来,现代化可以看作是经济领域的工业化、政治领域的民主化、社会领域的城市化以及价值领域的理性化的互动过程。这种转变的动力从根本上来说是产生于人类在科学革命的推动下所获得的空前增长的知识,从而不断增强对环境的控制能力。"②第三世界国家试图利用多种手段来促进国家发展,大众传播媒介就是其中一种。大众传播媒介在国家实现现代化过程中的作用,也正是新闻传播与国家发展理论的中心问题。从这方面来看,在某种程度上可以说,新闻传播与国家发展理论就是建立在现代化理论的基础上的。特别是电子媒介的产生和迅速繁荣,使得人们对大众传媒寄予了极大的期望。如何利用传媒促进国家发展,探究传播与发展的关系,成为新闻传播研究的一个热门问题。

---

① [法]阿芒·马特拉. 世界传播与文化霸权:思想与战略的历史. 陈卫星,译. 北京:中央编译出版社,2001:158.

② [美]西里尔·E. 布莱克. 比较现代化. 杨豫,陈祖洲,译. 上海:上海译文出版社,1996:7.

第二节　新闻传播与国家发展理论的历史发展

新闻传播与国家发展理论作为全球发展理论的组成部分,经历了一个从繁荣到衰微的过程。20世纪50年代,新闻传播与国家发展理论首先在西方产生。60年代,这一理论对发展中国家现代化的影响达到高峰。80年代以后,它开始逐渐沉寂并退出了新闻传播的主流话语地位。法国社会学者马特拉以及罗杰斯等人还曾用"一个模式的安魂曲"来形容这一理论的终结。①

一、发展传播学的诞生

第二次世界大战结束以后,西方的一些政治学、社会学和传播学的研究者,在政府的支持下承担了一系列有关发展方面的研究课题,内容主要包括:研究新兴的独立国家如何仿照西方的传播模式,引进西方先进的传播技术,建立起本国的传播系统并与西方发达国家的传播网络联为一体,从而尽快地向现代社会过渡。他们经过调查取得了大量数据,并在此基础上提出了相当完整的理论和政策建议。

研究者认为,世界各国的发展道路,都是从传统社会经过过渡型社会,最后进入现代社会的。这一演变伴随着产品经济向商品经济、专制政体向民主政体、文盲文化向读写文化的转变。在这一历史进程中,工农业发展带来的城镇化、教育程度的提高、大众传播的普及以及公众对政治生活和社会事务的民主参与,是四个最基本的要素。他们反复论证信息传播对发展中国家实现现代化的重要性,强调有效的信息传播可以加速社会变革的进程,也可以减少和缓解变革中的困难和痛苦。因此,改变信息传播的不发达状态是发展中国家面临的一项迫

图4-2　弗里特·罗杰斯

---

① 孙聚成.信息力:新闻传播与国家发展.北京:人民出版社,2006:120.

切而重要的任务。为此,他们提出一整套具有实用性和操作性的大众传播模式,形成了关于第三世界国家利用大众传播促进社会发展的系统理论、发展战略和政策思想,奠定了发展传播学的基础。

这些研究成果集中体现在美国社会学家丹尼尔·勒纳、传播学者韦尔伯·斯拉姆和弗里特·罗杰斯的著作之中,主要有《传统社会的消逝——中东的现代化》《大众传播媒介与国家发展——信息对发展中国家的作用》《见报告》等。美国传播学者福雷瑟等人曾经对发展传播学做过比较全面的诠释。他们认为,"发展传播学就是利用传播的过程、技术和媒介,帮助人们全面认识他们所处的环境以及变革的手段,帮助人们解决冲突、达成共识,帮助人们制订改革和可持续发展的计划,帮助人们获取必要的知识和技能以改善自身的处境和社会状况、提高国家机构的效率"[①]。

图4-3 韦尔伯·斯拉姆

二、发展传播学遭遇的批判

西方学者提出的发展传播学,为新兴的发展中国家设计了一幅充满美好前景的理想蓝图,亚洲、非洲、拉丁美洲的许多发展中国家曾深受启发和鼓舞。他们接受这一理论,并以此作为自己制定传播政策的指导思想。然而,实践表明,西方学者们提出的发展传播学,终究是以西方社会为蓝本,按照西方的经济、政治发展模式以及西方的价值观念和思维方式设计出来的,并不适合发展中国家的具体国情。同时,这些理论对大众传播的社会作用有片面夸大和估计过于乐观的倾向,忽视了发展中国家的社会条件和民族文化特点,从而增加了在发展中国家实施的难度。特别是面对风云变幻的国际环境,发展中国家在发展过程中遇到许多意想不到的困难和曲折,根据这些理论制定的政策,不仅达不到预期的效果,反而造成了一些不良的后果,带来了新的社会问题。

---

① [美]叶海亚·R.伽摩利珀.全球传播.尹宏毅,译.北京:清华大学出版社,2003:120.

针对这种情况,发展中国家的传播理论研究者和西方传播学的批判学派,对勒纳等人提出的理论观点进行了猛烈的抨击。他们指出,西方资本主义国家倚仗经济和技术的强大优势,在向发展中国家输出资本和现代传播技术的同时,也输出了西方的价值观念和意识形态,并且潜移默化地使之成为居支配地位的思想。这也成为后来"媒介帝国主义"之说的一个重要口实。在第三世界贫穷落后的社会经济条件下,照搬西方社会的思想观念和生活方式,不但不可能出现现代化的奇迹,反而会加剧贫富两极分化和对信息、知识占有的两极分化,造成更加严重的社会不公;少数人过上"现代化"的生活,却是以大多数人的更加贫穷落后和整个社会风气的日益败坏为代价。

三、发展新闻学的出现

发展新闻学源于发展传播学,是一些发展中国家的新闻学者在争取建立世界新闻新秩序的斗争中,针对一些国际新闻报道内容严重失实的状况而提出的。它最早产生于亚非拉国家,20世纪80年代后,西方新闻界又有针对性地对这一理论进行了研究和探讨。

第二次世界大战后,国家发展成为许多发展中国家的中心事务。但是西方新闻界却按照自己的需要和新闻价值观,在关于发展中国家的报道中,一味追求怪异的突发事件,极力渲染战争、内乱、灾祸、犯罪及各种落后现象,而对这些国家在政治、经济、文化和社会生活各方面的进展和成就却不屑一顾。

面对这一现状,20世纪60年代,发展中国家的新闻学者为打破国际新闻传播中这种不平衡和不平等的状况,树立起世界新闻传播新秩序,维护本国的利益,提出了一种要求从正面报道他们国家的发展状况,并试图利用大众传播媒介手段来促进国家发展的理论,这就是发展新闻学理论产生的最初背景。所以,有学者认为发展新闻学就是新闻媒介应该着眼于国家的政治、经济、文化和社会生活各方面的进展和成就,对周围世界做出客观真实反映的一种新闻观。

1967年,印度新闻研究所所长沙卡等人在菲律宾首都马尼拉成立亚洲报刊基金会,以促进"发展新闻学"和"发展新闻业"作为基金会宗旨。1968年,基金会举办首期经济撰述员训练班。一些授课教师提出发展中国家应有自己的新闻学体系。于是,"发展新闻学"一词就这样传开了。在发展新闻学理论的呼吁下,一些发展中国家先后建立起区域性的跨国联合通讯社,进行国际新闻报道内容与方式改革的尝试。

1980年,联合国教科文组织发布了题为《多种声音,一个世界》(又称"麦克布莱德报告")的研究报告,特别强调了新闻媒介要为国家利益服务,要与国家政策保持一致;新闻媒介的自由应以有利于发展经济和社会进步为前提;为了保证国家利益不受侵害,政府有权规范新闻媒介的活动直至实行检查和管制。该报告适应了发展中国家的实际情况,有利于建立国际新闻传播新秩序,促进了发展新闻学的丰富和发展。

为了应对发展中国家的这种做法,西方新闻界在20世纪80年代后也有针对性地研究和探讨了"发展新闻学"理论,以试图寻找一种既能填补西方新闻报道的漏洞,又能使西方读者感兴趣的

图4-4 《多种声音,一个世界》封面

报道方法。发展新闻学成为西方学者和发展中国家的学者共同探讨研究的理论。

【小资料】

传播学意义上的发展传播理论起源于20世纪40年代,以社会发展为目的,以媒介或教育为手段,通过系统性或者策略性方式干预社会发展的各项活动。该理论是以受众为目标,以促进参与、对话、知识传播为动机。为实现发展目标,强调社区、人际交往以及基于相互尊重的理解。发展传播理论大致经历了三个阶段:现代化理论阶段(1940—1970)、批判性理论阶段(1960—1980)、权利传播理论阶段(1980年至今)。

第三节 新闻传播与国家发展理论的主要观点

新闻传播与国家发展理论作为新闻传播领域影响深远的主导范式,在它

近50年的历史发展过程中,来自不同学科背景、不同国家的学者从各自不同的角度对它进行了探讨。新闻传播与国家发展理论以新闻传播媒介是国家的发展工具为基本原则,主要是在宏观层面上探讨大众传播媒介如何为国家与社会发展服务,新闻传媒在社会与国家进步中的角色与地位等一系列问题,涉及领域非常广泛。

一、大众传播媒介是现代人格的放大器

1958年,美国社会学家丹尼斯·勒纳出版的《传统社会的消失:中东的现代化》一书,最早提出发展传播理论,成为新闻传播与国家发展理论的经典之作。他收集了六个中东国家本土和国际性媒介的数据,研究结果表明来自媒介尤其是广播的信息,有利于本土媒介学习新观念并付诸实践。

图4-5 《传统社会的消失:中东的现代化》封面

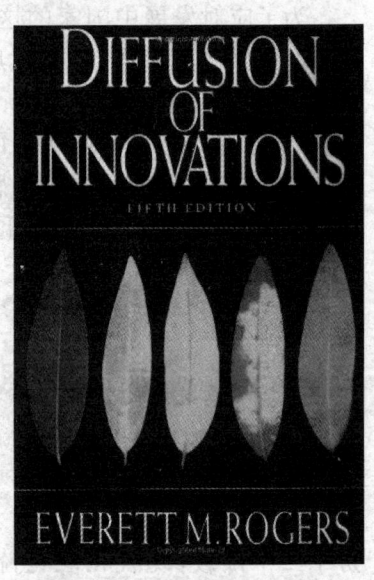

图4-6 《创新扩散》封面

在这本书中,勒纳特别强调人的现代化。他认为:"增加工业化便会提高都市化;提高都市化便会提高读书识字的能力;提高读书识字的能力会提高媒介的使用;增加媒介的使用会促进经济和政治生活的参与。"[①]他还创造性地

---

① 李金铨.大众传播理论.台北:台湾三民书局股份有限公司,1988:241.

将现代性人格定义为"移情性格",即考察世事不限于个人的狭隘经验,能设身处地从他人的角度出发。这样的人能够摆脱传统社会长期造成的惰性心理,勇于接受与自己以往的经验截然不同的新思想、新事物,关心个人经验范围以外的事情,敢于尝试社会赋予自身的新角色,相信个人的命运不是由不可知的力量所控制,而是掌握在自己手中,能不断促进社会的变迁,直至从传统走向现代。勒纳理论中最重要的论点是:大众传媒不仅能刺激"移情性格"的产生,还能将这种人格传播至全社会,即在国民中普及此种人格,故称为现代人格的"奇妙的放大器"。

二、社会进步和发展是创新的扩散过程

1962年,美国传播学家罗杰斯出版《创新扩散》一书,提出"创新—扩散"模式。该理论后来成为发展传播研究的主导范式。他将传播视为社会变革的基本要素,认为社会变化在很大程度上就是创新的扩散过程。这一过程包含四个环节:(1)创新发明;(2)扩散,即传播推广创新发明的渠道;(3)时间;(4)创新发明的对象,即社会成员。在"创新—扩散"模式中,传播活动是贯穿始终的,并起着至关重要的作用。首先,传播,主要是大众传播,为广大社会成员提供创新事物以及采纳创新事物的方法、途径和利益等。其次,传播通过个人之间、领袖与民众之间的交流,可以用来劝服人们接受创新与变革,人们利用这些渠道就创新事物进行讨论并做出决策。最后,传播可以用来成功地教授人们采用创新事物所必须具备的一些技术等。

20世纪70年代,罗杰斯又提出了创新扩散的"四阶段论",这四个阶段包括:(1)知晓,即获知新事物;(2)见解,即形成对创新事物赞成或反对的主张;(3)决策,即经过进一步的思考和讨论,做出是否采纳创新事物的抉择;(4)证实,即寻求支持决策的信息。

图4-7 《大众传播媒介与社会发展》封面

三、大众传播媒介的信息能有效促进国家发展

美国著名传播学家斯拉姆于 1964 年出版专著《大众传播媒介与国家发展：信息对发展中国家的作用》，提出了大众传媒传播信息能有效促进国家发展的观点。他强调信息传播对发展中国家的重要性，"有效的信息传播可以对经济社会发展做出贡献，可以加速社会变革的进程，也可以减缓变革中的困难和痛苦"[①]。

斯拉姆认为，发展中国家在信息传播方面远远落后于发达国家，这种局面严重阻碍了发展中国家的经济、政治、文化等社会各个方面的发展，因此，消除这种信息不平衡的现象是发展中国家面临的一项艰巨任务。他认为，信息传播在国家发展中具有守望环境、参与决策、整合社会和提供教育等功能。

守望环境是大众传播最基本的功能之一，也是其承担国家发展任务的重要功能之一。大众传播媒介能够最迅速、最灵敏、最广泛地发现和报道社会内外新近发生的一切重要事态，传播国内外重大的信息，冲破闭目塞听的落后观念，把公众的注意力集中到国家的重要发展项目上，使传统社会的人民把眼光放到现在以及将来的生活形态上。参与决策功能就是大众传播媒介向公众报告国家决策机构的运行及决策过程，为他们提供发表自己意见和建议的论辩讲坛与机会，扩大上下沟通的政策"对话"，并对决策的执行实行公开的监督。在传统的社会中，社会整合是通过民族、宗教、政治和商业机构的维系来形成和实现的。而在现代社会中，大众传播媒介成为参与社会整合的最强有力的工具之一，它提供了强大和高效的技术手段，可以成为国家发展的舆论中心，形成强大的社会凝聚力和向心力，为国家发展创造有利的社会环境。此外，在国家发展的过程中，运用大众传播媒介还可以向广大受众传播科学技术和普及文化知识，提高人们的文化知识水平，促进人的现代化，从而为国家发展提供智力保证。

四、新闻媒介必须服从、服务、促进国家发展

新闻传播与国家发展理论的基本观点就是国家发展是一切发展中国家的首要任务，新闻媒介具有促进社会发展的强大力量，因此必须以服从、服务、促

---

① 张隆栋. 大众传播学总论. 北京：中国人民大学出版社，1993：296.

进国家发展,尤其是经济发展这一目标为己任。

发展中国家学者普遍认为发展中国家必须制定正确的新闻传播政策,使新闻传媒业促进其社会发展和现代化建设;在处理传媒、公众与政府的关系问题上,要求传媒为人民服务并同政府合作,积极宣传政府制定的发展目标,促进其早日实现;新闻报道应该着眼于有利于国家建设和发展的重要事件,强调正面的、深入的和解释性的报道,不仅要注意事件的发生,而且要了解事件发生的原因和过程。西方新闻界应当改变传统的新闻价值观念,注意事件发展过程,完整地报道事件;注意既报道突发事件,也报道非事件性新闻;尽力扩大报道面,全面反映发展中国家在各个领域取得的进展和成就。

英国著名学者丹尼斯·麦奎尔归纳了发展传播学的基本要点,即:媒介必须把国家的发展目标(经济的、社会的、文化的和政治的)放在最重要的位置上;追求国家文化和信息的自主;支持国家的民主化进程。在发展传播学学者看来,媒介的社会责任要始终优先于媒介的权利和自由。具体包括:(1)大众传播活动必须与国家政策保持同一轨道,以推动国家发展为基本任务;(2)媒介的自由伴随着相应的责任,这种自由必须在经济优先的原则和满足社会需求的原则下接受一定限制;(3)在传播内容上,要优先传播本国文化,优先使用本民族语言;(4)在新闻和信息的交流与合作领域,应优先发展与本民族地理、政治和文化比较接近的其他发展中国家的合作关系;(5)在事关国家发展和社会稳定的利害问题上,国家有权对传播媒介进行检查、干预、限制乃至实行直接管制。①

图4-8 《麦奎尔大众传播理论》封面

美国学者威廉·哈森也把发展传播学加以具体化,他认为,"所有大众传播工具,包括报纸、广播、电视、电影,以及全国性新闻服务等,都应由政府进行调动,完成支援国家建设这一伟大任务;媒体应支持政府,而不应对它进行挑

---

① 许静.传播学概论.北京:清华大学出版社,2007:179.

战,对于处在统治地位的政府可以根据社会发展的需要对新闻自由进行限制;信息或新闻是一种稀有的国有资源,它们必须被用来为进一步深化国家目标服务等"①。

1985年,美国学者约翰·C.梅里尔出版的《世界新闻大观》一书,将发展新闻学看成是自由主义与集权主义相混合的一种理论。他认为发展新闻学有以下特点:(1)新闻事业的作用是维护国家在经济、社会发展方面的利益,推进实现国家的团结、稳定、文化完整等目标。(2)新闻界应采取积极的方式推进国家和政府政策的落实与发展计划的贯彻。(3)新闻界不应做伤害政府的事。

第四节 新闻传播与国家发展理论的历史评析

发展中国家千差万别,其在历史上所受到的社会思潮方面的影响也各不相同,发展新闻学并未成为一种划一的理论,而是形成了各种各样的不同"版本"。但是,其核心概念却是一致的,就是如何有效地利用媒介促进国家的发展,它围绕传媒在国家发展中的角色和传媒报道对发展中国家的国际形象的影响展开,在世界新闻传播领域产生了重要影响。

一、促进了发展中国家的新闻事业发展和社会进步

诞生于世界发展浪潮中的新闻传播与国家发展理论,不仅在新闻传播层次推进了社会进步,而且产生了许多宏观与微观的影响,并提高了许多国家人民参与管理国家事务的积极性。

新闻传播与国家发展理论,与第二次世界大战后兴起的发展理论联系紧密,受其影响较大。理论本身的大量观点与主张,既随着发展模式的变化而变化,也随着国家发展实践的深化而得到深化。各种大规模的新闻传播实践活动的开展,以及由现代化理论所激发的传播研究计划,都取得了一定的成绩。在大量的社会发展项目,比如指导农村建设、开展扫盲运动、发展远程教育、实行计

---

① [美]威廉·哈森.世界新闻多棱镜——变化中的国际传媒.第5版.张苏,等,译.北京:新华出版社,2000:46.

划生育以及推行现代科技等方面,新闻传播与发展理论都做出了杰出的贡献,为第三世界国家迅速向现代社会转移与过渡提供了桥梁与通道。而所有这些系统的社会改造工程,都是那个时代的最新发展命题,从这个意义上说,新闻传播与国家发展理论曾长期处于国家发展的核心地位,并产生了重大影响。

这一理论的提出,规范了人类发展的价值层次和终极目标,并树立了新的全球发展伦理。发展中国家和它们的双边或多边新闻合作组织做了许多有益的探索,加强了相互间的合作与交流,建构了新的世界关系,使国际与地区联系更为密切。进入21世纪后,为了改变人类的生存状况,许多国家与国际组织仍然在全球范围内组织实施了大量发展传播项目,这些项目包括减少和消除贫苦、全球范围内预防艾滋病、保护妇女儿童的合法权利、享受卫生条件和终身教育机会、环境保护与可持续发展、尊重人权和人自我发展的权利、利用大众传播媒介参与国家民主管理等。

国家的发展尤其是经济的发展是一切发展中国家的首要任务,新闻媒介必须服从、服务、促进国家发展尤其是经济发展。从这一核心内容出发,发展中国家的新闻媒介都程度不一地和政府保持一致,宣传政府的施政纲领,都十分注意新闻媒介的守望、整合、教育功能。所谓守望,就是传播国内外重大信息,冲破闭目塞听的落后观念;所谓整合,就是缓和社会矛盾,保持社会稳定,为经济发展创造良好的社会环境;所谓教育,就是强调教育大众遵纪守法,竭力促进人的现代化,推广新技术。

二、片面夸大了大众传播媒介的主导作用

第二次世界大战后,许多殖民地国家纷纷独立,它们为求得迅速发展,积极学习、模仿西方的传统新闻理论和大众传播模式。西方新闻学界趁机为新兴的发展中国家设计了一幅理想的大众传播蓝图,但是这幅蓝图片面夸大了大众传播媒介的主导作用,因而受到了西方批判学派和一些发展中国家学者的批判。

新闻传播与国家发展理论的核心是把传播作为发展要素,可以促进第三世界国家迅速而彻底地社会转型。他们在分析传媒的功能和作用时,没有看到社会的系统影响,也没有重视发展中国家的社会基本矛盾,更没有看到意识形态因素对新闻传播媒介作用的影响,而是一味地坚持新闻传播的强大效果理论,片面夸大新闻媒介的社会作用,并认可媒介决定论的立场,从而出现了一定程度的唯心主义观点。

斯拉姆就曾说:"对于任何社会来说,不论是否发展中的,传播总是处于生

存的正中心的位置。当有危险或机会需要加以报道,决定需要做出,新知识需要加以传播,或是变革已经迫在眉睫——信息就往那里流动。"①新闻媒介是社会发展的工具,但是新闻传播意识形态的本质,决定了它能否彻底地促进国家发展这一功能的实现,也就是说要看谁掌握了新闻媒介,也要看新闻传播事业为谁服务,如果缺少这些方面的考量,也就难以正确把握新闻传播对国家发展的作用。

新闻传播与国家发展理论的创立者大都是西方新闻传播学者,他们坚持西方新闻观,他们的理论基础与学术活动,也都是从西方的视野看待第三世界国家的发展现实。从现实的意义上来说,他们对第三世界国家只是某种程度的了解,他们并不真正全面了解发展中国家的历史和现状,他们的理论建构也是西方式的认识与想象。而且新闻传播与发展理论从一定意义上来说,是基于政治需要而开展的实践,是为推行西方的霸权思想服务的。有的专家甚至主张用西方价值观去重组落后国家的文化制度,以适应现代化的需要。所以,在这样的大背景中产生的理论,其本身缺少也不可能有对新闻媒介意识形态的正确论述。结果,新闻传播与国家发展理论推行和实施后,发展中国家的地区冲突、国内民族矛盾、经济发展滞后等问题并没有从根本上得以解决,发展仍然是发展中国家当前面临的首要任务。

【小故事】

发展传播理论在得到社会认同后很快便应用到了社会实践中,在促进发展的同时也出现了一些失误。美国为美属萨摩亚的儿童开通了六个教育频道,然而最后的结果是取消了高年级的课程,学生对于收看美国三大广播公司的节目乐此不疲,而当地教师对中央电视系统统一设计的课程内容与时数感到不耐烦,最后群起抵制。几年后,电视系统便从各校撤离了。韩国曾试图用空飘气球的方式来散播教材,以省下微波或卫星传送的高昂费用,结果气球全被吹跑,赔了夫人又折兵。

三、对于发展中国家及其媒介的未来发展依然具有重要的指导意义

近年来,发展中国家新闻事业获得快速发展,但新闻媒体仍然直接面临着

---

① [美]韦尔伯·斯拉姆.大众传播媒介与社会发展.金燕宁,译.北京:华夏出版社,1990:58.

媒介经营和管理机制转换、媒体战略战术调整、与国外媒体开展相互交流与合作等多种问题。媒介产品也开始在全世界范围内参与生产、分配、交换和消费等活动。互联网、数字交互电视、手机、卫星通信等新的媒介形式的出现,传媒事业日益明显的全球化、垄断化、产业化、社会化等特征都为新闻事业的经营与管理带来挑战,重视新闻传播与国家发展理论的呼声不断响起。

发展是人类追求的永恒话题,发展也是任何一个国家都要面对的理性选择。以新闻传播与国家发展理论的视角来审视本国的新闻理论与实践,仍将有助于本国新闻事业的发展。新闻传播与国家发展理论经历了漫长而复杂的演变过程,在新闻传播与国家发展的实践中得出的坚持媒介发展与社会整合程度的统一、坚持国家制度与媒介制度的统一、坚持文化因素与媒介功能的统一、坚持经济基础与媒介发展的统一、坚持媒介发展与科学技术发展的统一、坚持国家发展模式与媒介独立运行模式的统一等经验教训,对发展中国家新闻传播事业今后的发展也都具有重要的启迪作用。①

作为延续数十年的一种理论,新闻传播与国家发展理论把现代化和国家进步视为研究重心,提出了许多新课题,加强了传媒在国家发展中的角色作用,提升了发展中国家的国际形象。但是现代化是人类社会的一次革命,它涉及社会的方方面面。发展中国家也是千差万别,其在历史上所受到的社会思潮影响各不相同。所以,新闻传播与国家发展理论也不会成为一种固定的理论,它将随着实践活动的发展而不断发展与深化。

【资料链接】

《信息力——新闻传播与国家发展》(孙聚成,2006)对旨在探讨大众传播媒介在社会变迁和国家发展中功能和作用的新闻传播与国家发展理论进行了全景式的高度概括,并对前人的一些观点进行了实践意义上的批判反思。在此基础上具体分析了我国新闻传播促进国家发展的过程,归纳出了一些很有价值的规律性认识。其主要内容包括:新闻传播与国家发展理论的历史脉络,新闻传播与国家发展理论的学术地形图,科学发展观的传播话语建

---

① 孙聚成.信息力:新闻传播与国家发展.北京:人民出版社,2006:151-155.

构,大众传播媒介与农村现代化进程等。该书是目前为止我国对新闻传播与国家发展理论学术研究最为全面的一本专著。

【拓展训练】

1. 辨析发展新闻学与发展传播学的关系。
2. 什么是发展报道?它与发展新闻学有何关系?
3. 你认为当前媒介在促进国家发展方面最重要的任务是什么?
4. 倡导发展新闻学理论对我国新闻事业的发展有何作用?
5. 试析:"负面报道与发展新闻学的观点是格格不入的。"

第五章 媒介帝国主义理论

【情境导入】

你读的一本书,你看的一个节目,或许是你不经意间随口说出的一句话,可乐、麦当劳、微软、耐克、万宝路,很可能就带有媒介帝国主义传播的印迹。媒介帝国主义是世界信息传播不平等的突出表现,在弱势传媒国家也造成了消极、被动的后果。随着国际互联网的兴起,网络成为继传统媒体之后国际信息传播的重要载体,美国等西方国家的网络霸权不断扩大。

【学习要点】

1. 媒介帝国主义理论的主要观点
2. 媒介帝国主义与文化帝国主义的区别和联系
3. 媒介帝国主义理论的历史评析

媒介帝国主义理论(Media Imperialism Theory)产生于新闻传播与国家发展理论的演变和发展过程中,是传播科技与西方传播学批判性研究的产物,与文化帝国主义有着密切关系。在民族国家的主体意识日益强化的今天,媒介帝国主义到处遭到抵制和拒斥。伴随着新媒介的不断出现和普及,媒介帝国主义呈现出新的特点,也不断引起激烈的争论。

第一节 媒介帝国主义理论产生的背景

"媒介帝国主义"是西方传播学中的一个激进的社会批判术语,最早是由西方传播学者鲍依巴瑞在1977年提出来的。它主要是指一个国家的传媒,无论其软硬件还是其他主要传播方式,单独或整体地,不论在控制权或拥有权上,都被另一个国家所主导,并且在这个过程中对本地社会的文化、规范及价值观带来了有害的影响。媒介帝国主义的产生可以追溯到20世纪60年代。这一时期,西方社会思想领域的"批判理论"思潮涌现,一些学者注意到西方发达国家与发展中国家在国际信息传播上明显的不平等,继而提出了媒介帝国主义理论。

一、发达国家对发展中国家的媒介控制

第二次世界大战后,西方新闻自由思想在美国等西方国家的捍卫下被写入了联合国大会通过的《世界人权宣言》。在新闻自由的旗帜下,西方国家倚仗雄厚的经济实力和先进的科技手段,造成了国际信息传播只是从发达国家流向落后国家的单向流通格局。几乎垄断了全球国际新闻发布的西方四大通讯社——美国的美联社、合众国际社,英国的路透社,法国的法新社,它们以"西方中心主义"的观点操纵世界政治、经济、文化的话题,主导全球信息的流通与解释权,并且发达国家的媒介产品,如电影、电视剧、流行音乐、报纸、杂志等,在大量输入发展中国家的时候,其中包含的文化传统、价值观念、生活方式也随之输入。即使是意识形态色彩相对淡薄的纯粹娱乐性节目,也有意无意地展示、倡导了西方社会的生活方式,美国好莱坞电影更是席卷绝大部分新兴国家的市场,国际文化交流出现了严重的失衡。发达国家尤其是美国的媒体不断冲击着发展中国家,对发展中国家的媒体、社会、经济乃至社会文化和价值观都构成了巨大的挑战,直接或间接地控制了发展中国家的媒介系统。

图5-1 漫画《美国意欲称霸全球》

二、发展中国家呼吁建立"国际信息传播新秩序"

新兴发展中国家在促进国家发展的过程中,根据西方的建议,经过多年推行"发展理论",并未出现所期待的成果,社会发展并不顺利,经济成长依然缓慢,贫富不均也十分严重。而且发展中国家发现,信息交流和文化传播发展的不平等现象是导致经济发展不平衡的重要因素,也是发达国家控制和剥削发展中国家的重要手段。正如默多克的一句名言:"谁掌握了传播的入口,谁就掌握了世界。"

出现这种局面,是因为对于发达国家所具有的竞争优势,发展中国家根本无力与之抗衡。无论是在媒介产品的制造方面,还是在大众媒介的构建运作等方面,发达国家都凭借其雄厚的综合国力占据着绝对优势。发展中国家在建设本国传播业时,都在不同程度上采用西方的技术,引进西方的设备。节目的制作,也多参照或搬用西方的手法和技巧,或直接进口西方的影视节目,以解决本国节目不足的问题,结果新兴国家的文化发展空间受到了严重的挤压,其中绝大多数新兴国家仍然在经济与文化上严重依赖着少数资本主义发达国家。由此,他们开始提出反对"文化传播霸权"和"文化侵略",呼吁建立"国际信息传播新秩序",要求改变国际信息流通不平等、不均衡的现象。在联合国的讲坛上,还引发了以西方维护信息传播的"自由流通"原则与发展中国家主张实行的"国家管制"政策为焦点的大争论。1980年,联合国教科文组织的"研究传播问题国际委员会"发表"麦克布莱德报告"——《多种声音,一个世界》,以折中的态度,提出了建立世界新闻传播新秩序的基本思想,才使这场激烈而冗长的争论暂时告一段落。

建立"国际信息传播新秩序"的主张主要包括:(1)强调发展中国家对于自己的信息资源如同其他自然和经济资源一样,拥有绝对的自主权;(2)在国际新闻交流中,对第三世界的新闻应予以"优惠",在新闻报道中增加有关第三世界新闻的比例,同时应努力促进第三世界之间的横向新闻传播;(3)西方国家在新闻传播方面应增加对第三世界的捐助;(4)西方跨国通讯社在第三世界的活动应受到严格限制,以便保护第三世界国家的主权和利益。①

---

① 张隆栋.大众传播学总论.北京:中国人民大学出版社,1993:296.

三、西方"批判理论"思潮的涌现

早在20世纪20年代,法兰克福学派就对资本主义社会持一种强烈批判的态度。第二次世界大战后,这一在当时已经很有影响的"西方马克思主义"流派更是对西方文化进行了全面的批判,矛头直指西方世界的"领头羊"美国,把美国视为用大众文化扼杀自由、民主和个人主义的大众社会。20世纪60年代末70年代初,激进的社会运动不断兴起,西方学术界的批判精神更加强烈,他们甚至以激烈的态度否定资本主义制度。这一时期,一些学者又高扬起法兰克福学派对大众传媒的批判旗帜,在文化传播环境的诸因素中宏观地研究文化传播行为和现象。同时,那些具有批判精神的文化学者也把眼光投向了国际传播的"信息垄断"以及第三世界所面临的西方传媒的"文化入侵"现象。他们以批判性的思维,从再认识"帝国主义"与"殖民主义"的角度,分析世界体系中国与国之间的政治、经济和文化关系,在全球经济与文化传播的结构中探讨媒介在社会发展中的作用。由此,有关"媒介帝国主义"的思想已呼之欲出了。

第二节 从文化帝国主义到媒介帝国主义

文化帝国主义与媒介帝国主义是两个有差异又密切关联的概念。两者都指强势国家对其他国家的文化输出,但它们却各司其职。文化帝国主义主要指包括传播、教育、经济和政治等意义更为宽泛的内容和形式,强调的是文化、价值观念的输入;媒介帝国主义则指对其他国家的媒体系统、传播技术和传播内容的输出。文化是传播的主要内容,而传播则是传送文化的工具。所以文化帝国主义与媒介帝国主义并非完全割离。文化帝国主义是一个相对更宽泛的概念,它不仅包含了媒介帝国主义,更多地意指文化和意识形态上的帝国主义特征,并且以强大的经济、政治和军事作为支撑。媒介帝国主义是文化帝国主义的主要组成部分,同时又是文化帝国主义实现霸权所必须使用和依赖的工具。

一、文化帝国主义

20世纪60年代后期,以赫伯特·席勒、马特拉、麦克菲尔等为代表的一批具有批判精神的传播研究者,以国家主权为核心,注重在全球政治经济与信息传播的结构中探讨媒介在社会发展中的作用。他们将第二次世界大战后国际传播信息流通的不平衡,以及西方国家借助大众传媒对发展中国家的"文化输出"现象,视为一种新的帝国主义或殖民主义发展的新形式,认为西方发达资本主义国家传播媒介在全球文化领域中占据了霸权地位,即意味着强势文化对弱势文化的支配和主宰,从而提出了"文化帝国主义"的批判思想。

1969年,美国学者赫伯特·席勒在他的《大众传播与美利坚帝国》一书中,运用依附理论对"传播优势"问题进行了最初阐释。在这本书中,席勒虽然没有明确提出"媒介帝国主义"的概念,但是他认为,美国的传播势力是与其政治、军事、外交结合的产物,美国的大众传播就是美帝国主义在全世界的延伸。在发展中国家不断地依赖美国的传播及美国媒体的同时,其受众也在不断地接受西方消费主义的价值观,成为西方文化霸权的俘虏。美国文化输出的侵略主要表现在:文化输出的大众传媒,很多是受美国国防部和跨国公司控制;美国提倡的信息自由流通主义实际上是美国意识形态凌驾于他国的代名词;美国向发展中国家倾销电视节目,使一些国家的传播文化濒于灭亡。由此,席勒揭开了"文化帝国主义"理论研究的序幕,后人也把他称为"文化帝国主义"研究的先驱。

图5-2 赫伯特·席勒

1976年,席勒在《传播与文化霸权》一书中,又全面描述和抨击了美国的资本主义文化对发展中国家文化发展的控制,并第一次提出和阐释了著名的"文化帝国主义"概念。这个概念的主要论点是:当今世界存在着文化霸权和殖民文化。战后帝国主义的扩张,不再以国家而是以跨国公司为单位,不再以军事而是以文化为手段;随着跨国传播的兴起,商业资本主义的价值观强化了现存的国际间的不平等关系,促成了在世界体系中居于核心和支配地位的国家的种种价值观与结构在全球范围内的实现。此外,文化帝国主义的代表著述还有阿芒·马特拉的《世界传播与文化霸权》、约翰·汤林森的《文化帝国主义》和《全球化与文化》等。

总而言之,文化帝国主义就是某些强国利用其巨大的国家影响力和传播优势,有意无意地向其他国家传播自身文化,以达到影响和同化他国文化,从而影响他国人民的价值观念、行为准则等,并最终左右他国政治体制、意识形态和内外政策,达到对其进行间接思想控制或政治操纵的目的。

文化帝国主义作为一种文化价值的扩张,其实现手段多种多样。如某些发达国家依靠强大的资本和经济实力,使其产品和时尚风格通过市场向其他国家传输,从而产生特定的需求与消费形态,巩固和支持了支配国的文化价值、观念和行为。又如近年来西方国家通过对外文化教育交流及援助项目,或者利用技术上的优势向发展中国家大量输出自己的文化产品,使这些载体上所附着的西方文化和价值观念潜移默化地侵蚀输入国的固有

图5-3 《大众传播与美利坚帝国》封面

文化和价值标准,从而改变或对这些国家的文化和价值观念造成巨大冲击。其中,作为传输工具的大众传播媒介发挥了重要的作用,所以从这一角度来说,文化帝国主义理论中很重要的一个分支就是媒介帝国主义。

二、媒介帝国主义

媒介帝国主义又称传播帝国主义。有学者认为,文化帝国主义的实质就是发达国家通过媒介对发展中国家进行文化渗透,媒介是文化帝国主义的核心内容。席勒也在他的《传播与文化霸权》一书中把现代传播媒介看作美国实施全球政策的工具。1977年,英国传播学者鲍依巴瑞在一篇有关国际传播体系研究的论文中首次使用了"媒介帝国主义"这一概念,并进行了详细的阐述。

鲍依巴瑞认为,"媒介帝国主义"即指"任何国家媒介的所有权、结构、发行或传播、内容,单独或总体地受制于他国媒介利益的强大压力,而未有相当比例的相对影响力","媒介帝国主义是权力来源不平衡所造成的不可避免的结果"。[①]

---

① 陈世敏.大众传播与文化变迁.台北:台湾三民书局,1992:40.

他还概括了媒介帝国主义的四种形式:"一是传播工具的形式,二为整套工具的安排,三为理想实行的价值观,以及特殊的媒介内容。"①所谓媒介帝国主义,概而言之,是"一个国家的传媒为另一个国家所主导,并对当地社会的文化、规范及价值观带来了钳制性的影响"②。

同时,费耶什在《媒介帝国主义:一次分析》一书中对"媒介帝国主义"做了这样的界定,"媒介帝国论将以一种宽泛而普遍的方式得到使用,以便描述这样一种过程:现代媒介借此来发挥作用,以在世界范围内创造、维系并扩展各种主导性和附庸性的体系"③。

媒介帝国主义理论分为三个阶段,各阶段所批判的侧重点和方法都不尽相同,但共同点是承认以下的前提:(1) 资本主义的大众媒介是由国内垄断资产阶级控制的,并代表其利益;(2) 国际范围内扩张传播力传播的是单一的文化价值观和本国资产阶级观念意识;(3) 这种单一文化随着媒体的扩展而进入其他文化,鼓吹特定的生活方式、灌输特定的意识形态,或多或少地影响他国的文化自主和国家认同,具有负面效果。

20世纪80年代后,"媒介帝国主义"这一术语继续被广泛应用于传播学研究和文化研究等社会科学领域,描述在资本力量驱使下拥有先进信息传播科技的美国等西方国家控制全球文化的态势,媒介帝国主义理论也成为全球化语境下倡导文化多元化与文化保护主义的一种重要的批判性思维。

【小故事】

2013年6月10日,美国中央情报局(CIA)前雇员斯诺登通过英国《卫报》主动透露身份,爆出美国情报机构网络监听丑闻,声称要"捍卫全球人民的基本自由"。一向标榜"自由第一、民权第一"的美国政府凭借其雄厚的网络技术优势,针对通信和网络进行大规模监控,企图成为网络世界无所不知的

图5-4 美国监听丑闻爆料者斯诺登

---

① 陈世敏. 大众传媒与文化变迁. 台北:台湾三民书局,1992:202-203.
② 潘知常,林玮. 传媒批判理论. 北京:新华出版社,2002:306.
③ [英]尼克·史蒂文森. 认识媒介文化. 王文斌,译. 北京:商务印书馆,2001:173.

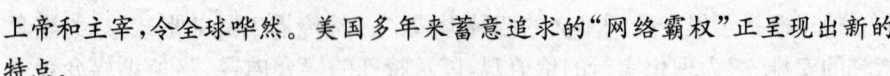

上帝和主宰,令全球哗然。美国多年来蓄意追求的"网络霸权"正呈现出新的特点。

第三节 媒介帝国主义理论的主要观点及其争论

一般而言,当今帝国主义表现在经济、政治、军事、传播、文化五个方面。其中,传播作为当今帝国主义的一个重要方面,反映了世界范围内信息交流过程中不平等的权力话语关系。在信息时代,传播科技的跨越时空特性使得中心国家能凭借其雄厚的财力和科技成果,通过全球性通讯社等媒体来操控世界范围内的新闻传播,从而达到新的殖民主义。最明显而直接的形式便是大量向边缘国家倾销传媒产品,形成以单项流通为特色的媒介帝国主义。

20世纪80年代后,一些西方传播研究者对媒介帝国主义影响过程中内外因素的作用,以及西方文化的实际传播效果,提出了不同的看法,产生了热烈的争论,推动了媒介帝国主义理论研究的深入与发展。

一、媒介帝国主义理论的主要观点

帝国主义国家利用电视、广播、新闻出版媒介、影视音像产品以及文化信息产业等形式将其价值观输出,对发展中国家进行有形无形的主宰、支配、统驭和控制,以达到殖民主义的目的。其实质就在于,发达国家通过媒介对第三世界进行全面的文化渗透、文化支配和意识形态的潜移默化。媒介帝国主义理论主要包括以下四个方面的内容。

第一,媒介帝国主义是世界性、多国性、独占性资本主义制度的一部分,是以西方国家利益和主流价值观为主导的话语霸权。美国独霸着全球,决定着传播的产品与内容,并且从世界市场捞取巨额的利润,利用广告刺激消费欲望,推销资本主义的意识形态,把这个阶级不平等的制度推向全世界,使得第三世界永远不能真正发展起来。

第二,宣传"新闻自由"主义有害于第三世界国家的信息主权安全。美国新闻界提出国际新闻自由的口号,并发起全球性的运动,在信息传播中取得世界霸主的地位。

第三,媒介帝国主义迫使第三世界国家输入西方科技文化,以致严重妨碍了国家的独立发展和主权完整。所有的传播资讯及信息流通,均是以霸权利益为主导的单向流通。发展中国家的大众媒介并无自主权,而是受制于世界政治经济等的霸权体系。

第四,传播科技不是中立的,科技产品的引进和使用都含有政治和思想的"毒素",科技本身便是资本主义意识形态的具体表现。发展中国家使用西方的传播科技时,就受到资本主义意识形态的影响。发展中国家应该有选择地引进传播科技,进而针对历史文化,从本土观点出发,并采用相应的措施,以抵抗资本主义文化侵略。

按照媒介帝国主义的观点,传播直接导致了"文化霸权"的生成。对此,赫伯特·席勒的《传播与文化霸权》、阿芒·马特拉的《世界传播与文化霸权》都有很详细的论述。另外,传播也召唤着"全球化"的到来。马特拉认为,传播的全球化,就意味着经济和社会的全球化,信息文化尤其是视听文化的全球流动引发了文化身份和文化认同的危机。汤林森也认为,在"非领土扩张化"文化体验中,全球化的传媒与通信技术起到了至关重要的作用。在媒介社会,媒介自身已自成一体,有其垄断、殖民和霸权的性质,它在传播帝国主义的同时也使自己"帝国主义化",在实施文化殖民的同时也使自己成为文化的"新恩主"[1]。

二、对媒介帝国主义理论的反驳

针对媒介帝国主义的主要观点,一些西方传播学者争辩说,国际信息传播中的不均衡状况确实存在,但并不能视为"媒介帝国主义"。在国际信息传播活动中,"自由"仍是首要原则,有很多是处于无意识状态的,美国等国的跨国公司向外扩张,目的完全是追求全球最大化的经济利益,如此而已,谈不上"政治目的",也未必与美国的政府目标相一致。其中最大的驱动力还是经济利益,只是在输出媒介产品有利可图时,间接地实施了文化侵略。在由此展开的竞争中,产生强弱之分是很正常的结果。在市场经济中,"自由"与"平衡"是不可能兼顾的。如果过分强调均衡状态,就会破坏市场经济同样也是媒介运作的基本原则即"自由",这会极大地阻碍整个世界信息传播的良性发展。

也有学者不完全同意"媒介帝国主义"的支配地位和大国文化支配作用的

---

[1] 张邦卫.媒介诗学——传媒视野下的文学与文学理论.北京:社会科学出版社,2006:125.

论点。他们认为,媒介帝国主义更多的是媒介支配论者的观点,体现了一种阶级思维的惯性,忽略了受众对信息接收的主动地位。虽然权利的不平衡对文化有不利的影响,但受众可以决定自己的需要。

英国著名学者约翰·汤林森在《文化帝国主义》一书中就提出讨论"文化帝国主义"的四种途径,即:媒介帝国主义、民族国家的话语、批判全球资本主义的话语以及对现代性的批判。① 其中,媒介帝国主义层面上的论述,从西方资本主义国家、尤其是美国的媒介工业霸权角度分析文化帝国主义,认为人们与媒介的接触总是发生在特定的文化语境中并可能带有文化的后果。在他看来,以往绝大多数关于文化帝国主义的论述,大都把媒介作为讨论的重心,也就是把电视、电影、广播、报纸、广告以及互联网等当作问题的核心。

图5-5 《文化帝国主义》封面

汤林森认为,文化帝国主义虽然将意识形态四处传播,但媒介并不是现代文化的中心,它只是中性的、平等的扩散,而不是把自己的意识形态强加于第三世界国家。媒介文本和受众之间有一种交互的关系,受众的主动选择和解读作用不能低估。他反复指出,媒介支配论者动辄大谈媒介帝国主义的文化后果,却很少能真正将媒介帝国主义的问题放到文化层面上去研究。他们往往更多地周旋于政治、经济范畴从而与意识形态挂钩,找到合理的立足点;与此同时,又理所当然地将媒介支配混同于文化支配。

英国文化研究派的中坚学者霍尔在他的《编码/解码》一文中更是开创了受众主动性研究的先河。他强调说,被传送不等于被接受。传播学多年的研究一再告诫传播者,传播是双向的,受众不是"应声而倒的靶子",传播效果从来不是一厢情愿的事。美国学者费杰斯对席勒的研究也进行了批判,他认为,应当把第三世界国家在受到外来文化冲击时,人们如何体验外来文化这一点放在重要位置;应该研究受众接受这些产品后的反应,以及这些媒介文本是如何被"诠释"的,这些"诠释"会不会随着文化语境的不同而

---

① [英]约翰·汤林森.文化帝国主义.冯建三,译.上海:上海人民出版社,1999:38-57.

产生差异等问题。

"在我们这个越来越开放的世界里,文化的流动不可能是单向的,必定是一个相互渗透的过程——这是任何再强大的媒介也无力扭转的现实。不能正确估计自身的力量,又将对手想象得过于强大,无疑是'媒介帝国主义'恐慌形成的一个重要原因。"①

随着对媒介帝国主义理论探讨的深入,更多的学者开始以批评的方式提出跨国文化流量和民族文化之间的关系。他们的结论是:跨国文化流量循环的强化不通向全球的同质化,而是通向一个越来越交杂的世界。② 与此同时,詹姆逊提出的"文化—民族主义"认为,相对于排斥和否定的逻辑,"文化—民族主义"是战略地吸收西方的科技和文化使之成为本土的东西。葛兰西著名的"霸权"理论也认为,所谓文化的"霸权"决不是单一的决定和统治,而是体现为一个抗争、沟通、妥协、转换直至达成共识、相互适应的过程。③

近来出现的跨文化传播模式无疑是对"文化帝国主义"的再批判。跨文化传播以理性的态度审视异质文化,反思本土文化,其关键词就是"平等""自由"。文化冲突与文化整合是跨文化传播中实现文化交流、互动与共同发展的主要形式。跨文化传播理论"以全球化作为语境,抛弃了传统语境中自私自利的抗争性,以整个人类文化的共同发展为目标,由文化争夺到文化整合,多样化的道路上带着文化融合的迹象,虽然荆棘丛生,但总会到达自由的天空"④。

【小资料】

美国的可口可乐在畅销全球的同时,总是在特定的文化内被赋予了与生产者想象中完全不同的意义和功能。其中包括:它能够抚平皱纹(俄国)、能使死人复活(海地)、能够使铜变成银(巴巴多斯)……在加勒比海,可乐与郎姆酒结合配制成了古巴利布乐;在玻利维亚,可乐与普通烧酒勾兑,制造出了庞奇黑酒。

---

① 袁莉."媒介帝国主义"的"虚惊".现代传播,2004(6).
② [法]阿芒·马特拉.世界传播与文化霸权.陈卫星,译.北京:中央编译出版社,2001:250.
③ [美]托马斯·哈定.文化与进化.韩建年,译.杭州:浙江人民出版社,1987:39.
④ 汪明香.从"文化帝国主义"到"跨文化传播".安徽广播电视大学学报,2005(1).

第四节 媒介帝国主义理论的历史评析

文化在相互交流和碰撞中会有趋同性,其中包含优势互补,弱势文化对强势文化的归化,强势文化对弱势文化的压制,也有在碰撞和摩擦中产生出的新的文化。这些情形在今天的媒体传播中都普遍存在。

一、媒介帝国主义理论的分析范式为理解当今国际文化关系提供理论洞见

如今,随着卫星通信、互联网、数字化技术的快速发展,各种现代高科技传输体系和信息符号通信方式跨时空地将多种多样的共同体和社会群体统一起来,形成了全球化的生活现实。作为载体的大众媒介的影响力越来越突出,建构现实生活的能力越来越强,以至于成为一个关键性的环节。一个崭新意义的世界信息市场正在逐渐成形。

现代传播技术虽然推动了全球化进程,也确实促进了人类社会的进步和发展,但同时又造成了新的世界霸权,加深了发达国家与发展中国家信息技术和经济发展的鸿沟。美国和西方利益集团由于开发和操控了现代传播技术,而掌握着信息流通的绝对权力,西方世界"讲述"而发展中国家"倾听"的单向传播的不平衡格局依然存在,发展中国家在世界信息传播中的弱势地位并没有彻底改变。

图 5-6 媒介帝国主义

在全球化过程中,现代传播技术与传媒主导国家的霸权直接关联,媒介帝国主义的存在形态表现得越来越明显,如好莱坞制作的影片等。根据联合国教科文组织1987年对全球78家媒介公司所做的统计显示,位居前15名的基本上是当今一些发达国家的公司。20世纪90年代末,经济全球化促使这些媒介公司在战略上做出调整,兼并浪潮使得西方的媒介公司更具竞争力。

20世纪80年代所保持的这一格局即使在21世纪仍然没有改变。正如休杰所言,"如果信息是一种权力,那么谁掌握了电子传播系统,谁就可以发号施令"①。

媒介帝国主义的影响还呈现出多样性和复杂性等特点。早在20世纪80年代,加拿大学者在研究加拿大媒介工业和美国跨国企业关系的时候就发现:"加拿大之所以沦为依附国家,并非媒介信息中有明显的意识形态偏颇,而是在经济结构上,媒介工业把受众卖给了美国的广告商,这个没有显著文化差异国家间的'中心—边陲'形态成了从政治经济角度分析媒介帝国主义的一个很典型的例子。"②随着全球化的加剧,美国媒介产品以前所未有的速度涌向世界各地,美国跨国公司在此过程中起到了重要甚至决定性的作用,这种趋势至今依然没有改变,而且愈演愈烈。席勒在20世纪90年代初就敏锐地意识到了促进美国信息在全球范围内流动的"主体"的变化,并通过揭示这种变化的内涵以及趋势向人们展现了一幅"美国媒介帝国"的全球图景。

应该采取何种策略来应对这种状况,打破传播霸权和媒介垄断,使世界传播资源配置更为合理,信息的流通和发展更为平衡,建立具有独立性和自主性的传播体系,并在全球传播中拥有自己的话语权,成为发展中国家亟待考虑和解决的重要问题。

媒介帝国主义以国际传播与全球传播的视野,去探究西方传媒运作及其产品对世界格局和人类命运的影响,注重意识形态的分析和考察。在当前严峻的形势下,这种分析范式仍具有重要的意义和价值,有助于发展中国家全面认识和理解当今世界的国际文化关系,并积极准备对策。

20世纪90年代以来,有关全球化与传播霸权的讨论,使早期媒介帝国主义理论宏观性的批判研究取向,再度引起传播研究者的重视和思考。对于媒介帝国主义的考量,也已超越媒介与大众传播的领域,成为世界各国面对新的世界格局与全球化的挑战,在政治、经济、文化、科技等领域探寻21世纪的国际战略和竞争决策的重要依据。③

---

① 陈龙.大众传播学导论.苏州:苏州大学出版社,2006:392.
② 钟瑛,余红.传播科技与社会.武汉:华中科技大学出版社,2006:299.
③ 杨瑞明.从"现代化"到"全球化"——"媒介帝国主义"理论的发展及其意义.新闻与传播研究,1999(3).

二、媒介帝国主义理论本身隐藏着内在的不合理之处

媒介帝国主义产生于20世纪60年代西方激进主义活跃的时代,社会的动荡导致学术界展开了对资本主义的深刻反思。同时,作为一种理论,媒介帝国主义也存在着预设前提,一定程度上夸大了媒介的传播作用,忽略了复杂环境对传播效果产生的影响等问题。

世界传播模式并非孤立存在,而是与世界各种力量结构密切相关。而由国力相差悬殊的国家为主体形成的世界力量结构,显然不可能是强弱均等的。在此影响下的世界传播模式也必然呈现出某种倾斜态势,也就是发达国家在传播中的主导性与发展中国家的依附性。

从国际传播的角度来看,媒介帝国主义无疑有夸大之嫌。虽然国际新闻的流通被西方通讯社所垄断,其发布的新闻亦无可避免地带有西方价值观念,但媒介帝国主义还是无法全面地说明国际传播的全貌。不少研究发现,各国媒体基本上仍然还以本地新闻为主,国际新闻为辅,表现出极大的自主性及自觉性,发展中国家的政府并非无能。世界经济是一个互相依存、牵制的整体,一味强调媒介帝国主义,会自觉或不自觉地拒绝和西方世界往来,从而使发展中国家闭关自守,失去了借用、学习与适应外国文化的机会。

从研究的方法上来看,媒介帝国主义仅抓住媒介的文化效果做文章,没有对媒介的实际影响进行具体深入的经验分析,就认为文化信息产品输出国具有侵略意图,西方的文化信息产品对本地文化造成破坏性改变,危害本国的文化规范及价值观。这也是不够客观全面的。有学者甚至称之为"媒介帝国主义的虚惊"。

从传播效果的影响因素上来看,媒介帝国主义理论同样存在问题。一个国家的传媒文化与全球文化有着复杂的关系,也往往与民族意识与国家想象联系在一起。全球化与本土化的冲突对于一个国家的媒介文化来说,有时不仅是经济冲突、文化冲突,也是政治冲突。此外,媒介文化研究必

图5-7 《豪门恩怨》剧照

须有一种明确的本土视野。虽然全球化是当代社会生活最重要的特征之一,但是人们容易接受经济生活同质化的事实,却很难接受文化的同质化现象。

因为文化应该是民族的或民俗的,文化应该是具有本土特色的。受众对外来文化及信息的接受并非是盲目和被动的。

媒介信息本身必须通过其他文化经验被解读并产生作用,而媒介文化本身也只表现为社会文化这个庞大系统中的一小部分而已。欧洲学者曾对美国电视剧《豪门恩怨》进行过文化解读,结果表明,尽管《豪门恩怨》风靡欧洲,但是观众并没有接受其文化观念。

作为西方传媒老大的美国,在大力输出媒介文化的同时,也对世界各国文化及意识形态的流入保持着高度警惕。众所周知,美国一直对伊斯兰等他国文明持排斥、防御甚至敌视的态度。事实上,谁又能否认,美国传媒一直以来不遗余力从事着的"妖魔化"中国之举是来自一种同样的心理呢?

大众传媒的全球化传播不可能从根本上改变一个民族国家的生活方式,因为全球化终究不是某些人所设想的技术乌托邦地球村。传播科技令人叹为观止的发展仅为我们带来了一场"媒介帝国主义"的虚惊。

当然,"虚惊"并不代表挑战不复存在,一味否认当前国际传播领域内信息流动不平衡的现实及其影响力势必走向另一个极端。当务之急在于确立一种更为客观、正确的心态,从更加积极的角度去考量民族文化的特殊性,在全球化过程中确立对世界制度的感知、对自身文化价值的思考及其在全球文化传播中的再现。

1980年,联合国教科文组织发布了报告《多种声音,一个世界》,英美两国一气之下,退出了教科文组织。后来,东欧剧变,冷战结束,争论渐渐归于沉寂。目前关于"媒介帝国主义"的争论还没有结束。无论如何,发展中国家在加快经济发展的步伐、加速国家的现代化进程之时,大众媒介是一个不能忽略的因素。如何发挥媒介的正面效应,有效抑制媒介的负面效应,以促进国家发展,始终是每一个发展中国家的中心工作。

【资料链接】

《全球化、社会发展与大众媒体》(科林·斯巴克斯,2009)一书以改善世界上最贫穷人群的生存状态为出发点,对发展传播学中的主导范式、参与范式、帝国主义范式和全球化范式进行了全面、系统和深刻的梳理与评析,并在批判已有理论的基础上,提出了发展传播学的新范式。最终认为媒介帝国主义、文化及传播全球化都有异于现实,世界文化传播仍然是以美国为中心,民族国家仍

然具有强大的影响力。该书为人们认识当今的国际传播提供了一个另类的视角。

【拓展训练】

1. 列举生活中的"媒介帝国主义"现象。
2. 当前媒介帝国主义有何新表现?
3. 你怎样看待当前的跨文化传播现象?
4. 试析:"国际信息的自由流通自然会导致媒介帝国主义。"
5. 请你谈谈对"媒介帝国主义"的看法。

第六章　民主参与媒介理论

【情境导入】

怎样促使新闻媒体在民主社会建设中发挥积极有效的作用,是西方新闻理论关注的一个重要方面。民主参与媒介理论的核心价值就是多元性、小规模化、双向互动性、传播关系的平等性。互联网的出现和普及,降低了普通民众接近媒介的门槛,更是为民主参与媒介理论开辟了新的空间。

【学习要点】

1. 民主参与媒介理论的主要观点
2. 网络时代民主参与的特点
3. 民主参与媒介理论的历史评析

民主参与媒介理论(Democratic Participant Theory)也称为"受众参与理论",它是在20世纪70年代以后,随着民主政治观念转型、批判学派的出现、社会信息化发展和媒介集中垄断程度不断提高,在美国、日本以及欧洲一些发达国家出现的一种媒介规范理论。

第一节　民主参与媒介理论的产生过程

民主参与是一个当代术语,但参与理念却并非一个新的发现。早在古雅典时期,当作为"人民统治"的民主概念确立之时,民主参与精神就已成为人们的道德理想与价值追求。启蒙思想家卢梭和自由主义民主理论家约翰·密尔的民主政治观有一个共同的基本特征,即强调民主政治的道德目标,倡导公民的积极参与,主张只有积极参与政治,才能强化个人的社会责任感,完善个人的政治美德及其政治能力。这些民主吁求和参与理想对西方民主参与理论的形成,以及受众的传播观念都产生了重要影响。

一、民主参与媒介理论产生的背景

20世纪60年代前后,在法国、英国等西欧国家出现的批判学派,对资本主义制度、美国的全球战略和新闻传播理论提出了质疑和批判。他们认为,垄断资本主义不仅拥有强大的经济实力,而且掌握了多种文化工具,商业化的资本主义体制将物质产品、服务技能和脑力劳动成果全都当作商品销售。新闻媒介只要在商业体系内进行传播,就不可能对社会负责。批判学派指出,新闻的社会责任理论是一个含义不清的理想模式,在实践中无法实现,因为归根结底,媒介终究是垄断资本主义所利用的一种工具。

20世纪70年代以后,信息化的发展使得信息与传播的问题在社会政治、经济、文化生活中的作用越来越重要,社会成员对传播的接触越来越多,联系也越来越紧密。民众接近和使用媒介的意识不断提高。而现实的媒介垄断使传播资源越来越集中于少数人手中,一般民众接近和使用传播媒介的机会越来越少。私营传媒的商业化和按照社会责任标准建立的公共传播机构日益官僚化,使人们对社会责任理论的失望进一步加深,从而为民主参与媒介理论的出现提供了现实条件。在这一背景下,批判学派中的某些学者开始设计理想社会的政治、经济、文化和媒介制度,从而提出了民主参与媒介理论。

二、民主参与媒介理论的初步提出

民主参与媒介理论最先是由丹尼斯·麦奎尔总结出来的。1983年,麦奎尔将各国的主导性媒介理论概括为以下六种:威权主义理论、自由报业理论、社会责任理论、苏联式理论、发展理论和民主参与媒介理论。其中民主参与媒介理论体现了在20世纪六七十年代呼唤地方性与社区性广播电视的压力下,诸多要求满足公民需求的"草根"媒介观念。民主参与媒介理论的模式是:"一种利用地方性信息、社区信息、次

图6-1 丹尼斯·麦奎尔

文化环境信息参与社会发展的模式,比如说在主流的强势媒体之外,还可以以地下出版、社区有线电视、乡村环境中的微型传媒、小功率传媒、大字报、女性传媒、少数民族传媒等多种形式来传递不同的声音,使各种社会构成都能够参与到媒介论辩和在此基础上的多元发展进程中来。"①

在民主参与媒介理论诞生和发展的过程中,美国学者巴隆的著作《媒介接近权:为了谁的出版自由》(1973)和巴格迪坎的著作《传播媒介的垄断》(1986)产生过重要影响。与此同时,在对新闻传播与国家发展理论的研究中,美国夏威夷大学的传播学教授马杰德·泰拉尼安吸收了前人关于新闻传播与国家发展理论的精粹,并结合全球化的新特点,相对于经验主义和批判主义两大学派,提出了第三条发展与传播的道路,即社群主义的道路。他认为,自由主义侧重于自由,马克思主义侧重于平等,权威主义侧重于秩序,而社群主义模式所

图6-2 《传播媒介的垄断》封面

要保存的最高价值是社群。社群主义道路更加注意个人或者组织在国家发展中的作用与地位,注意人的民主参与地位,更加强调实现人的价值。泰拉尼安十分重视"参与性"传播的作用,他认为,通过真正的参与性传播行为可以达到对生活世界的理解,并最终实现公共领域的扩大。②

三、西方学者关于民主参与媒介途径的多元设想

持民主参与媒介理论的学者在哲学和政治思想上大多赞同"西方马克思主义",对"法西斯主义""苏联模式和斯大林主义"以及现代资本主义制度,包括新闻传播的现实和社会责任理论,都采取犀利批判的态度。这一理论反对新闻媒介的集中垄断和政府控制,主张受众和社会团体民主参与、共同享有使用新闻媒介的权利;主张将大规模、单向性、专业化、集中控制的新闻媒介变为小规模、双向性、社区化、受众广泛参与的多元化媒介。

---

① 展江.大众传播通论.北京:中国人民大学出版社,2011:91.
② 孙聚成.信息力:新闻传播与国家发展.北京:人民出版社,2006:111.

"西方马克思主义者"认为,"新社会主义"的本质就是人民群众享有真正的民主,这种民主应当是直接的、面对面的、分散的和非官僚化的。而要使这种民主得以实现,必须具备三个条件:第一,社会成员之间能够广泛接触,每个人都能充分发表意见,彼此可以无拘无束地开展讨论;第二,每个人都能掌握必要的信息,以便参加讨论,对有关问题发表意见;第三,每个公民都能对政府决策产生影响,因此信息的自由流通具有先决的、不可缺少的重要意义。

　　美国批判学者弗洛姆也提出要把西方古代市民议会的原则重新引入现代工业化社会的方案,并且设想了具体的实施步骤:首先,根据公民的居住或工作状况,在全国组建成千上万个"面对面小组";其次,设立一个政治上独立的专门机构,及时客观地向这些小组提供有关信息;再次,"面对面小组"根据获得的信息开展平等的协商讨论并最后投票表决;最后,各个小组做出的决定应能及时送达中央政府,并对政府决策产生影响。[①] 弗洛姆认为,只有通过广泛地实行这种参与者分享的直接民主制度,才能实现人道化的管理,防止政治上的官僚化和异化。

　　"西方马克思主义"和批判学派的学者们对现代资本主义社会及其新闻传播制度的批判是深刻的,对国际共产主义运动中的失误和教训也有沉痛的反思和尖锐的批评。但是,他们提出的解决矛盾的主张在某种程度上是带有乌托邦色彩的,在当代资本主义国家缺乏顺利推行并取得有效成果的条件。[②]

【小资料】

　　现代意义的公民参与通常又称为"公共参与""民主参与",就是公民试图影响公共政策和公共生活的一切活动。公民参与的基本要素包括参与的主体、参与的领域以及参与的渠道。其中公民可以合法参与的公共领域的主要特征是公共利益和公共理性的存在。公民参与最主要的内容就是参与国家的政治生活和政治决策,因此,政治参与尤其重要,且最具有实质性的意义。

[①] [美]弗洛姆.健全的社会.孙恺祥,译.贵阳:贵州人民出版社,1994:277-278.
[②] 何梓华.新闻理论教程(修订版).北京:高等教育出版社,2008:10.

第二节　民主参与媒介理论的早期实践

在20世纪二三十年代广播事业开始发展的时期,美国开始建立全国性商业广播网的同时,欧洲许多国家,特别是英国,也开始建立一种公共服务广播网。最早提出公共服务广播的是美国收音机协会的早期负责人大卫·萨诺夫。这种公共服务广播以BBC为代表,是一种由法律规定,且普遍由公共基金(通常是广播或电视拥有者必须支付的使用费)所管理的系统。与自由主义理论所强调的个人权利、消费自由及对市场力量的重视不同,公共广播体系最为重视的是社会需求或公民集体需求。它具有广泛的编辑和运营的独立权。因为该体系认为,一个以公共利益为目标的媒介系统必须符合特定的条件,包括公共财源和高度独立于政府等。公共服务广播的一个基本服务目标和特征就是面向全社会。它必须为所有社会公众服务,要有各种类型的节目,不仅要满足主流阶层的需求,也要满足其他社会阶层特别是弱势群体的信息需要,反映他们的意见和呼声,为接触媒介困难的人们提供平等机会。

一、BBC的公共服务广播

没有一种被普遍接受的公共服务广播理论存在,但是存在着一些通过公共所有权和管制能够实现的目标。英国BBC由政府任命的一个公共委员会负责管理,遵循八大原则:(1)地理覆盖范围的广泛性,包括传送与接收的普遍性;(2)提供各种口味、利益与需要,满足所有的意见与信念;(3)为特定的少数提供服务;(4)关注民族国家的身份认同和社区发展;(5)保证广播独立于政府和利益集团之外;(6)接受公众的直接资助而不仅仅是广告商的赞助;(7)鼓励节目之间的竞争但不仅仅是抢夺观众;(8)鼓励广播自由。

改组后的BBC的诞生标志着作为公共服务广播的最基本元素终于齐备:它由一个公共信托式的组织机构管理,避免了商业和政府的直接干预;它由收听费支持,保证了财政和编辑运转的相对独立不受干扰;它以服务全社会为最终目的,因而不播广告,也不播出社论,在编辑上保持了独立地位。

公共服务广播的核心是服务公众。在一个民主社会中,它为大众提供教育知识、娱乐休闲、充分的资讯和日常意见交流的平台,使得真实信息和合理意见可以公开汇集交换并形成社会共识；社会中不同的力量借此得以协调和整合，形成共同的合力，推动国家和社会的发展。这一运作的实现，需要财政资源的稳固和制度性的长期供应作为保证。因为归根结底，商业和政治的直接干涉都是经济利益干涉的表象。公共服务广播的财政来源安排的稳定和保障，是根本的问题。普通受观众只关心节目的好坏和质量，并没有注意到节目和服务质量背后的

图6-3　BBC新闻频道标识

财源问题和经济问题。迄今，公共服务广播运行得比较好的BBC和NHK，都是因为在财源制度安排方面比较稳定。

在经过长期发展以后，根据BBC的经验，可以对公共服务广播的精神加以简要归纳：(1) 公共服务广播机构有娱乐、告知及教育功能；(2) 公共服务广播机构的管理架构和日常运转应相对独立，尽量减少政治或行政的日常传播运行的直接干预；(3) 公共服务广播机构应在节目和服务品质上表现出竞争力，而不是完全陷入收听率或收视率的竞争和比较之中；(4) 公共服务广播机构应在全国性频道上提供尽可能多元化、多样化、充实化的节目内容；(5) 公共服务广播机构应努力寻求广播人与政治权威之间的平衡点，强化普通公民与政治领导人之间的平等性；(6) 公共服务广播机构应重视服务社会全体成员的覆盖和传播目标，并由此出发弘扬多元化，关注少数群体、弱势群体等社会成员的信息需求和表达要求。①

二、美国公共广播事业的发展

在BBC之后，世界上许多国家都建立了公共服务广播体制。美国是最早开展广播的国家，并且从一开始就采纳了商业广播的主导模式，公共服务广播一直受到压制。直到1967年11月，在卡内基委员会报告的推动下，美国国会才专门通过公共广播法案，引入公共广播体制。1968年，美国公共广播协会成立。与此同时，在美国，也出现了一些由受众自愿赞助所构成的公共广播。

---

① 邓炘炘.动力与困窘：中国广播体制改革研究.北京：中国经济出版社,2006:383.

美国引入公共服务广播体系,是因为商业主义和垄断资本在传媒领域的过度泛滥,冲击和危害了教育性和社区性的小广播电台(电视台)的生存,而采取的针对性扶植和帮助性安排。美国创建公共广播系统也是为了提供公众辩论和观点交流的论坛,让那些声音微弱的社会群体也有大声发言的机会。[①]

公共服务广播体系被赋予了推动特定文化发展的目标。这些原则以及当前西方国家公共媒体的不断出现都在一定程度上反映了一般民众在信息需求上的愿望和要求。

第三节 民主参与媒介理论的主要观点

民主参与媒介理论要求大众传播媒介向一般民众开放,允许民众个人和群体的自主参与,反映了一般民众随着社会信息化的发展和媒介集中垄断程度的加强要求自主利用媒介的呼声。针对媒体现状,民主参与媒介理论倡导者提出了关于未来媒体发展蓝图的设想,其核心价值就是多元性、小规模化、双向互动性、传播关系的平等性。

一、任何个人和弱小群体都拥有民主参与媒介的权利

民主参与媒介理论将受众视为权利的主体,强调对受众的知晓权、传播权和媒介参与权的保护,并认为,这些权利应该为任何个人和群体所拥有,无论他们的强和弱。所谓媒介参与权,是指受众利用传播媒介阐述主张、发表言论以及开展各种社会和文化活动的权利,同时也赋予传媒向受众开放的义务和责任。其内容主要包括信息的制作、主动评价及媒介的发展设计。传播权、知晓权等是媒介参与权实现的必要前提。1967年,美国学者巴隆在《对报纸的参与权利》一书中首次提出"媒介参与权"。他在《哈佛大学法学评论》上发表的《接近媒介———一项新的第一修正案权利》一文中主张:为了维护受众的表达自由,保障他们参与和使用传播媒介的权利,宪法修正案应该承认公民对传播媒介的参与权。

---

① 邓炘炘.动力与困窘:中国广播体制改革研究.北京:中国经济出版社,2006:384.

1974年,日本的屈部政男根据本国实际,发表了《接近权论》,对受众的媒介参与权利进行了全面论述。日本的《每日新闻》有一整版专门登载读者来信,称《读者园地》。西方一些国家的媒体允许自费刊登意见广告,也有一些国家在发放有线电视经营许可证之际,规定必须开设允许受众自主参与的"开放频道"。

1980年,联合国国际传播问题研究委员会的报告也指出:"不要都把读者、听众和观众当作消息情报的被动接受者,负责管理交流工具的人应该鼓励他们的读者、听众和观众在信息传播中发挥更加积极的作用,办法是拨出更多的版面和更多的广播时间,供公众或有组织的社会集团的个别成员发表意见和看法。"①

二、媒介应主要为受众而存在

对于任何性质的新闻媒介,受众的接触与选择,都是其一切功能目标实现的首要前提。无论从哪方面讲,受众对于媒介的成败与生存都是至关重要的制约因素之一。赢得受众的第一步就是新闻媒介及其设定栏目要有准确的受众定位,即确定媒介整体和所设栏目明确的传播对象,解决向谁传播、为谁服务的问题。针对现实中媒介的高度垄断及其对商业利益的追求,经济及政治力量较弱的民众无法通过大众传媒表达意见或参与讨论公众议题,普通民众接近和使用传播媒介的机会日益丧失,大众传媒沦为经济或政治上的强者操纵舆论的工具,造成大众言论表达不公平的现象。所以,民主参与媒介理论认为,媒介应主要为受众而存在,而不应主要为媒介组织、政客、职业宣传家或广告赞助商而存在,以维护社会公众的共同利益。这也是对宪法所赋予的公民基本权利的尊重和满足。

在西方媒介史上把受众当作公民,在理论上集中体现为社会责任论的出现,在媒介运作模式上最有代表性的是欧美各国的公共广播电视业,在法律上则突出表现为现代知情权在观念上的提出和在法律上的确认。民主参与媒介理论把受众看成公民,把维护公民权利作为媒介责任和运营基础,是现代民主政治发展和市场经济内在运作机制在媒介观上的折射和反映。

---

① 联合国教科文组织国际交流问题研究委员会. 多种声音,一个世界. 北京:中国对外翻译出版公司,1981:368.

三、社会各阶层和组织应拥有自己的媒介

民主参与媒介理论是在一般民众要求自主利用媒介的意识不断提高,而现实中又缺乏可以利用的传播资源的矛盾状态下出现的。民主参与媒介理论要求大众传媒向一般民众开放,允许民众个人和群体的自主参与,媒体应当致力于在一般民众中发展多元的文化,同时社会群体应该直接拥有一些"小型"的媒体,而政府有责任为这些群体提供相应的资助。

1973年,美国学者巴隆出版了《为了谁的出版自由——论媒介参与权》。他认为,美国宪法《第一修正案》规定的"出版自由"保护的是一般受众的权利,而不是传媒企业的私有财产权;在传播媒介越来越集中在少数人手中,而广大受众越来越被排斥在大众传播媒介之外的今天,媒介应当广泛分布在社会各阶层和组织中,并为他们所拥有,以便把《第一修正案》的权利真正还给它的真正拥有者——读者和视听受众;传媒也应当对受众开放,而且只有通过广泛地实行这种参与者分享的民主,才能实现人道化的管理,防止政治上的官僚化和异化。

随着向现代社会转型,受众群体分化与多元趋势越来越显著,群体细分化趋势必然带来相关兴趣和信息需求分化,群体与群体间共同兴趣的内涵越来越小,彼此信息需求的分野越来越明显。媒介的发达多样与受众以及受众兴趣的日渐分化多元,两者相随同步,新闻媒介不得不做出一个重大的转向,即由"大众"走向"分众",由雅俗共赏走向雅俗分赏;在分化的受众群体中,确立自己的受众市场。这就为多元性、小规模化的媒体提供了机遇,创造了条件。

四、小规模的、双向的、参与的媒介更合乎社会理想

由于西方国家的媒介垄断程度越来越高,一城一报增多,媒介集团规模越来越大,很多人都感到媒介内容的多样性和媒介本身的多元化正在萎缩,公共利益受到危害。新闻媒介种数的减少限制了人民对新闻和评论的选择,这是不容置疑的。即使个人信息多样化了,其中也潜藏着多元主义的萎缩,因为很少人能够同时阅读一份以上的杂志或收看一个以上频道的新闻节目,而媒介多元主义的本来含义是指信息多样化能够达到个别公众成员。其实并非只有媒介所有权的多元化才意味着内容的多样,与大规模的、单向的、垄断的大媒

介相比,小规模的、双向的、参与的媒介能够大大提高个性化服务,为受众提供更多的选择自由,增强信息的传播效果。

话语权是公众的一项基本人权,是和公众的媒介使用权紧密联系在一起的。现代社会中威力最大的话语权平台是大众媒介,但是具有双向交互等特征的包括互联网、博客、播客等在内的各种新媒体的出现却为受众借助媒介表达和参与社会事物提供了更广阔的空间。

图6-4 网络问政

第四节 民主参与媒介理论的当代发展

随着社会信息化的发展及媒介技术的进步,公众性更强、参与性更高、影响性更广的互联网出现了。在短短的20年中,世界随即被网络化,民主参与媒介理论的重要性在新时代的背景下又被赋予了新的内涵。

网络民主参与是指普通网民或网络社团以网络技术为手段,以网络公共空间为平台,参与政治表达个人或社团意愿,从而影响国家机关权力运行,影响公共事务的决策和管理活动。它具有虚拟性、多向互动性、去权威性、离散性、直接快捷、高效等特征。作为公民民主参与活动的重要组成部分,具有增强公民民主意识、提升公民民主参与能力以及改良社会政治系统信息机制的功能。

一、网络民主参与对社会具有重要影响

互联网络是新时代的新技术,在网络虚拟空间中,人们获得了前所未有的解放和自由。互联网受众个体既是媒介的接受者又是媒介的传播者,如果民众在网络上传播的内容足够分量,那么它将引起网友的广泛关注和讨论,甚至

会导致轰动性的社会效应。基于互联网巨大的影响力,国家的政治、经济群体的传播垄断权将受到极大的制约。随着信息时代的到来,网络民主参与走进了人们的政治生活之中并展现出巨大的威力和无比的魅力。当然,一个良好的、有序的网络公共空间对于政治民主参与的开展是非常重要的,这样对公共权力的监督也将更为有效。

图6-5　阿拉伯之春

【小资料】

"阿拉伯之春"是指自2010年底起发生在北非和西亚的阿拉伯国家以及其他地区的一系列以"民主"和"经济"等为主题的反政府运动。这项运动至今尚未结束,造成多名领导人先后下台。其影响之深、范围之广、爆发之突然、来势之迅猛吸引了全世界的高度关注。在这次运动中,现代移动通信技术和互联网社交媒体在动员、组织示威游行等方面发挥了极为关键的作用。一位埃及抗议者曾说:"我们用Facebook组织抗议活动,用Twitter相互协调,用Youtube把这一切告诉世界。"

二、网络民主参与的虚拟性

网络民主参与的主体是网民和网络社团,网民可以在网络上隐匿其在现实生活中不能隐匿的真实的个人基本信息(包括姓名、性别、职业等),从而使自己成为虚拟的电子人,至于网络社团,它本身就是一个在现实生活中并不存在的虚拟群体。网络民主参与主体在网络空间中的各种关系是依据网络规则而建立的,它们只受网络规则的约束和保护,而不受现实的社会规范的制约和保护,因此,它们只能存在于网络之中,而不能现身于现实社会之中,具有明显的虚拟性。网络民主参与的空间——网络公共空间,也不是具体有形的场所,而是各种各样的虚拟空间,如电子咖啡吧、网络论坛、网络社区、电子公告板、在线会议等。

三、网络民主参与有助于信息的真实性和多元化

网络民主参与的虚拟性使得民主参与的主体由于能够屏蔽自己的真实身份而可以毫无顾虑地吐露真言、各抒己见,保证了民意信息的真实性和多元化。网络信息的快速、无障碍传输,为人们提供了一个安全、宽阔、畅通无阻的民主参与渠道。网民们输出的信息如海洋般汹涌澎湃,如闪电般直达政府,一定程度上使政府信息的输出、输入和反馈趋于平衡。

网络民主参与方式充分体现了网络的开放性和多向互动性特征。理想状态下,任何网民都可以在网络上发布信息,表达思想和心愿,网络上的任何信息都对全体网民开放,网民可以随意点击浏览。网民有充分的话语权和知情权,他们不仅可以通过网络与政府官员进行协商对话,而且可以通过网络与利益相关或不相关的网民进行交流和沟通。这样一来,就打破了传统民主参与的封闭性和单向性,形成了开放的上下左右互动的民主参与方式,实现了多元意见的表达。

四、网络民主参与的去中心化

网络技术消解了传统民主参与活动的组织性和权威性,使民主参与活动成为无组织、无中心、无权威的活动。在网络公共空间中,不存在正式的组织,网民们分散在不同的地区甚至不同的国家,怀着不同的世界观和价值观、不同

的理想和信念,自发地进行着各种各样的民主参与活动。人们无须任何人来代言,只要点击鼠标,敲击键盘,就可以进入各种各样的政治网络空间,直接参与各种公共事务的讨论,并在讨论中畅所欲言,直抒胸臆,从而形成直接的民意——网络民意。人们可以直接询问政情、对政府评头论足,可以直接与政府或利益相关人沟通交流、协商对话,甚至可以直接针对政府官员拍砖;在网络中,人们还可以进行各种选举、投票,直接参与公共事务的决策。

图6-6　新媒体时代的民主参与

在网络公共空间中,不存在层级,更没有中心,网民们以平等的电子人的形象自主地进行着种种民主参与活动,每一个网民都可以将信息发送给许多接受者,从而成为中心和权威,众多的中心和权威使得网络民主参与活动成为无中心和去权威化的活动。无组织、无中心和去权威化又使得参与政治的网民能够对一切政治行为和事件各抒己见,不必隐瞒自己的观点,更不用刻意与权威保持一致,从而又形成话语多元化的局面。话语多元化与无组织性共同彰显着网络民主参与的离散性。

五、网络民主参与提升公民能力

网络民主参与活动必然会锻炼公民的民主参与能力,使公民的民主参与能力得以不断提升:在网络民主参与的过程中,对真真假假的海量信息的不断筛选和甄别,提升着人们的信息选择和辨别能力;经常不断的政治诉求表达活动,提升着人们的意志表达能力;网络公共空间中频繁发生的政治交流活动、协商对话活动等,提升着人们相互沟通、协商对话、相互妥协和合作的能力;电子选举和投票活动以及包括"人肉搜索""网络曝光"在内的各种各样的民主监督活动,提升着人们的民主选举、决策和监督能力。

当然,网络民主参与并非是完美无缺的。网络民主参与的虚拟性和去权威性特征,常常导致虚假民主参与信息的出现甚至泛滥,这些虚假信息往往具有较强的误导性和煽动性,它能够迅速引爆人们的不良情绪,使人们做出情绪化的选择和决策。此外,网民们在现实政治生活中的种种不如意,常常会宣泄到网络民主参与活动之中,当这种宣泄引起共鸣时,"蝴蝶效应"就会出现,个人情绪就会演变为群体情绪风暴,而这种群体情绪风暴往往能够将民主参与活动推向非理性的轨道。①

第五节 民主参与媒介理论的历史评析

民主参与媒介理论的出现是符合媒介规范理论发展规律及现实需要的,在当时的社会背景下,有其自身的现实性与进步性,也有一定的局限性。

一、民主参与媒介理论具有一定的影响力

在西方资本主义国家,虽然媒介接近权提出以来尚未形成法律上的明文规定,但民主参与媒介理论是社会公众的呼声,其力量也是不可忽视的,特别是在公共性较强的广播、电视、有线电视以及社区媒介领域,民主参与媒介理论都产生了广泛的影响。从历史上来看,它至少在三个方面发挥了作用:一是"反论权",即社会成员或群体在受到传媒攻击或歪曲性报道时,有权要求传媒刊登或播出反驳意见,对此,美国联邦法院已有支持反论权的判例;二是"意见广告",目前很多印刷媒介都能够在不同程度上以收费形式接受读者要求刊登的意见广告;三是在有线电视领域,美国、德国等不少地方自治政府规定,基于媒介接近权原理,商业有线电视必须开设"开放频道",允许一般受众自主参与。在这些频道里,受众个人或团体,可以根据排队原则,按申请时间先后顺序播出自己制作的节目。在德国,到1993年为止,已经有8个联邦州30多个城市的有线电视台开设了这种开放频道。②

随着社会的发展和人们民主参与需求的日益增长,代议制民主的弊端暴露得越来越充分,人们对它的诟病也越来越多。怎样来克服代议制民主的缺陷,推进民主政治的发展呢? 一个重要的办法就是,在代议制民主中增添更多的直接民主参与元素。网络民主参与就是一个极其重要的直接民主参与元素。网络民主参与的直接性,可以弱化代议制民主的间接性特征,在一定程度上克服代议制民主的缺陷。

---

① 路红梅.网络民主参与探析.安阳师范学院学报,2011(4).
② 许静.传播学概论.北京:清华大学出版社,2007:178.

二、民主参与媒介理论反映了一般民众对社会责任理论的失望心理

社会责任理论认识到大众传播具有很强的公共性,因而要求媒介机构必须对社会和公众承担和履行一定的责任和义务,以防止由于传播事业高度垄断而引起资本主义内部的社会矛盾激化,以及由于传媒内容的浅薄化、煽情化、刺激化而引起社会道德和文化的堕落。但是,由于社会责任理论仅仅把希望寄托于"媒介自律",其效果是微乎其微的。也正因为社会责任理论并没有改变少数人垄断媒介的现状,因此民众对社会责任理论感到失望。民主参与媒介理论正是对社会责任理论的一个补充。

三、民主参与媒介理论并没有从根本上保证受众的传播权和媒介接近权

民主参与媒介理论的一个重要目标就是要保证受众的传播权和媒介接近权,他们认为,大众传播媒介应是公众的讲坛,而不是少数人的传声筒;受众应该积极参与到传播活动中去;参与传播也是受众表达权的具体表现。

在西方资本主义社会中,有多种媒介规范理论对大众传播活动产生着影响,它们的性质和地位是不一样的。资本主义政府和法律机构主要通过占统治地位的自由主义新闻理论和社会责任新闻理论,协调和平衡国家内外的传播关系。政府在这一方面采取实用主义态度:在国内传播领域强调社会责任理论,维持国内传播秩序稳定;在跨国传播或全球传播领域强调自由主义理论,主张信息流通绝对自由,反对发展中国家对外来信息进行自主管理。以美国为例,当媒介的垄断和集中引起普遍的社会不满之际,政府和法律机构就利用社会责任理论对大众媒介的活动加以某种制约,防止社会矛盾进一步激化;而在需要保障垄断资本利益的时候,则往往以自由主义理论为决策依据。发展中国家甚至一些发达国家的学者认为,美国在跨国传播领域主张信息流通自由,实质上是为了保证其垄断地位。

当前互联网的出现和普及,降低了普通民众接近媒介的门槛,为民主参与媒介理论开辟了新的空间。民主参与理论虽然具有一定的影响,但基本上属于体制外的一种民众诉求,只能起着一种牵制作用。在资本主义的排他性私

图6-7 民主参与并非人人平等

人占有制下,受众的传播权和媒介接近权在客观上是很有限的。在信息已经成为一种基础资源的今天,民众只有真正行动起来才能争取到自身的传播权和媒介接近权。

【资料链接】

《互联网政治学:国家、公民与新传播技术》(查德威克,2010)采用比较性研究的方法,提供了美国、英国和其他许多国家的大量案例,主要探讨了互联网内部的管理政治学以及互联网的政治应用问题,包括新传播技术对政党与选举、压力集团、社会运动、地方民主、公共机构和全球治理的影响以及数字鸿沟,互联网自身的治理,监视、隐私与安全之间的张力,互联网媒体领域的政治经济学等,详细阐述和分析了社会资本与公共领域这两个重要概念。该书被美国学者称为"互联网与政治这一领域中最为透彻和全面的著作"。

【拓展训练】

1. 简述民主参与媒介理论与自由主义新闻理论的关系。

2. 民主参与媒介理论实现的条件有哪些?
3. 网络的出现和普及给民主参与媒介理论的实践带来了哪些新变化?
4. 民主参与媒介理论对当前的新闻实践活动有何启示?
5. 试述民主参与媒介理论对公民政治生活的影响。

第七章 新闻专业主义理论

【情境导入】

  1971年,美国国内反对越南战争的运动风起云涌。经过4个月的犹豫和研究之后,《纽约时报》决定对五角大楼关于越战的秘密文件以记者调查报告的形式每天发表6个版面,连载10天。6月13日星期天,第一篇报道面世,一时洛阳纸贵。尼克松政府以危害国家安全罪起诉该报。《纽约时报》高举"公共服务"的大旗,以公众知情权关乎社会福祉的陈述最终获得了法院的支持。"五角大楼文件案"是美国新闻界践行行业规范、抗拒政府控制、维护公众利益的成功典范,彰显了新闻专业主义的强大威力。

【学习要点】

1. 新闻专业主义理论的基本观点
2. 新闻专业主义理论在实践中遭遇的困惑
3. 新闻专业主义理论的历史评析

  新闻专业主义理论(Journalistic Professionalism Theory)是西方新闻学的一个重要概念,也是西方新闻工作者恪守的最主要的新闻职业规范,涉及一系列新闻制作理念、行为准则、道德规范。新闻专业主义作为当代西方传媒制度的重要组成部分,是资本主义自由竞争时代的产物,也是西方自由民主政治环境中媒介调整其与政党、公众、经济利益团体间复杂关系的权杖。在实际的运作中,新闻专业主义不断受到政府、政党的控制,受到各类利益集团与广告商的直接或隐性的影响。同时,伴随着新媒体的不断出现和快速发展,新闻专业主义理论也遭受着越来越多的冲击和挑战,新闻业的社会角色面临着新的调整、转向和重塑。

第一节 新闻专业主义理论产生的过程

新闻专业主义理论在西方的产生,有着特定的语境和历史条件,其中包括市场经济的环境、自由民主的政治体制、服务行业的专业化以及建立在此基础上的独立、自主的媒体等。19世纪30年代,大众化报纸的出现为新闻专业主义奠定了基础。70年代,特别是美国独立报纸开始盛行时,新闻专业主义就已初露端倪。1869年,美国人阿道夫·奥克斯购买《纽约时报》之后,提出"高尚的新闻政策""独立公正的评论"和"正确详尽的新闻资料"三大目标,标志着媒体正式开始了新闻专业主义的探索。

新闻专业主义的确立需要多重条件的支撑和维护,包括专职工作、专业培训、专业协会、法律保障、自律精神等。美国社会学家威伦斯基认为,从职业成为专业需要以下几项步骤:(1)以这个职业为全时工作;(2)建立专门的训练学校;(3)建立专业协会;(4)其代表人物具有政治动员的力量,为行业赢得自律的法律保障;(5)专业协会建立自律的行为准则。[1] 新闻专业主义作为一整套关于新闻媒体社会功能的信念,也正是在追求像医生、律师、教师那样具有专业主义操作规范的过程中诞生的。

一、大众化报纸的发展使新闻业成为独立的行业

专业主义的基础首先是要有一个独立的行业。19世纪30年代在美国产生的,以独立、中立为追求的大众化报纸的发展,以及19世纪60年代前后独立报刊的基本确立并由此导致的观念变化,与新闻专业主义的产生密切相关。

1833年,本杰明·戴成功创办了第一份大众化报纸《纽约太阳报》。在创刊号上,本杰明·戴宣称:本报的目的在于普及大众,提供受众关心的每天发生的所有新闻,售价低廉,并为广告的发布提供一种有利的媒介。1835年,詹姆士·戈登·贝内特创办《纽约先驱报》,锋芒毕露,直指社会的各种弊端,要"送更多的人去天堂,救更多的人于地狱"。该报提出"人道主义""改革社会""自由民主主义"等口号,声言要办一份超党派的独立报纸,不支持任何党派,

---

[1] 黄旦.传者图像:新闻专业主义的建构与消解.上海:复旦大学出版社,2005:6.

不成为任何部门或集团的喉舌,报纸致力于记录事实,公正、独立地进行报道,从而首次确立了报纸要以新闻报道为主体的原则,找准了新闻业在社会中的职业位置。贝内特也被看作美国第一个真正的记者。贝内特相信,社会舆论是最高宗旨,并由此发展成为一种新闻哲学。他曾在创办《纽约先驱报》之前的一篇文章中写道:"一个编辑必须总是与人民在一起——思他们所思、感他们所感,他毫无畏惧,他将始终正直、坚强,总是深得众望、一直独立自主。——这世界久受能言之徒、善辩之士、政治会议参与者以及立法人员之欺骗等已经足够,这是一个编辑的时代——是所有过去时代中最富于智力的时代。"①

1841年,霍勒斯·格里利的《纽约论坛报》首先确立了报纸的理性原则,在办报方针上,摒弃了一般廉价报纸的煽情主义新闻、不健康的医药广告等做法,重视言论,大量刊登鼓吹社会改革的文章,以促进人民福利水平的提高以及社会和政治的健康发展,并掀起了广泛的群众运动。《纽约论坛报》也因此获得了"伟大的道德机关报"的赞誉。1851年,亨利·雷蒙德与他人合作创办《纽约时报》,继承了之前廉价报纸的一些成功做法,同时更加注重寻求一种庄重、中立的态度。

图7-1　詹姆士·戈登·贝内特

大众化报纸价格低廉、追求高发行量、以广告为经济支柱,彻底摆脱了以往报纸对政党津贴的依赖。市场模式在大众化报纸中的运用,帮助其实现了经济上的独立。大众化报纸的读者对象由精英分子转向社会大众,开始扮演"公共服务"的社会角色;报道内容由言论转向新闻,充分发挥信息系统的功能;报业在广告的支持下逐渐成为高收入、令人羡慕的职业。大众化报纸的这些发展变化开启了"新闻本位"时代,促进了新闻行业规范的出现,为新闻的专业化运作进行了有益的探索和实践。

---

①　黄旦.传者图像:新闻专业主义的建构与消解.上海:复旦大学出版社,2005:23.

二、报纸的商业化运作带来了新闻专业群体和专业观念的出现

美国报业自19世纪30年代大众化报纸的商业模式出现以后,到19世纪后半叶,报业的商业化进程明显加快,报业的发展十分迅速,成为通过大规模生产而获得巨大利润的产业。在纽约,花园街如同以金融业闻名的华尔街一样,成为新闻业的代名词,各家报纸竞相建造豪华的报业大厦。[①] 新闻专业群体和专业观念也在这一时期开始形成。

19世纪后半期美国报业的商业化带来了新闻业的大发展,提高了报业的独立地位,但是,激烈的报业竞争也导致了黄色新闻泛滥、报刊低俗化。于是,人们对于客观、公正的新闻的呼声越来越高。新闻专业主义正是在煽情主义与商业主义的夹缝中产生的,也正是在多种力量的博弈中逐渐确立的。

这一时期,报业商业化的另一个显著表现就是出现了组织与协调报纸的生产、流通与销售的企业管理方式。与早期的报社不同,此时的报社大多分为五个部门:编辑与采访、报纸生产(包括排版、印刷、折叠等)、流通、广告、商务。报业专业化运作的特征更加明显,个人新闻业已经衰落,新闻业向着组织化的方向发展。

由于记者的收入和社会地位的提高,吸引了大批受过良好高等教育的人才加入记者队伍,新一代的记者逐渐取代大众化报纸兴起初期的那一批"旧式记者"。"新式记者"与"旧式记者"相比,年轻、充满活力,并受过良好教育。戴维·格雷厄姆·菲利普斯当时曾说,"宁为记者,不为总统",这位以政治报道闻名的记者的话反映了"新式记者"的思想状态。当时的记者已并非将报道新闻作为谋生的手段,而是有着对理想的追求和对社会的责任意识,有着强调服务公众的自觉态度。新闻从业者共同意识形态的确立,真正促使新闻事业形成了"公共服务"的性质。报纸成为社会中一个正式的,并且得到人们认同的行业。

1896年,阿道夫·奥克斯接办《纽约时报》,更是开创了严肃性报纸的典范。该报报头印有一句箴言"刊登一切适宜刊登的新闻"(All the News That's Fit to Print),号称打造"不玷污早餐桌布的报纸",与刺激性的黄色新闻相对抗,以反对黄色报纸的不良倾向。奥克斯的报业实践充分体现了新闻专业主义的理念,他将新闻业的独立性贯穿于新闻报道之中。在办报宣言中,他强调新

[①] 陈沛芹. 美国新闻业务导论:演进脉络与报道方式. 合肥:安徽大学出版社,2010:79.

闻报道"应无畏无惧,不偏不倚,并不分党派、地域或任何特殊利益"。他使《纽约时报》引导了以硬新闻为主的传统,显示了与当时以软新闻吸引读者的拥有最大发行量的《纽约世界报》截然不同的办报理念。《纽约时报》真正将新闻专业主义的理念引入了新闻实践之中,将大众报纸的发展推向了一个新的高峰。到19世纪末,大众报纸逐渐取代政党报纸,在美国报业中占据了主导地位。

【小资料】

美国新闻史学家莫特认为,19世纪70年代以后,独立报纸正式兴起。这一时期,独立报刊的共同特征大致反映出独立报刊思想的基本观点:第一,报刊的主要功能是传播新闻,同时还要干预和推动社会;第二,在性质上,报刊是一个独立专业,因此,它必须是自主的;第三,报纸的目的是为公众服务,并反映民意;第四,报纸的运转是靠自己的有效经营,尤其是广告收入;第五,报纸的约束机制是法律和职业道德自律,尤其是后者。此时的独立报刊已具有一定的职业报刊精神和观念。这也是新闻专业主义最初的萌芽。

三、新闻教育和新闻行业自律规则的设立标志着新闻专业主义最终形成

20世纪初期,美国出现了新闻职业化教育、新闻职业道德守则和以新闻自律为主要使命的新闻职业团体。从1908年至1920年,全美已有131所大学和学院设有新闻学院、新闻系、新闻专业或开设新闻学课程。这一时期成立的新闻职业团体有美国报纸发行人协会、美国报纸编辑协会、全国社论撰稿人联合会、美联社编辑主任协会等。新闻专业教育的发展和新闻行业自律机构的设立表明,到20世纪20年代,新闻专业主义已最终形成。

早在1867年,密苏里报刊协会在会议记录中就指出,在19世纪中期,协会的成员不仅视自己犹如医生、律师、神职人员那样的专业人员,而且在建立这个专业性协会后,将通过不断强调大学新闻教育和职业伦理标准,以进一步促进专业化。紧接着,1868年,查尔斯·达纳接办《纽约太阳报》后提出的13条该报从业人员必须遵循的行为准则,被认为是世界上最早对新闻工作者实行自我约束的"报人守则"。

在美国,第一次开设新闻课程的是1893年宾夕法尼亚大学的沃顿商学院。伊利诺伊大学于1904年第一次组织开设四年制新闻课程。1908年,密苏里大学建立了全美第一个新闻学院,该学院以提高新闻道德、培养报业专门

图7-2 密苏里大学新闻学院

人才为宗旨。普利策在推广新闻教育、培养职业化的新闻记者、公共服务理念的提出等方面更是做出了巨大贡献。

1904年,普利策在《北美评论》上发表《新闻学院》一文,认为新闻学院的目的应该像其他行业,如律师、医生的培训一样,提供只有做记者才需要的专业知识,训练有素的新闻记者对国家健康发展具有重要意义。他还在对报业功能认识的基础上,提出了报业的社会责任问题,论述了报人应有增进公益等的崇高理想。他指出:只有最高的理想,兢兢业业的正当行为,对于所涉及的问题具备正确的知识及真诚的道德责任感,才能使得报刊不屈从于商业利益、不寻求自私的目的、不反对公众的福利。该文被认为是西方新闻伦理学的奠基之作。

晚年的普利策更是深感"煽情主义"对报业责任的背离,他捐赠了250万美元帮助建立哥伦比亚新闻学院,意在通过新闻学院的教育使报业走向职业化。他还设立了普利策新闻奖,意在帮助树立报业的社会责任感。

成文的职业道德规范在这一时期也开始出现了。1908年,美国密苏里大学新闻学院创办人与首任院长沃尔特·威廉博士主持制定《记者守则》，在西方首次提出了一个系统的新闻职业道德规范。《记者守则》指出，新闻事业是一种专门职业；大众的报纸应为大众所信赖，如果没有完全做到为大众服务，就辜负了这种信赖；最成功的以及最能取得成功的新闻事业，必须敬畏上帝和尊重人类，坚持超然地位，不为成见和权力的贪欲所动摇；广告、新闻与社论，均应为读者的最大利益服务，它们应有一个真实和廉洁的标准。这一成文的新闻职业道德规范标准被认为是西方新闻专业主义的最初内容。它问世之后，先后被译成50多种语言，并为世界报业协会所采用，深刻地影响着一代又一代新闻从业者树立起专业主义的基本理念。

1923年，美国报纸编辑协会通过的《新闻职业规范》，成为全美新闻从业人员的行为准则。该规范明确了报纸为公共利益服务的职责，提出新闻报道必须遵循一整套新闻规范，包括诚实、真实、准确与公正等，要求记者不得利用报纸所赋予的权利服务于其私人利益或其他不适当的目的，并指出这样做就是有辱其所得到的高度信任。规范还明确了报纸要为公众利益服务，不得受到任何经济、政治的影响。无论为了何种目的，支持与公众利益相悖的任何私人利益都与正当的新闻实践不相容。对于党派意见的表达，规范也说明只能在评论中出现，不能在新闻报道中出现，否则就有违于这个行业的基本原则。《新闻职业规范》的发布是新闻专业主义形成的一个重要标志。

图7-3　沃尔特·威廉博士

新闻专业组织的出现、专业行为准则的公布、新闻教育的开始、专业自律机制的建立，以上四个步骤的完成，使美国新闻业初步形成了"公共服务"的职业机制，新闻专业主义最终建立。

第二节　新闻专业主义理论的基本观点

新闻专业主义是美国政党报纸解体和商业主义盛行之后发展起来的一种"公共服务"理念，是改良时代行政理性主义和专业中立主义总趋势的一部分。

其精神的核心是报道的客观、真实、全面、公正、自由。新闻专业主义的目标是服务于全体人民,而不是某一种团体。它最突出的特点是对新闻客观性的信念,相信可以从非党派、非团体的立场,客观准确地报道新闻事实。新闻专业主义的最高理想是传播真实、真相或真理。

一、新闻媒体是"社会公器",必须服务于公众利益

新闻专业主义认为,媒体具有社会公器的职能,新闻工作必须致力于服务公众利益,必须承担起社会责任,而不能局限于服务政治或经济利益集团。

在专业社会学中,一个职业的专业化必须以利他主义为基础,具有服务社会利益的目标,将整个社会的需要和利益放在首位。专业主义提倡利他主义,以实现公众利益。"但是,专业主义并非泛泛地倡导利他主义,而是将利他主义建立在确立专业领域的社会角色的基础之上,是以充分发挥与其专业对应的一系列社会功能为目标指向,如医疗业是在医疗领域开展公共服务,以促进全社会成员的健康为专业目标。这样一来,专业主义就为社会构建了众多相对独立的专业性职业,它们作为社会子系统发挥独特的功能,为实现'公众利益'最优化这一社会总目标而做出贡献。"[1]媒体是一种公共信托,是大众的信托人,新闻业更要树立为公众服务的理念。除考虑公共福利外,媒体不受其他的限制,不受私人利益或局外人商业利益的影响。媒体的最高标准,就在于它反映民意,为公共利益服务。

普利策作为美国新式新闻事业的创始者,他积极主张新闻专业主义。他先后创立《邮讯报》《纽约世界报》,并提出了与众不同的办报方针。1878年,《邮讯报》的社论声明:《邮讯报》不为党派服务,而为人民服务;不是共和党的喉舌,而是真理的喉舌;不追随任何主张,只遵循自己的结论;不支持"行政当局",而是批评它;反对一切骗局,不管发生于何处,也不管它是何种性质的;提倡原则和思想,不提倡偏见和派性。这样的办报方针真正全面地体现了新闻业"公共服务"的特性。

随着《邮讯报》的成功,一批生机勃勃的新报纸对老报纸形成了强有力的挑战。它们都把新闻传播功能当作报纸的首要职责,表现出可贵的独立性,并积极开展符合公众旨趣的改革运动。在普利策为代表的报人的努力下,大众化报纸真正取代政党报纸成为美国报业的主流,由此开创了美国新式新闻事

---

[1] 李良荣.当代西方新闻媒体.上海:复旦大学出版社,2010:127.

业,成为培育美国新闻业一系列职业原则和职业规范的现实土壤。

1947年,美国新闻自由委员会的报告《一个自由而负责的新闻界》进一步呼吁媒体的公共服务职能,提倡新闻专业主义"我们建议新闻界将自己看作在进行一种职业性公共服务",委员会期望新闻工作能够像法律和医学那样,"无论其单个成员的行为被认为是怎样的,这些职业整体上都接受了本行业所赋予的责任"①。

【小资料】

《华盛顿邮报》的鲍勃·伍德沃德被称为美国"当代最伟大的政治新闻记者"和"美国新闻记者之王"。他的身上体现了西方记者优秀的职业素养:存疑和勇往直前。他与卡尔·伯恩斯坦一起坚持26个月的调查,抽丝剥茧、层层揭露,最终揭露了水门事件的幕后真相,显示出大众传媒的巨大威力,为新闻界追求新闻自由和传媒独立树立了职业标准,《华盛顿邮报》由此获得了"为公众利益服务奖"。1981年,伍德沃

图7-4 鲍勃·伍德沃德(右)和卡尔·伯恩斯坦

德总结自己成功的原因有三条:一是运气好,赶上了"水门事件"这一历史性事件,尼克松又犯了不可饶恕的政治错误;二是守信用,坚持不暴露线人"深喉"的身份;三是有耐心,坚持跟踪报道30年,即使不出名也绝不放弃。

二、新闻记者是社会信息的提供者,必须坚持真实、全面、客观、公正的报道原则

在社会中,专业主义为实现利他服务,往往建立一套被一致认可的伦理标准和工作原则,要求全体专业人员共同遵守和全面应用。新闻专业主义认为,新闻业作为信息传播的专门行业,在实现媒介功能时,必须按照新闻价值的中立标准进行取舍,坚持新闻报道的真实、全面、客观、公正原则,从而为新闻业提供了特有的一套知识和技能。

---

① [美]新闻自由委员会.一个自由而负责的新闻界.展江,译.北京:中国人民大学出版社,2004:56.

强调按照新闻价值的中立标准进行取舍,就是主张记者站在中立的立场,立于政党与商业集团之外,不受任何权力的制约与控制,不带个人偏见和感情色彩,客观平衡地反映事实、报道新闻;记者不追随利益集团或政党组织的价值判断,而是完全按照新闻价值的客观判断来选择新闻、报道事件。当批评社会和国家时,他们是人民的代言人;同时,他们又是人民的教化者。在报道争议问题时,他们应采取不偏不倚的态度。

坚持新闻报道的真实、全面、客观、公正原则,就是强调报道事实的真相。新闻报道必须反映客观事实的原貌,达到对事实真相与真理的认识。不仅报道部分真相,而且要报道事实的全部真相。客观性要求新闻报道抛弃个人的偏见、情感和观点,强调事实和意见分离,要求事实的准确和报道方式的冷静,从而提高自己的专业地位。

1934年,美国记者公会通过的《记者道德律》在美国新闻界最为著名,它强调新闻记者的第一责任就是向公众报道正确的、无偏见的事实,要求新闻记者遵守正确和公正两大原则,不为政治的、经济的、社会的、种族的以及宗教的偏见所左右,不得在新闻版上刊登宣传性材料,不能因与自己有特殊关系而扣发应该发表的新闻报道。

阿特休尔在《权力的媒介》中也写道:"新闻专业主义就是指,新闻媒介摆脱外界干涉,摆脱来自政府、广告商甚至公众的干涉;新闻媒介为实现'公众的知晓权'服务;新闻媒介探求真相,反映真理;新闻媒介客观公正地报道事实。"[①]

在这些报道原则中,客观性原则是西方新闻专业主义的一个重要标志,它不仅体现在外在的操作规则上,而且其本质上是一个职业团体对自己职业规范、职业理想的明确表态和维护,其透射的是一种自觉的职业道德精神。新闻客观性为西方商业化报纸所推崇,而且也成为深受社会公众所信赖的理念。

【小资料】

优秀新闻人的第一特质是对专业主义的追求。曾担任《CBS晚间新闻》主播近20年的沃尔特·克朗凯特被誉为"全美最值得信赖的人","在那些愤怒和分歧的岁月里,美国人坚信,沃尔特·克朗凯特绝不会欺骗他们"。这一切归因于他为电视新闻行业树立的四大黄金标准。(1)真相。克朗凯特说:"一个好记者只有一件事要做——说出真相。"他说出的最大真相,是从前线归

---

① [美]赫伯特·阿特休尔.权力的媒介.黄煜,译.北京:华夏出版社,1989:282.

来所说的"越南的血战将以僵局结束"。他的报道,最早宣告了约翰逊政府越战决策的失败。(2)准确。"准确的事实,简洁的表达,迅速的发布",是克朗凯特对新闻的要求。对新闻稿,甚至在开播前两分钟,他还向编辑提出疑问,要求核对数据。(3)独立。克朗凯特反对媒体管理者给他的晚间新闻节目施加任何压力以迎合政治或者商业的需要。在"水门事件"的报道中,他顶着压力,最终成功地将《华盛顿邮报》年轻记者

图 7-5 克朗凯特播报肯尼迪遇刺身亡时摘下眼镜压抑内心悲痛的动作成为电视新闻史上的经典瞬间

鲍勃·伍德沃德和卡尔·伯恩斯坦的调查通过电视播出,产生了震撼性的传播效果。(4)尊严。克朗凯特的报道风格温和、虔诚。他反对花哨、媚俗,也反对为了收视效果,而在采访中故做尖锐、刁难对手。无论在总统肯尼迪被刺身亡的报道中表现的镇定,还是在总统尼克松引咎辞职的报道中表现的平静、毫无幸灾乐祸之感,都为媒体赢得尊严。

三、新闻媒体是自由和独立的行业,接受法律和职业道德制约,不接受其他权力控制

新闻专业主义的最终目的是为公众利益服务,而媒体的自由和独立是新闻业树立起公共服务社会角色的根本前提。所以,新闻专业主义强烈主张:在性质上,媒体是一个独立专业,它必须享有充分的新闻自由,必须是自主的,尤其在政治上不依赖于任何派别,更不做政府的喉舌;媒体的运转是靠自己的有效经营,尤其是广告收入。同时,为了最大限度地保障新闻自由,新闻业应该通过"自治"来实现管理,而不是依赖其他权力的控制和约束。

新闻自由是社会民主的重要保障,是公民知情权和发表权实现的主要渠道。新闻专业主义要求媒体以新闻自由为精髓,推崇新闻发布自由和信息获取自由。自由的新闻界是人类社会永恒追求的目标,新闻专业主义主张新闻界通过自律努力向这一目标逼近。专业的新闻从业者应捍卫新闻自由精神,为公众提供尽可能详实、准确、客观、公正的报道,实现"为公众服务"的目的。而自由实现也需要新闻专业主义理想的护卫。

新闻自由在美国主要经历了两个阶段。第一阶段是 16 世纪至 18 世纪逐

步确立了一套新闻自由的理论体系和法律法规,新闻业将其付诸职业实践。自由主义新闻理论对确立、维护和发展新闻自由进行了理论探索,确立了一些保护新闻自由的原则,并认为新闻自由的基本内容就是新闻媒介要拥有出版权、采访权、发布权。第二阶段是20世纪中期社会责任新闻理论的提出。针对新闻业在职业实践中的种种不良倾向,社会责任新闻理论由传者自由转向受者自由,成为构建新闻职业规范的理论依据。

美国新闻自由委员会还提出了一系列措施,如建立一些公益性机构,建立高水平的研究、出版学术中心,建立独立的社会机构以评判并报告报刊的运作和表现,其目的就是帮助新闻业建立起一套完整的"公共服务"机制。

正是在社会责任论的推动下,新闻业的职业规范机制日趋成熟,形成了以新闻评议会和新闻批评刊物为主的自律机制。由自由放任转为自我约束,新闻自由理论体系的成熟过程也正反映了新闻业向专业化转变的自觉意识。社会责任论深化了新闻自由的内涵,为确立新闻专业主义的核心思想做出了贡献。

马克思曾说:"道德的基础是人类精神的自律。"这可以作为新闻从业者自律的理论解释。媒体为了享有更多的新闻自由、更好地为公众服务实现新闻专业主义,就需要从业人员以自律求自由,将职业角色内化为职业理念和精神,使每个个体能够在从业的过程中自觉担当社会道义和服务公众的责任,这样才可以为媒体赢得较多的弹性活动空间。专业化程度越高的行业,它的自律程度也就越高。在新闻专业主义理念的看护下,新闻工作才能够成为成熟的职业,媒体进而才能够按照一定的标准完成职业使命。

第三节　新闻专业主义理论面临的困境

新闻专业主义不是真空中的绝对存在,新闻媒体是一种意识形态的产物,它受制于国家和集团利益等因素的制约,新闻从业者的道德伦理也影响着新闻专业主义的实现。当政府、财团力量和社会需求超越专业理念、新闻价值要求和新闻职业精神的整合力量时,新闻专业主义就会在权力利益的诱惑下,忽视新闻的专业要求,呈现出新闻专业主义脆弱性的一面。

有学者认为:"在整个西方政治、经济、文化发展的历史进程中,新闻媒介既是历史的叙述者,又是现实社会的参与者。西方新闻界对媒介功能、媒介属性及因此而衍生的诸多操作层面的话语体系的解读,构成新闻专业主义。"①

一、新闻专业主义受到政府和统治集团利益的影响

国家和统治集团等政治势力对媒体的影响无处不在,媒体很难做到中立和独立。政党组织、政府机构为了达到利用媒体来进行宣传的目的,或者通过行政立法,或者采取经济施压,或者拉拢收买,不择手段地控制媒体以影响舆论,为自己服务。在政治的强力干扰下,媒体独立只能是一种幻觉。当面对正面报道时,媒体与政府的方向与目标易达成一致,而一旦遇到负面新闻时,两者的方向和立场往往会背道而驰,这时候,政治势力就会对新闻报道进行干涉和影响。阿普丽尔·奥利弗和杰克·史密斯因报道美国越战期间在老挝使用沙林毒气而遭到 CNN 的解雇,显然就是美国政府在实行间接控制。

"9·11"事件发生后,《纽约时报》发表题为"对领导的要求"的评论,批评布什迟迟不肯返回首都,把自己的安全置于国家安全之上,是一位不负责任的总统。随后,指责总统的记者很快便被老板解雇。在阿富汗战争开始之前,美国之音不顾国务院的警告,在新闻节目中播报了对塔利班领袖奥马尔的采访,结果美国之音电台台长及其主管领导——国际广播局局长被撤职。美国新闻媒体明显也是受控于政治利益集团的传播工具。2003 年,在美国出版的《新闻欺骗》一书中,作者鲍勃·康更是揭露说,很多媒体都在政治利益的驱使之下为公众"洗脑"。

在政府与新闻专业主义的关系上,两者之间并不仅仅是简单的控制与被控制的关系。一方面,政府企图以种种方式控制新闻;另一方面,新闻又不断地企图谋求"独立"。新闻业与政府之间实际上存在着一种"博弈关系"。有美国记者写道:"聪明的政府官员不能够'操纵'记者,聪明的记者事实上也不能够真的'打败'政府。从两方面来说,如果他们互相合作,而不是把对方当作'敌人',他们都会有更多收获。"②

其实,政府与媒体的联系是十分紧密的。政府需要媒介提供接近公众的渠道,而新闻媒介需要政府提供稳定的、合法的政治环境。任何形式的政权都不会放弃媒体,因为媒体意味着舆论的主导权,这与政治统治的要求相契合。再也没有什么东西能像媒体这样紧密地将政府与它的人民联系起来,如此快

---

① 侯迎忠,赵志明.西方新闻专业主义初探.当代传播,2003(4).
② 杨逍,周详.环球时报,2006-07-04(7).

捷地传播政治理念,灌输意识形态。

布什政府时期,美国联邦电信委员会的调查报告显示,美国国务院等20个联邦机构经常制作录像新闻稿,然后发给各地的电视台播出,用以宣传自己的政策。杰克·肯尼迪被称为第一位"电视总统"。没有电视,他不可能当选总统。"肯尼迪靠着自己的魅力、风格和敏捷,把政治和电视融为一体,赢得了全国知识界精英的一片喝彩。"①媒体蕴含着

图7-6 电视辩论中的约翰·肯尼迪器宇轩昂

强大的影响力,任何一位总统候选人都不敢不重视媒体的能量,而当他们中的一些人入主白宫后则更会意识到如果没有媒体的配合,联邦政府将寸步难行。

二、新闻专业主义受到资本集团和商业主义的影响

在西方,新闻业大多是私有的,商业巨头、金融寡头、媒体大亨等利益集团操纵着新闻媒体。资本势力对商业性媒体的控制,使媒体成为某些经济集团的利益代言人。媒体以"消费者至上"作为行动指南,受众在其眼中仅仅是"消费者"而已,他们的社会公众角色已然褪去。市场越是成熟,媒体受到资本力量的影响越大。

第二次世界大战后,美国经济飞速发展,商业财团的力量日益强大,媒体成了大公司和市场的操纵物。在美国,仅就报纸来说,收入的70%来自于广告。电视在这方面更是突出。而媒体对广告商的依赖,其实也就是对大公司的依赖。有事实表明,广告行业的收入来自生产大量消费品和提供消费服务的全国性大公司。广告商以及他们顶头的大公司通过控制财政渠道巧妙地控制了媒体。

进入20世纪80年代以后,美国新闻业逐渐向产业化方向发展,商业主义倾向更加严重。为追求商业利益,新闻业纷纷迎合受众偏好,节目的娱乐化、

---

① [美]戴维·哈伯斯塔姆.媒介与权势——谁掌管美国.尹向泽,译.北京:国际文化出版公司,2006:8.

低俗化倾向加剧,广告明显增多。将市场策略运用于新闻部门的"整合新闻纸"的做法成为潮流,席卷整个美国新闻业。这种做法将编辑、广告、发行、市场研究、促销全面统一在利润最大化的目标之下,使报纸最大限度地获得了经济利益。

20世纪90年代,西方新闻媒体盛行兼并、联合之风,利益集团的影响成为新闻业的主要控制体系。媒体独立于政府、公众、利益集团之外,已成为商业社会中的一种奢侈品。1996年,加拿大的三个头号报业集团(霍林格公司、汤姆逊集团、萨斯姆集团)控制了全国报纸72%的发行量。90年代后期,六家超大型媒介集团(时代华纳、迪斯尼、维亚康姆、新闻集团、贝塔斯曼和通用电气)控制了全美最有影响力的新闻、评论和提供日常娱乐的媒体机构。[1] 全球著名的大公司,包括通用汽车、英特尔公司等也大多数是有偿新闻的客户。为此,2002年春天,美国联邦电信委员会发布公告,要求广播电视媒体要明示哪些新闻获得了赞助,如果违反一次,最高将被处以3.25万美元的罚款。

财团及广告主掌握着媒体生存的经济命脉,在这种情况下,媒体代表公众利益、为公众利益服务,承担社会公器的责任,几乎变成了一种理想化的图景。福克斯电视台的记者史蒂夫·威尔森和简·阿克勒真实地报道了危及美国牛奶供应的因素,结果他们因为触犯了广告商的利益而被解雇。

少数新闻垄断集团凭借经济实力收买、兼并众多的中小媒体,导致了在一个地区或市场中竞争对手越来越少。同属于一个媒介集团的新闻媒体难以对新观点和多元信息保持开放,更难以反映丰富多元的社会价值和需求。从这个方面来看,"媒体市场的高度垄断影响了新闻舆论的自由化,妨碍了新闻来源的多样化,新闻自由成为寡头手中掌握的筹码,公众的新闻自由成为泡影"[2]。一旦新闻自由遭到破坏,媒体自然无法履行反映社会真相的责任,新闻专业主义也会因此而消解和受到侵害。

杜威在用哲学家的眼光审视现代传播的玄妙作用时,也一针见血地指出资本主义传播媒介的商业本质:"当时美国那些打着新闻自由旗帜的新闻媒介也同样为企业家的权力服务,使他们能够以自己的方式经营企业,牟取私人利润。"[3]

---

[1] [美]本·H.贝戈蒂克安.媒体垄断(第6版).吴靖,译.石家庄:河北教育出版社,2004:4-6.

[2] 孙利军.西方新闻自由语境中的"新闻专业主义".当代传播,2007(2).

[3] 徐耀魁.西方新闻理论评析.北京:新华出版社,1998:57.

三、新闻专业主义受到媒体老板和新闻从业者自身的影响

对于私营媒体,老板直接控制着媒体的运作方式,他的政治立场、价值取向、个性偏好都会体现在媒体的报道方针和具体的新闻活动之中。在媒体中工作的人,就算是总编辑,也都是为媒体老板打工的,都必须遵循媒体老板的意志。同时,媒体内部的新闻从业者作为新闻信息传播活动的发出者和把关人,他们的自身素质,比如新闻采写能力、事实真假的鉴别能力、抗拒外界诱惑的能力、对新闻职业道德的认同态度等也都会直接影响到新闻专业主义的实现。

默多克的新闻集团是当今世界上规模最大的综合性传媒公司之一,净资产超过 400 亿美元。新闻集团在全球范围内发行 170 多种不同的报纸,包括英国的《泰晤士报》《太阳报》,澳大利亚的《澳大利亚人报》,美国的《华尔街日报》《纽约邮报》等。新闻集团还拥有美国 FOX 电视网以及英国天空电视台、亚洲 STAR、亚洲卫视等的大量股份,在全球拥有 8 500 多万卫星电视网用户。如此庞大的媒体王国也必须听从传媒公司老板。

默多克当年成功收购《纽约邮报》之后,随即拿起即将出版的报纸大样大改标题,报纸编辑们刚提出质疑,默多克就当场发火:我买了这张报纸,听我的还是听你们的?默多克收购《华尔街日报》的时候,澳大利亚记者艾里克·埃利斯撰写了有关默多克第三任妻子邓文迪的报道:《邓文迪·默多克:帝国背后的女人》,这篇报道完成后即被封杀,后来好不容易在几家网站上露面,但也迅速销声匿迹。

2000 年,《纽约时报》发表了一篇被白宫描述为"爆炸性的几乎是歇斯底里的调查报告"来反对美国华裔科学家李文和。这篇报道导致了李文和九个月的无辜监禁。对李文和的遭遇,本应该负全部责任的《纽约时报》只是发表了一封道歉信了事。《纽约时报》之所以会出现这样的报道,完全是西方媒体老板和从业者的"刻板成见"造成的。

新闻从业者对新闻专业主义的影响主要表现为"失律"现象,也即"自律"的缺失。一方面,商业主义的影响使得部分媒体的部分从业人员把一味追求利润看得高于对社会应尽的职责;另一方面,被冠以"无冕之王"的新闻从业者权力自我膨胀,新闻自由也存在着被滥用的情况。"谁来监督媒介与媒介工作者"在传媒界仍然是一个没有完美答案的问题。

意大利著名记者法拉奇曾被西方誉为"20 世纪后期世界历史的见证"。

然而，她在采访世界政要时也并没有做到客观公正，而是带着意识形态的偏见去采写对西方"不友好"的国际政要。在她的笔下，越南常胜将军武元甲被丑化为有着"令人兴味索然的面目：大嘴巴、小牙齿、扁鼻子、大鼻头、一头黑发几乎罩住了半个脑袋，前额消失在黑发中"。巴勒斯坦抵抗运动领袖阿拉法特也只不过是一个"五短身材之上是一个戴着头巾的小脑袋"的人。①

2003年4月，《纽约时报》记者杰森·布莱尔被曝"大肆编造独家新闻"，造成该报陷入152年历史上的"最低点"。据调查，这位曾被称为报业"后起之秀"的记者，从2002年10月到2003年4月间，所写的76篇报道中有36篇存在捏造、抄袭以及报道与事实有出入等问题。他不仅多次剽窃其他记者的文章，杜撰报道中的直接引语，还谎报自己的发稿地。最离谱的是，尽管布莱尔根本没有前往被解救女兵杰希卡·林

图7-7 造假记者杰森·布莱尔

奇的家进行现场采访，他却"创造"出了五篇有关林奇家的报道，此事成为《纽约时报》创刊以来曝出的重大丑闻。结果，布莱尔被解雇，《纽约时报》时任总编辑杰拉德·博伊德和执行总编辑霍威尔·雷恩斯双双辞职。《纽约时报》发行人兼《纽约时报》公司董事长小苏兹贝格在宣布人事变动的新闻会议上对职员无奈地说："这是令我心碎的一天。"

四、新闻专业主义遭受的道德困境

新闻专业主义是指媒体和从业人员对新闻事业的态度和职业信念。它有两个最重要的特征：中立性和客观性。在突发新闻事件面前，记者是遵从新闻专业主义的要求进行冷静的采访报道，还是履行一个公民的道义责任，比如参与到事件中去等，这其实是新闻职业内在的一种矛盾，就如同社会上的灾难事件永远是记者追逐的好新闻一样。国外学者把这种矛盾概括为"记者职业价值观与社会道德观的矛盾"。面对这种矛盾，西方很多记者选择了自己的职业角色，他们因此而留下了精彩的报道，但也成了新闻伦理课堂上争论不休的话题，甚至有些人在道德的谴责中还放弃了自己的生命，被迫远离了自己所热

---

① 骆正林.新闻理论教程.北京：北京大学出版社，2010：294.

爱、所奉献的新闻事业。

美国著名战地记者爱迪·亚当斯的照片《枪杀越共》以一种赤裸裸的暴力形式传达了战争给个人和社会所带来的创伤，为美国反战主义者提供了最为有力的视觉化证据，并获得普利策新闻摄影奖和世界新闻摄影比赛大奖，但是这幅照片却使亚当斯饱受痛苦的折磨。人们指责亚当斯，认为他

图7-8 凯文·卡特的《饥饿的小女孩》

当时不应该抓拍这一残酷的场面，而应放下相机阻止屠杀发生。在很长的时间里，亚当斯不敢去看自己的这幅作品，并且毕生都在寻找为战争创伤赎罪的机会。也正是因为这幅照片，在当地本来很受欢迎的警官娄不得不移民美国开了一家小店谋生，但人们去他的小店不是为了买东西，而是为了去看看这个著名的刽子手。这些现实折磨着亚当斯，他挖苦自己说："两个人的生命因此而毁掉了，而我因此获了奖，我可真是个英雄。"他一度甚至想通过退回奖励来减少心中的罪恶感。2004年9月，爱迪·亚当斯依旧带着这种忏悔在纽约去世。

无独有偶，南非记者凯文·卡特以一张《饥饿的小女孩》获得1994年普利策新闻特写摄影奖。随着照片在《纽约时报》上发表，舆论四起，人们纷纷对拍摄者进行谴责，质疑身在现场的凯文·卡特为什么不去救那个小女孩，就连凯文·卡特的朋友也指责说，他当时应当放下摄影机去帮助那个小女孩。3个月后，即1994年7月27日夜里，警察在南非东北部城市约翰内斯堡发现了凯文·卡特的尸体，他将自己关在充满发动机废气的密闭车厢里，窒息死亡，结束了34岁的生命。虽然凯文·卡特的死与这一时期他在爱情上连栽跟头、经济拮据，并且因目睹苏丹饥饿的人群而精神受到刺激、摄影密友在工作中被枪杀、工作时丢失了一包未冲洗的胶卷等综合因素有关，但是这张照片给他带来的矛盾和痛苦应该说也不无关系。

"在坚持报道新闻和实施人道主义援助之间，爱迪·亚当斯和凯文·卡特选择了新闻专业主义，他们的报道震惊了世界，甚至影响了历史，但他们自己却因此而承担了无尽的道德谴责和心灵煎熬！事实上，西方记者对新闻专业主义情有独钟是与欧美等国家的立国理念、对新闻事业的制度安排以及由此

形成的新闻人的职业信念密切相关的。"①因为在他们看来,只有进行报道才能显示记者和新闻事业存在的意义;面对战争、动乱等灾难,记者个体现场的任何努力,都比不上向世界报道真相更有价值。

从以上的分析可见,新闻专业主义的实现是一个极其复杂的过程,它实际上是政治、经济、社会各种力量之间的博弈,其实现程度取决于社会、历史环境变化中多方博弈者力量的消长。同时,在一定程度上,它也体现了社会对新闻媒体的角色认同与制度安排。正如我国学者陆晔所指出的:"新闻专业主义包括一套关于新闻媒介的社会功能的信念,一系列规范新闻工作的职业伦理,一种服从于政治和经济权利之外的更高权威的精神,和一种服务公众的自觉态度。新闻专业主义是一种社会模式,即与市场控制和政治控制相区别、以专业知识为基础的职业社区控制模式。"②

因而,新闻专业主义的健康发展和维系是需要传媒人、公众、政府、企业等所有社会力量集体维护的。作为打造公信媒体最重要的行为主体,传媒人从事传播活动的根本价值判断首先应该是公共利益,应该以关注广大公众为根本,抑制"星、猩、性"等低俗信息。公众作为公信传媒的社会基础,应当监督和促进媒体的健康运行,通过舆论引导使传媒坚持遵循公信原则。政府作为公信传媒的重要影响源,应发挥主导功能支持新闻专业主义实践,激励媒体更好地服务于公众利益。企业等市场力量作为市场新闻业环境下影响公信传媒的经济要素,应当和媒体达成良性互动,相互促进彼此的健康发展,两者须臾不可离。没有市场化的经济独立就没有媒体的生存独立,没有公信力的媒体也无助于市场的完善和社会的进步。③

当今,网络媒体提供了前所未有的自由获取和传播信息的权利。新闻专业主义的理念和实践在当代正面临着一系列新的阻碍和矛盾。"新的传播语境召唤着新闻专业主义的新一轮赋权和转向:这主要体现为传统新闻业的集体转型、专职新闻工作者身份的重构、新闻价值标准以及新闻伦理的重建。"④

---

① 王冬冬.新闻专业主义的"道德困境".传媒观察,2008(7).
② 王冬冬.新闻专业主义的"道德困境".传媒观察,2008(7).
③ 石长顺,景义新.市场新闻业环境下的新闻专业主义坚守——从《世界新闻报》"窃听门"谈起.媒体时代,2012(1).
④ 刘丹凌.困境中的重构:新媒体语境下新闻专业主义的转向.南京社会科学,2012(2).

第四节　新闻专业主义理论的历史评析

新闻专业主义产生于西方新闻业长期发展的过程中，服务公众和客观、中立是其核心理念。在现实过程中，这些基本原则经常受到政府、政党的控制和调控以及各类利益集团与广告商的影响。但是，不管怎么说，新闻专业主义的发展和普及的确为新闻工作者提供了一个可以操作的职业判断标准，在一定程度上保证了西方媒体的职业道德，维护了媒体的尊严。因此，新闻专业主义也成为西方媒体通行的基本新闻价值观。

一、坚守新闻专业主义有助于提升媒体的公信力和社会地位

新闻专业主义是一套话语，提供了一种规范和操作标准，阐述的是媒体的社会功能、新闻从业者的角色及专业操守。新闻专业主义也是基于新闻是一种为公众服务的行业的价值判断，倡导新闻从业者践行的职业观念、职业态度、职业情感，以及一系列职业规范。新闻专业主义作为新闻职业理念的核心和向导，赋予了新闻从业者类似医生、律师、建筑师的职业形象，标志着新闻工作成为自觉的、有内在规范和专业诉求的职业。因此，新闻专业主义也成为新闻行业的立身之本。新闻工作者将这些专业的规定内化为对自己的约束，强调自己是公共利益的保卫者，是追求真理、追求正义、服务社会的信息提供者，从而推动了社会的发展，也树立了媒体的职业形象。

《世界新闻报》这家闻名世界的百年小报，因窃听丑闻结束了长达168年的历史。据报道，该报社窃听的受害人多达4 000余人，不仅包括社会名流，还涉及普通人。这种置公共利益于不顾，一味追求所谓的轰动效应，以赚取眼球的做法严重违背新闻专业主义的要求，最终只能落得关门的下场。但是《纽约时报》、《华盛顿邮报》、《泰晤士报》、BBC、NHK等一批独立运行的新闻媒体，在市场大潮的冲击下努力践行职业操守，在对一些重大事件的报道中为当代信息全球化、多元化环境下新闻专业主义的坚守树立了榜样。

2011年，面对具有毁灭性的大地震，无论是NHK在演播室播报新闻的主播们，还是奔赴一线采访的记者们，都表现出了高度的新闻专业主义水准。即使是在余震的摇晃中，新闻主播仍头戴安全帽端坐在演播台前，沉着冷静地

图 7-9　NHK 主播戴安全帽进行地震报道

播报地震新闻和紧急预防伤害的知识,成为新闻专业主义精神的高度体现。NHK 在地震报道中,没有出现一般电视媒体中常见的死伤惨重的画面,也没有刻意渲染灾区人民痛不欲生的场景。这些毫不煽情的报道成就了 NHK 记者的卓越表现。在这些优异表现的背后,其实就是以公共服务为宗旨的新闻专业主义理念和精神。

二、新闻专业主义强化了媒体作为第四权力的制衡作用和合理性

孟德斯鸠在他的著作《论法的精神》中,系统阐述了"三权分立"思想。他提出,要保障公民的政治自由,就必须实行"三权分立"和"制衡原则",并从三权分立原则出发,阐述了言论自由对于维护资产阶级政权的极端重要性。

约翰·弥尔顿和洛克等自由主义思想家认为言论自由是公民与生俱来且不可剥夺的权力。自由的报刊一方面可以起到告知公民的作用,保证其言论自由;另一方面又可以作为公民言论自由的载体。这样,报纸就获得了代表民意的功能和权力,成为分立的三权之外的另一种权力。

新闻专业主义强调客观公正地报道事实,做民意的载体,以服务公众为己任,有一套关于专业地位与规范的理念,确立了新闻行业特殊的社会地位,也获得了民众的充分信任。同时,在职业社会学的话语体系中,新闻媒体的职责被认为是追求事实的真相,新闻界应该成为一个自由的独立领域。这样,在专业新闻机构的组织和管理之下,掌握专业知识和技能的职业新闻人就可以将

被普遍认可的新闻价值标准作为工作尺度,并以新闻伦理为基本的精神指向和道德规约,保证新闻生产的专业性和独立性,亦即新闻的真实性、客观性,以维护公共利益。这也使得新闻媒体能够更好地重塑公共领域,化解市场、社会、国家或政府间的冲突,在社会权力系统中发挥平衡权力的重要角色,强化媒体作为第四权力的合理性。"与功能主义者不同,在社会互动论者眼里,专业主义并非是一套实现某种社会整体功能的'规范价值体系',而是一种'职业权力的意识形态',是职业共同体追求自治实践权力的修辞学。"[1]

在新闻专业主义话语诞生的初期,它就具有权力的双重性。一方面它是政治权力对媒体进行规训的权力话语;另一方面它也是新闻业为回应政治和商业权力而界定的关于媒体独立性和公正性的职业伦理,以提升新闻界在国家和公共领域中的地位。由此可见,新闻专业主义作为职业伦理,是职业控制的一种方式,以便促使媒体为公众提供公共性的服务,同时也是一种媒体获取独立性和社会地位的权力策略。

当然,专业权力只是现代社会各种权力中的一种,媒体及其从业者的专业权力,也只是各种专业权力中的一种,和所有的权力一样,它同样面临着和其他权力的关系问题,并存在一个相互监督和制约的问题。

三、新闻专业主义是一种对理想新闻业的追求和信仰

新闻专业主义是一种独立于任何权威之外的新闻从业理念,规定着新闻行业的职业标准、态度和行为。它要求新闻工作者对新闻事件进行客观、准确的报道,将事实完整地传递给受众。新闻专业主义近乎一种绝对价值,其本质是一个职业团体对自己职业规范、职业理想的申述和维护,带有一定的理想主义色彩和强烈的反权威精神,是一种对理想新闻业的追求和信仰。

如前所述,新闻专业主义受到多种因素的制约和影响。新闻专业主义的理想是美好的,但是新闻专业主义的客观、真实、中立、责任的理念具有相对性和模糊性。在实践过程中,新闻专业主义与生俱来的理论与实践困境始终伴随左右,新闻的绝对客观真实性在记者作为个人的实践过程中,是没有办法做到的。而且,新闻报道也不可能是完全中立的,毕竟新闻不同于自然现象,它是新闻工作人员对客观事实进行高度选择后的解释。西方学者通过大量的调

---

[1] 芮必峰.新闻专业主义:一种职业权力的意识形态——再论新闻专业主义之于我国新闻传播实践.国际新闻界,2011(12).

查也发现,媒体的某些新闻并没有对事实进行客观报道,而是存在一定的偏见。

20世纪80年代以来,随着媒体竞争的日渐加剧,为了商业利益,违背专业主义规范、不负责任的新闻报道频频出现,西方各国新闻专业主义的缺失现象越来越严重,新闻伦理明显滑坡。美国宾夕法尼亚州立大学传播学院院长道格拉斯·安德逊教授曾指出:"长时间以来,新闻在美国得到了最大限度的保护,是世界上最自由的,但对这个扩张的自由的挑战一直是存在的。尖锐的批评矛头指向近来媒体惹人注目的伦理道德的偏失。"[1]北卡罗来纳大学的赵心树教授也认为,美国新闻传播教育近20年来最显著的两大变化之一就是对新闻职业道德和职业伦理的重视。1977年,全美200多个新闻及传播专业中只有68个开设有新闻伦理科目,但是到20世纪90年代初,美国高校新闻院系中50%以上均开设新闻伦理学课程。与此同时,新闻伦理问题研讨会日趋增多,专门研究新闻伦理问题的学术研究中心也应运而生。新闻伦理教育的兴起也从一个侧面反映了新闻专业主义实践的艰巨性和复杂性。

媒体从业者实践新闻专业主义的行动处于多重权力的张力之中。这些权力可以分为国家的监管、商业组织的公关、公众群体以及私人的关系等。"新闻专业主义基本上是在媒介与政府、公众、工商界共同构成的关系架构中发展的。这几种力量的消长、博弈,使得不同时期的新闻专业主义的理论与实践凸显出不同的特质。"[2]在建构主义的逻辑和视角下,新闻专业主义就是一种组织和制度层面的"框架",它也是在一定的社会结构中产生出来的。任何权力的变化都会给新闻专业主义带来影响。所以,从实践上来看,新闻专业主义是一个可望而不可即的神话,在任何国家都是不可能完全兑现的,即使像《纽约时报》这样老牌的权威报纸,也不可能始终如一地坚守。尽管如此,新闻专业主义的发展和普及确实在一定程度上为新闻工作者提供了一个可以操作的职业判断标准,为新闻业的发展指明了方向。

新闻专业主义在不同国家、不同制度下的要求是不一致的,没有一个完全统一的标准和模式。新闻专业主义在西方资本主义土壤中产生,有着特定的语境,其中包括在市场经济环境中独立自主的传媒、自由民主的政治体制和服务行业的专业化等。因此,陆晔和潘忠党指出,"它是商业媒体赢利和服务公

---

[1] 孙利军. 西方新闻自由语境中的"新闻专业主义". 当代传播,2007(2).
[2] 张军芳. 新闻专业主义是如何可能的——新闻专业主义在美国的兴起与发展. 中文自学指导,2005(5).

众利益这两个动因之间的矛盾和张力的产物","由于个人与群体利益之间,经济与政治之间,公众利益与经济和政治领域不可避免的局部利益之间的张力与矛盾,专业化——专业主义的健全及内化——必然是不停歇的过程,是社会建构的持续性项目,以对这些张力与矛盾在变动的历史情境下不断做出调适"。① 这表明了新闻专业主义发展的一个突出特点,也揭示出了新闻专业主义历经多次危机而不灭的重要原因。

【资料链接】

《传者图像:新闻专业主义的建构与消解》(黄旦,2005)一书以新闻专业主义为视角,透视了西方有关传播者的研究及其理论,认为新闻专业主义的确立、怀疑、批判乃至修补,是传播者研究的基本取向和内在历史逻辑。该书主要内容包括西方新闻专业主义观念及其新闻生产范式的确立、新闻专业主义范式面临的内外部压力、从不同理论视角对于大众媒介的生产及其权力的揭示等。该书为国内第一本对西方传播者关于新闻专业主义的研究及其理论进行系统解读和分析的专著。

【拓展训练】

1. 试析新闻专业主义与新闻伦理的关系。
2. 请你谈谈对"先救人还是先拍照"争论的看法。
3. 试论坚持新闻专业主义的现实意义。
4. 新时期影响新闻专业主义的因素有哪些变化?
5. 新闻专业主义如何应对新媒体快速发展带来的挑战?

---

① 陆晔,潘忠党. 成名的想象——中国社会转型过程中新闻从业者的专业主义话语建构. 新闻学研究(台北),2002(71).

下篇：新闻业务理论

What's New

Mike Pride elected Pulitzer Prize administrator

Mike Pride, the former editor of the *Concord Monitor* who led his small New Hampshire newspaper to national prominence and served as co-chair of the Pulitzer Prize Board, has been named administrator of the Pulitzer Prizes.

The appointment, effective Sept. 1, was announced by the Pulitzer Board and by Lee C. Bollinger, president of Columbia University, where the prestigious prizes in journalism, letters, drama and music are administered.

Pride succeeds Sig Gissler, 78, former editor of *The Milwaukee Journal* and Columbia Journalism School faculty member, who will retire Aug. 1 after 12 years as administrator.

第八章　新闻价值理论

【情境导入】

2001年"9·11"事件发生的第二天,世界各国主流报纸几乎清一色地将这一恐怖袭击事件置于头版头条的位置,并配以大幅图片。媒体为什么会不谋而合?这就是新闻价值规律的作用。新闻价值是新闻工作者选择和衡量事实可否成为新闻的重要标准,是事实本身具有的能够引起大多数人兴趣的各种要素的总和。准确、及时地发掘和判断某一事实的新闻价值,是优秀记者必备的基本素质之一。

【学习要点】

1. 传统新闻价值理论的主要内容
2. 新闻价值理论的当代发展
3. 新闻价值理论的历史评析

新闻价值理论(News Value Theory)是新闻工作者在新闻活动中确定什么是新闻、如何取舍剪裁新闻乃至如何报道新闻事件的基本准则。它是在长期的新闻实践过程中逐步形成的。随着研究的不断深入以及新闻活动的日益复杂变化,新闻价值理论也在不断发展和完善,成为几乎包含了新闻学一切问题的一个相当庞大的体系。[1]

---

① 刘建明.当代新闻学原理.北京:清华大学出版社,2003:176.

第一节 新闻价值理论产生的过程

新闻价值理论形成于20世纪20年代前后新闻传播从政党报刊进入大众报刊的时代。新闻界把新闻内容同读者的要求紧密联系起来,为新闻价值理论奠定了基础。学者们从理论角度或实践角度对新闻价值的内涵进行了多方面的阐述和分析。

一、新闻价值观念的最早出现

在世界上第一张日报出现以后,媒体就不得不在每日每刻发生的层出不穷的新闻事件中,挑选出数目有限的新闻来报道给读者。这也就涉及了新闻选择的标准问题。

1690年,德国人托比亚斯·朴瑟提交了新闻史上第一份关于报纸的论文。他认为,为了在数不胜数的新闻事件中做出选择,就应该把那些值得记忆和知晓的事件挑选出来加以公开报道,而异常性和重要性是选择新闻的两条主要标准。这是世界新闻史上最早提出的新闻价值观念。后来,德国学者卡斯帕·斯蒂勒在1695年又明确提出了新闻事实的新鲜性、接近性、显要性及消极性特征。

二、大众化报刊催生新闻价值理论

西方新闻价值理论的真正形成,还是伴随着美国政党报刊的逐渐衰落、大众报刊的蓬勃兴起而发生的,是美国大众化新闻事业发展的一个产物。

19世纪初至30年代,美国社会开始走向繁荣。各种发明和机械生产大量出现,工业革命的新机器改造了国民经济;移民大量增加,产业工人队伍迅速壮大,工厂和工人集中的大城市不断兴起;教育的普及和经济的改善使民众的新闻消费能力大大加强。随着城市的兴起、通信工具的发达,利用电力做动力快速传递新闻和大规模发行报纸成为可能,报刊印刷的成本大幅度降低,新闻采集进入了成熟期。一种"新式的新闻事业"很快出现,改变了报纸的性质和外观。于是,大众报纸应运而生。

1833年9月3日,《纽约太阳报》创刊。该报售价低廉,仅1美分1份。报道内容主要是新闻,多取材于无足轻重的琐事,但读者却极有兴趣。在6个月内,销售量已达8 000份左右,几乎两倍于竞争者的发行量。报纸的廉价和新闻的趣味性,体现了便士报的商业性。"人情味"是《纽约太阳报》的又一特色。编辑们喜欢用赚人眼泪的手法,在满纸无聊的废话里掺和一点幽默,引起读者的关注。这些因素和趣味性一样体现了编辑记者对新闻价值的思考。

便士报的先驱们发现了新闻价值所在,但体现这些价值的规则当时仍处于形成过程中。"若要生存,就得猜测新的规则是些什么,而且须在大多数情况下都猜得对。形势要求你根据健全

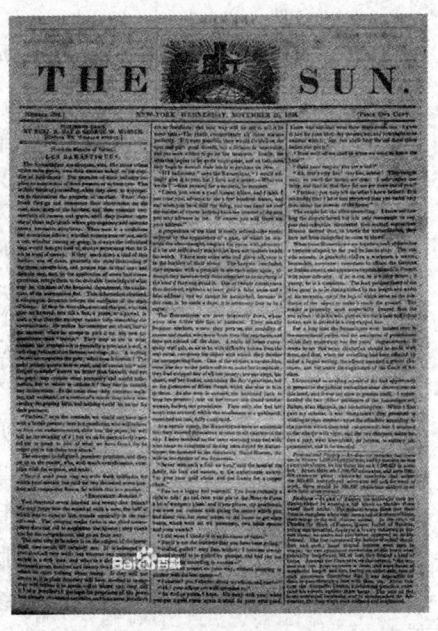

图8-1 《纽约太阳报》封面

的常识做出警觉和敏捷的反应;因为需要采取的方针在今天来看是十分明白的事,但是在当时是一片朦胧、捉摸不透。"①

这一时期,办报纸、办刊物如同办工厂、办企业一样,都是为了赚取最大限度的利润;报纸及其新闻像制造其他商品一样被大规模地"制造"出来。有些办报人已经很懂得新闻作为一种商品所具有的价值,为了最大限度地吸引读者、占领读者市场、获取最大利润,他们抛弃了一党一派的新闻价值观念,转而采取读者普遍认可的新闻价值观念。党派报纸开始走向衰落,确定新闻价值标准的使命就这样被历史性地提上了议事日程。

正如休曼所说,大众化报纸时期,报纸已深入街巷,人人都知道报纸刊登消息的天职,商业报纸"最大目的是赚钱",要靠广告,"阅报者众,则告白不求自至";"报馆之记者,须由经验而知读者所嗜之为何。苟不足以应读者之求,则某报立败"。② 不符合读者要求的报纸是办不好的,符合读者的要求就是一种价值,休曼就是抓住了新闻价值的这一根本属性。

---

① 刘建明. 当代新闻学原理. 北京:清华大学出版社,2003:174-175.
② 徐培汀,裘正义. 中国新闻传播学说史. 重庆:重庆出版社,1994:285.

三、新闻价值理论的真正形成

随着资本主义报业的发展,为了满足读者的"乐闻",以达到报纸的商业化目标,报人越来越重视读者的感官效果。新闻价值理论渐渐完善,自身的体系也越加丰富起来。

1892年,美国学者朱莉安·拉弗首次运用"新闻价值"这一术语。[①] 日本新闻学者松本君平在1899年出版的《新闻学》一书中提出了"新闻纸之价值"的说法。该书是作者考察美国和西欧报界后写的,所以"新闻纸之价值"的提法很可能是欧美新闻记者的"口头版本"[②]。

美国在1903年出版了休曼的《实用新闻学》一书,多处涉及新闻价值问题,并且作者认为记者判断采访来的事实材料的价值要注意报道的适时、对事实的兴趣、令人惊奇的事件这三点,可谓新闻价值的"三元素说"。

沃尔特·李普曼在其1922年出版的名著《舆论学》中也提到"新闻价值"这一概念,他明确提到突发事件、地缘接近性、个人影响与冲突等新闻价值要素。

20世纪60年代,西方学者再一次掀起了探讨新闻价值观念的高潮。其中,对后来研究颇具影响力的是约翰·格尔腾和玛丽·鲁基。他们考察了"事件"变成"新闻"的奥秘,并罗列了新闻的12个要素:频率、门槛、无歧义、有内涵、吻合、出乎意料、连续性、构成性、涉及重要国家、涉及重要人物、涉及人事、涉及负面影响。至此,在西方新闻从业者和新闻学者中,新闻价值理论和新闻价值标准开始明确地形成。

第二节 新闻价值的构成要素

西方学者对新闻价值理论的研究是从探讨构成新闻价值要素入手的,它是新闻价值得以存在的基础。新闻价值离开了内容要素的支撑就无法通过传播活动满足媒体受众的社会需要,选择新闻的标准就是要看客观事实中具有

---

① 张威.比较新闻学:方法与考证.广州:南方日报出版社,2003:180.
② 刘建明.当代新闻学原理.北京:清华大学出版社,2003:170.

哪些新闻价值要素。因而,传统新闻价值理论的主要内容就具体表现为新闻价值标准或新闻价值要素。

关于什么是新闻价值,德国学者迈克尔·昆齐克认为:"新闻价值就是选择新闻的标准。"①麦尔文·曼切尔认为新闻价值标准就是"决定事件或观念具备新闻价值的因素"②。密苏里新闻学院写作组则认为,新闻价值标准是"指历代新闻工作者用以判断什么样的事实能构成新闻以及衡量什么样的新闻报道胜过另一些新闻报道的尺度"③。在这里,标准或要素实质上是指同一内容,只不过是从不同方面而言。要素是指事件具备新闻报道价值的主要因素,是就事实本身而言。标准是指进行新闻报道时对新闻事件进行选择的主要依据,是就新闻传播者而言的。

对于新闻价值要素所涉及的具体方面,不同学者的见解各不相同,有的认为是五要素,有的认为是七要素,还有的认为是八要素甚至更多。其中,七要素说可以说是对西方新闻价值核心要素的概括。

一、重要性

重要性是指事实内容的重要程度,以对受众和社会产生的影响为尺度。约斯特说:"报纸的责任是刊登重要的新闻,同时为了它自身的利益,又得在不违反报纸本性的范围内,尽量刊登吸引大众的新闻,但什么才是重要,什么才有吸引力? 这个问题要由编辑的判断来决定。他必须永远在时间和空间的压力下执行此项任务,外来或内在的任何势力都不能影响此种判断。这种判断决定于普通的新闻价值。"④

德弗勒和丹尼斯从新闻报道的角度将重要性改为影响力,认为某一事实的影响力同它发生作用的范围大小成正比。换一句话说,某一事实与越多的人有关系,这种关系就越大,就越具备影响力和重要性。事件影响力的大小取决于对多少受众有影响,对受众有多少直接影响,是否会立即产生影响。⑤

---

① 陈霖. 新闻学概论. 苏州:苏州大学出版社,2007:49.
② 刘建明. 当代新闻学原理. 北京:清华大学出版社,2003:191.
③ [美]密苏里新闻学院写作组. 新闻写作教程. 北京:新华出版社,1986:2.
④ [美]卡斯帕·约斯特. 新闻学原理. 北京:中国人民大学新闻系,1960:43.
⑤ [美]密苏里新闻学院写作组. 新闻写作教程. 北京:新华出版社,1986:6.

重要性因人、因时、因事而异。判断事实的重要性,需要与公众的切身利益相关联,与公众利益关联度越大,内容就越重要;与公众利益关联度越小,则越不重要。同时,还要从社会历史发展的角度来分析,事实的重要性在不同的社会发展阶段,以及在不同区域条件下的具体表现各不相同。判断事实的重要性必然要结合时代与地域的具体实际,不能简单地一概而论。当然这其中也存在着共性,比如对危及和损害人的生命和财产的新闻内容无疑在任何情况下都是重要的,这也是各类突发性自然灾害、事故灾难、公共卫生和社会安全等事件成为重要新闻的原因所在。

二、及时性

及时性就是指事件刚刚发生或最近发生所具有的特点。"无论一个新闻事件具有多么重要的意义,涉及多么重要的人物,其新闻价值是随着时间流逝而递减的。"[1]新闻内容越新鲜越好,新闻报道越及时越好。西方新闻界流行过一句格言:"死得不能再死的是昨天的报纸","或是一小时前的广播、电视新闻"。及时性反映了构成新闻信息的事件发生时间与新闻传播时间之间的关系。时效性这一新闻价值要素既体现了受众对于媒体在时间要求上的迫切意愿,又反映了处于市场竞争中媒体在争抢新闻上的需要。

西方新闻界认为,及时性之所以是新闻价值必不可少的标准之一,是因为:首先,新闻是高度容易腐烂的商品,人们对新闻的消费是即时的。新闻变成了旧闻,就失去了价值。其次,新闻媒介有义务让读者、听众、观众随时掌握事态的发展,使人们能够对生活和环境应对自如。

另外,西方新闻界还把及时性看作是西方民主的要求。曼切尔指出:"人民需要及早知道官员们的活动,以便正确评估地方和国家官员所做的决策。公民在获知他们被领向何处以后,就可以在事情变得不可收拾以前有机会做出反应。在极端的情况下,公民可以罢免一个无能或腐败的官员。作为政府官员来说,他们也要求尽快发布信息,以便能及时得到公众的反馈。"[2]正因为如此,西方新闻媒介、记者编辑把抢发早新闻、新新闻作为每日每时的头等大

---

[1] [美]麦尔文·曼切尔. 新闻报道与写作. 艾丰,编译. 北京:北京广播出版社,1981:66-67.

[2] 徐耀魁. 西方新闻理论评析. 北京:新华出版社,1998:138.

事。西方新闻媒介如日报忌讳出现"昨天"的字样,广播、电视新闻则每日每时强调"最新发展"。

当然,西方新闻界的一些有识之士也认识到,及时性虽然重要,但并不能代表一切。及时性还要结合其他具体情况来看待,比如报刊记者不能指望与电台的同行们在时效上竞争等。如今,随着新兴传播技术的运用,广播电视和互联网、手机等媒体形成以时、分、秒为周期的传播时效,新闻的实时直播已使时效性达到了最高,成为媒体普遍热衷的报道方式。

三、接近性

接近性是指新闻事实内容与受众之间的关系强弱。接近性反映的是新闻内容与受众感知和需要之间的接近程度。新闻的接近性越强,越能够引起受众的共鸣,进而可能对受众产生影响的程度越大,其新闻价值就越高。

这种接近性最初主要指事件发生地与受众的空间距离,后来逐步扩展为事件性质与受众的社会角色、心理感受和利益需要等方面的同质性或接近性。西方新闻界认为,人们一般容易对发生在身边的事情感兴趣并受到感染。他们提出了这样一个公式:某个遥远的国家因洪水死亡上千人的新闻价值相当于美国边远地区淹死上百人的新闻价值,又相当于本州内淹死十人的新闻价值,还相当于本地淹死一人的新闻价值。

正是在这种新闻价值观的支配下,媒体越来越热衷于制作"落地新闻",即如果其他地方发生了令人关注的新闻事件,那么在当地是否也会发生性质类似的事件,或针对当地社会对事件的相关反应进行报道。这种"落地新闻"考虑的就是如何使新闻报道在地理空间上或心理感受上与受众接近,以增强报道的新闻价值。

四、显著性

显著性是指新闻事实涉及非常引人注目的事件和人物,特别是知名人士和机构。公众知名度越高的人物、地点或事件,其新闻传播的社会关注度也越高,新闻价值也就越大。

"名人出新闻"这种价值观,在西方新闻界十分流行,总统及其夫人的活动、亿万富翁的行止、影视明星的言行,甚至江洋大盗、娼馆名妓都会成为媒体追逐的对象。名人的趣闻轶事、桃色新闻乃至酗酒吸毒,甚至可以用来在媒体开设话题专栏。在美国最著名的是总统,他一感冒,证券市场跟着颤抖,他去钓鱼,用的鱼饵也被细加描写。大名鼎鼎的人、声名狼藉的人都会因能引起受众的极大兴趣而被媒体极力报道。

图8-2 英国前首相撒切尔去世

对于大众而言,显著性实质上是建立在前期传播效果基础上的累积效应,因为知名度的形成离不开大众传播的作用,公众正是在长期接受媒体信息及其议程的过程中,形成了对社会事物显著性的认知、判断和记忆。显著性这一要素在新闻传播过程中,通常都会与以往发生过的事件相联系,以帮助人们进一步加强对事件的理解和关注,媒体报道中广泛采用的"新闻链接"方式,就是出于提示和强化新闻显著性的考虑,使新闻价值更好地得到体现。

五、异常性

异常性是指事实涉及明显偏离常规和日常经验的内容。"狗咬人不是新闻,人咬狗才是新闻",便是对异常性的典型注解。西方也有着"越是坏消息,越是好新闻""越残酷、越罕见的事情越适于做新闻"等观点。某些西方新闻媒介片面追求异常性,或捕风捉影,或耸人听闻,或低级趣味,致使天灾、人祸、怪异等报道常充斥报端。

西方新闻界认为,异常性之所以构成衡量新闻价值的标准,是因为追求离奇是人类的本性,可以满足人的好奇心,也可以丰富人们对世界的认识。人类就是在不断追求新知与解释异常现象中发展、前进的。同时,人们也需要通过获知异常事件来消遣、娱乐、减轻压力。

图8-3 日本东电社长下跪谢罪，福岛灾民冷眼以对

六、冲突性

冲突性是指事实中所反映的人们或机构之间相互的交锋。西方新闻界认为，"和平等于平淡，而竞争就有了新闻价值"。冲突的表现形式多种多样：有的表现为人体之间的直接较量，如文艺比赛、体育竞技、战争交锋；有的表现为人们智力之间的交锋，如政治谈判、外交斡旋、国际争论；有的则表现为经济、社会的风云突变，如贸易摩擦、商品大战、媒介竞争等。

图8-4 乌克兰示威者朝警方喷射催泪瓦斯

七、趣味性

趣味性是指新闻内容包含妙趣横生或能够引起受众兴趣的事实，包括软事实、反常事实、冲突性事实、娱乐性事实、新闻中的幽默等。趣味性新闻主要可以

分为以下几种类别：(1) 犯罪新闻，特别是令人毛骨悚然的凶杀案；(2) 灾难和悲剧新闻，报道自然界和人的突如其来的灾变；(3) 幽默新闻，新闻中意味深沉的调笑、巧妙的讽刺或含义深刻的妙语；(4) 有关男女情爱的反常事件；(5) 稀奇古怪的奇闻异事；(6) 各种神秘事件，悬念可使一条消息延续很长时间。

趣味性也表现为新闻事件能引发人们的情感，如人的爱憎、喜悦、同情等各种感情，这也被称为人情味。西方新闻界非常重视运用人情味增强新闻报道对读者的吸引力，但对它的解释却众说纷纭。美国学者麦道格尔认为，人情味就是人们对自身以及其他人都可能遇到的各种事件的兴趣。构成人情味的新闻价值因素有同情、悬念、人物、动物等。

图8-5 假肢与女儿

趣味性是从受众接受信息和认知兴趣出发，对新闻内容在性质上所做的考量。新闻内容的趣味性越强，人们越感兴趣，随之对新闻的关注度和接受度越高，新闻价值就越大。媒体在市场竞争的环境中，围绕受众的普遍兴趣，投其所好地进行趣味性报道，已使媒体普遍存在娱乐化倾向，这也是一些庸俗、低俗内容时常出现于媒体的原因所在。

除了以上七个要素外，一些学者认为新闻价值要素还可以包括知识性、服务性、观点性、利益性等，将能够引发人们关注的事件性质进一步扩展。实质上，新闻价值的直接功能是引起受众的关注，凡是能够引起人们关注的事件的内容性质都具有新闻价值。媒体一方面将人们关注的信息内容加以传播，以吸引和培养受众对媒体的接受度、信任度和忠诚度；另一方面，媒体也在制造关注，通过媒体议程引发人们去关注特定的信息内容。因而，新闻价值要素也可以从以下三个方面把握：(1) 信息内容本身具有的新闻客观性，如及时性、重要性、接近性、显著性等；(2) 受众对信息内容的天然兴趣性，如趣味性中所包含的各个方面；(3) 媒体通过议程制造的媒体关注性，可以包括知识、服务、观点等诸多方面。①

---

① 曹劲松,庄传伟.政府新闻发布.南京:江苏人民出版社,2009:88-89.

第三节 新闻价值理论的转变

新闻价值要素作为新闻价值理论重点阐释的内容,既是该理论最初探讨的问题,也是新闻价值理论随着时代发展不断创新的领域。

一、新闻报道内容的新变化

传统新闻价值理论产生于大众化报纸时期,报刊争夺读者的白热化导致记者和新闻学者加强了对读报行为的研究,新闻的价值形态受到重视。在工业化浪潮中,美国报纸由"观点纸"转变为"新闻纸",新的报刊分配关系不再以政党政治为转移,而是将民众的阅读需要引入销售渠道。这一历史条件改变了报人与读者相互审视的角度,驱使报人不得不研究新闻和读者之间的供求关系。

在大众化报纸时期形成的有关新闻价值理论,对于新闻实践具有重要的指导意义。但随着新闻实践的发展,它的弊端和缺点也日益暴露出来。传统的新闻价值理论并没有严格意义上的系统性,在实际工作中,主要是依靠感觉、注重运用。在这种情况下,行业内外开始对传统新闻价值标准进行反思和批判。

1961年,国际新闻学会出版的《积极的新闻屋》一书就要求现代记者改变新闻价值的传统观念,要生动、综合、系统而有意义地报道社会的正常现象,将人类重新导入一个和谐而幸福的世界。

自20世纪70年代以来,西方新闻界把报道的注意力从片面追求新闻事件的表面冲突性、奇异性、爆炸性转移到注意新闻事件的内在社会影响上来,更全面、深入、真实地反映客观世界和社会。报纸上出现了大量的"没有时效性"的"非新闻"或者"软新闻",主要包括以下三类:

第一类是生活方式类报道,主要是告诉人们他人是怎样生活的、自己该怎样生活。这些关于普通人日常生活的报道,不以猎奇和冲突取胜,常常不具有时效性,其内容平平常常,但由于贴近生活、贴近普通民众,与人们的生活息息相关,也能引起人们的共鸣。美国新闻学者发现,最受人们欢迎的所谓"怎么办"的报道,大部分涉及的内容就是报道对象如何同上司、同事、丈人、妻子、儿女、医生和修理匠等打交道。这类报道向读者提供专家的意见,指导他们如何买车,如何对付要求过严的上司等。这类题材几乎是取之不竭的,它们来自日常生活,但是读者却反应强烈,这样一来它们就成为许多报纸、广播或电视台的重要内容。

第二类是深度类报道,比如调查性报道、解释性新闻、精确新闻、全息透视新闻等。其中调查性报道向公众揭示事件的深层背景和内幕,力求找到产生社会病疾的原因,促进社会变革。全息透视新闻观主张用全方位透视的方法,对社会现象做多角度扫描。这些新闻报道不仅揭露丑闻、追踪疑点,更注重通过细致的调查研究,由此及彼、由表及里,把人们习以为常、深有感触却不知症结所在的问题揭露出来,进行客观、准确的多角度分析报道,以全面、深刻的事实和观点引起社会的注意,影响社会的决策。这类报道往往没有突出的显要性和激烈的冲突,以及耸人听闻的情节,但是深受人们的欢迎。

第三类就是发展类或发展性新闻。发展性新闻观力求摈弃在新闻报道中对发展中国家的政治偏见和极力表现内乱、灾难、犯罪、反政府情绪和各种落后现象,以期对发展中国家进行完整、全面的报道。

二、"新闻价值的新标准"

传统新闻价值理论是指商业化报刊时期创造的以新闻吸引力和可读性为标准的新闻价值学说。由于这一理论建立在受众心理效应的基础上,远离人们认识世界、把握自己命运的理性运动,更注重即时的经济利益,一直受到一些人的质疑,而且这一理论本身也缺乏强有力的逻辑支撑。

"西方新闻工作者和学者在实践中越来越明确地感觉到,仅仅将传统的新闻价值标准作为选择新闻的依据,不仅是不够充分的,而且是有缺陷的。特别是在现代大众传播时代,拘泥于传统新闻价值标准有时甚至是落后的、行不通的。为此,他们对传统新闻价值观念进行了反思,并在新闻实践中使新闻价值标准随之发生了变化。"[①]

20世纪80年代,结合新闻报道实践的变化,美国一些学者首先提出了"新闻价值的新标准"。他们认为,新形式的报道与传统的"正统"新闻争夺版面和读者的兴趣,将使新的标准得以发展。新的变化使新闻工作者面临困难,但同时也为他们创造新的机会。[②] 美国报纸出版协会对美国报人进行过两次

---

① 徐耀魁.西方新闻理论评析.北京:新华出版社,1998:146.
② [美]密苏里新闻学院写作组.新闻写作教程.北京:新华出版社,1986:16.

调查,说明美国的新闻从业者和公众对重要新闻的看法大致相同,即媒介需要增加解决社会问题的报道。"这些报道包括有用处的新闻,尤其是怎么办的稿件和其他有关消费的新闻,包括教育新闻在内的公共事业新闻,地方性和全国性的大事、环境保护问题和关于普通人的报道。"① 由此可见,对受众"有用处"成为新闻报道的重要目标。

中国学者将西方的这种"新闻价值的新标准"和传统新闻价值理论相比较,称之为"现代新闻价值理论",而现代新闻价值就是指新闻在受众接受的过程中满足其认识需要而表现出的效用,包括受众对新闻的精神享用和由此获取的物质利益,即有用、有益、有效三个要素。对不同的新闻,新闻价值表现为不同的要素,有时在一条新闻中可能会出现要素的重叠。现代新闻价值的三要素统称为新闻的效用价值,在具体的新闻报道中表现为获知价值、激励价值、实利价值和娱乐价值。现代新闻价值理论对新闻价值的内涵做出了科学的解释,回归了价值的本义,对概念的阐述符合价值的认识逻辑,是对传统新闻价值的修正。②

尽管西方新闻价值观念在不断变化,但这种变化仍不能成为新闻传播的主流。传统的新闻价值标准仍是新闻价值观念的基础和前提。在西方的报刊和电视上,每天为传媒津津乐道的仍然是总统的性丑闻、暴力事件、灾难、明星隐私和怪异琐闻。严肃的报道仍需要用富有人情味的报道来做招牌。西方新闻价值观念并未产生根本的变化,当然,这一方面反映了受众的需要和兴趣,另一方面揭示了西方新闻传媒的根本驱动力是赢利,大众传媒实际上已成了资本的附庸。③

第四节 新闻价值理论的历史评析

新闻价值理论揭示了新闻报道中的一些普世原则,反映了新闻工作的一般规律,具有不可否认的科学性。但在新闻价值要素构成中,也有背离新闻本质及其特性的偏见和不足,应该加以区别对待。

---

① [美]密苏里新闻学院写作组. 新闻写作教程. 北京:新华出版社,1986:17.
② 刘建明. 新闻学概论. 北京:中国传媒大学出版社,2007:216.
③ 司景新. 对西方新闻价值理论的考察与思索. 新闻大学,2001(夏季刊).

一、新闻价值理论揭示了新闻工作的基本规律

传统的新闻价值理论强调受众的作用,把受众的取向放在第一位,要求新闻报道接近公众心理,在一定程度上反映出新闻活动的一般规律。那些显赫的事件、趣闻与名人的活动备受某些公众关注,及时予以适当报道能增加新闻的收视率。新闻价值理论以简洁的概念确定事实的新闻性,依据客观事实的外在属性作为新闻选择的标准,有助于记者的新闻判断和选择。其次,对新闻价值构成要素的设定,有其符合新闻本质及其特性的科学内涵。新近或最新发生,既突出了新闻的时新性,也表明了新闻以现实发生的事实为依据的真实性;及时性既是传播特征,也是对新鲜性的保证;接近性、显著性、重要性,都是新闻事实或相应作品对受众具有的未知性和需知性的具体表现,新闻正因此才值得整个社会公开传播。

"现代新闻价值理论是以哲学、社会学理念为引导,以受众需要为出发点的价值学说,力图建立主客体统一的新闻价值理论体系。"[①]它根据新闻与使用的关系来确定新闻价值,为记者提供了一套新的职业理念。首先,媒体和受众是"需要与满足"的关系,而不是简单的"商品买卖"关系,提高了记者认识新闻价值的自觉意识。其次,确立了媒体服务受众的宗旨。记者的活动以服务受众为目标,这样才会更合乎报道目的,而不是一味地迎合受众需求,更不是用媒体的观念来代替受众的思想。再次,有助于记者克服对"人咬狗"之类的猎奇新闻的追求,避免陷入无聊的新闻炒作,防止出现黄色新闻,更注重发挥新闻的积极作用。

二、新闻价值理论的演变丰富了新闻报道的内容

在现代社会中,新闻传播构成了人们社会生活信息交往的主旋律,新闻媒体一方面向受众展示现实世界的各种拟态图景,引导和影响人们的认知建构与行为的社会化,巩固和完善社会制度与社会秩序;另一方面,通过满足受众信息和精神需要,服务于人们的生产和生活,搭建起维护各种社会关系的信息桥梁。

新闻价值的讨论主要集中在用什么样的标准衡量客观事实是否构成新

---

① 刘建明.新闻学概论.北京:中国传媒大学出版社,2007:207.

闻,也就是新闻事实的标准选择问题,并通过价值这一概念的建构,形成相应的理论框架。现代新闻价值理论指导下的新闻报道内容所体现出来的新闻观及其新闻价值观不仅以满足受众的需要为中心,而且反映出"以历史发展的眼光审视新闻事件,从人文关怀的角度观照新闻事件发展的历史进程的努力,是对传统新闻价值的弥补和追求人类最高理想的价值复归"[1]。普通人的生活越来越多地进入媒体的视野,宏观的社会问题也被纳入新闻报道的行列,宣扬健康向上的人生情感日益成为新闻界的共识。

新闻工作者对什么因素构成新闻的概念不断扩大,消息的来源也因此而扩大。在今天,新闻大都不是记者在大街小巷到处寻找的马路新闻。大多数记者用大部分时间周旋于掌握和行使权力的机构之间——政府、政治组织或者实业界,这些权力中心可称作"机构"新闻来源中心,是社会正式组织的主要部分。新闻来源更加多样化,就能够反映更加丰富的社会生活,也能满足受众越来越多元化的信息需求。

三、传统新闻价值理论存在多方面不合理之处

传统新闻价值理论反映了新闻报道的某些客观规律,至今仍然不失为衡量许多新闻报道是否具有新闻价值的依据。但是,西方新闻工作者和学者在实践中也越来越明确地感觉到,仅仅将传统的新闻价值理论作为选择新闻报道的依据,不仅是不够充分的,而且是有缺陷的。特别是在现代大众传播时代,传统新闻理论有时甚至是落后的、行不通的。

(一)缺乏逻辑性

新闻价值是关系范畴,只有通过主客体关系才能表现新闻的作用。新闻价值要在新闻到达受众后才能确定。在到达受众的新闻中,构成新闻的那些事实的特性依然存在,但它的价值却显现不出来。新闻价值不可能只由新闻报道者的意志来确定。脱离接受者的权衡,单由记者判断,无法真正认识新闻价值。所以,把重要性、显著性、及时性、趣味性等这些事实特性本身视作价值要素,是违反逻辑的。

---

[1] 司景新.对西方新闻价值理论的考察与思索.新闻大学,2001(夏季刊).

(二) 强调片面性

传统新闻价值理论由于过分强调读者的兴趣,使新闻选择走向猎奇。西方新闻学者阐述新闻价值理论的内涵时,常常强调"读者的兴趣是新闻价值的试金石",使"重要性"成为陪衬因素,必然走向猎奇的极端。真正有重要意义的事实或许会因为没有趣味性而被放弃或被放到报刊上不易被受众发现的角落。

(三) 导致危害性

传统新闻价值理论是商业化报刊时期创造的、以新闻的吸引力为标准的新闻价值学说。新闻价值标准中的冲突性、传奇性、刺激性、显著性等观念大部分都是黄色新闻激烈竞争的产品。传统新闻价值理论虽然提高了大众化报纸的销量,却忘记了其本身对读者及社会所负的基本责任,导致某些记者偏离媒体的本质,降低了媒体的公信力。

正如台湾学者李瞻所说:"由于传统新闻价值观念的狭窄标准,报纸仅使读者认识了社会的反常现象、突出现象及其黑暗面。这些消息绝大部分都与读者无关,不仅无益于读者,危害读者,而且造成社会的重大灾难。"①

新闻价值是处于发展中的人类社会关系的一种动态反映,是依据具有一定特质的客观事实信息,通过传播活动满足受众需要,并产生相应传播效果的社会关系框架。自该理论提出以来,尽管其基本架构没有发生显著变化,但在不同的媒介环境作用下,其具体表现方式及其作用效果呈现出了与时俱进的不同特征。随着媒介体制的改革、媒介技术的进步,以及媒介受众素养的提高,人们对新闻价值及其规律的认识与把握也在不断深化、拓展。

【资料链接】

《新闻价值论》(杨保军,2003)一书系统论述了新闻价值的本质,新闻价值的构成及其类型,新闻价值的主体、客体,新闻价值中介及其构成和作用,新闻价值的创造(本质及特点、主要原则、主要途径),新闻价值的评价(评价的内涵、评价标准与主要评价方式、评价过程、影响新闻价值评价的因素),新闻价值的实现(新闻价值实现的实质与特点、实现的步骤、实现的方向、

---

① 李瞻. 新闻学. 台北:台湾三民书局,1983:275.

实现的层次)。该书为"新闻传播学文库"之一。

【拓展训练】

1. 辨析:新闻价值与新闻的价值。
2. 简述新闻价值的客观性与主体性。
3. 简评传统新闻价值理论与黄色新闻思潮之间的关系。
4. 试述新闻价值理论的演变过程。
5. 你认为新闻价值理论在实际运用中应该注意哪些问题?

第九章 客观报道理论

【情境导入】

"我们认为所有的男女都必须有某种圣杯之物,都必须有为之奋斗的某种事业,都必须有即使不能使之完美无缺,但仍须为之竭尽全力的某种东西。对新闻工作者而言,圣杯应当是客观性法则,如果他缺乏这些东西,其身份就会贬低,结果就可能使其职业遭到灭顶之灾。"这是曾任美联社总经理达25年之久的肯特·库珀对客观报道的高度赞誉。尽管不同时期、不同国家对客观报道理论在认识上有些差异,但该理论迄今仍是西方新闻界流传最广、影响最大,同时也是争议最多的基本理论。

【学习要点】

1. 客观报道理论的基本观点
2. 客观报道理论在实际中的运用
3. 客观报道理论的历史评析

客观报道理论(Objective Reporting Theory)既属于新闻传播理论的范畴,又属于新闻写作理论的范畴。它脱胎于自由主义新闻理论,或者说是自由主义新闻理论应有的题中之义。客观报道理论在美国产生、发展,并影响到世界各国的新闻界。它开创了西方新闻报道与写作的新时代;它所提出的新闻写作原则,成为当时及后世各国普遍奉行的准则。

第一节 客观报道理论产生的过程

客观报道理论脱胎于自由主义新闻理论,是与新闻工作关系更密切、更直接的基本理论之一,涉及新闻从业人员的职业理念和具体新闻业务的操作。它起源于19世纪的美国,《斯普林菲尔德共和党人报》的主编塞缪尔·鲍尔斯在1855年的一篇社论中最早提出客观报道原则,他主张要在事实与观点之间划清界限。客观报道理论出现后,影响着各国的新闻界,在美国和英国被广泛地称赞为"20世纪前25年中对于新闻学有独特贡献"的理论。

一、廉价报纸的利润驱动

19世纪是西方特别是美国报刊自由主义理论时代,在新闻自由的口号下,媒体成为"思想的自由市场",一时间新闻记者被捧为"第四阶级""无冕之王"。但真正促使客观报道原则出现并运用到实践中去的一个重要原因,是新闻活动成为商业活动。

19世纪30年代的美国,科学技术的发展、教育的普及以及社会成员识字率的提高,刺激了新闻业的发展,政党报纸逐渐没落,廉价报纸开始兴盛。廉价报纸用"事实"取代"意见",以充分满足社会的信息需求为生存前提,追求经济独立和政治中立,开展商业化经营,把提高发行量、获取最大利润作为最终目标。

报纸受众是社会上形形色色的庞大人群,他们有着迥然不同的社会背景,包括年龄、性别、文化程度、经济状况、社会地位、政治立场、宗教信仰等。报纸要扩大发行

图9-1 普利策和他的《世界报》

量、争取更多的读者,就必须提高产品的通用性。不偏不倚、客观中立的报道手法则是最佳手段。当时纽约有两家著名的"便士报",普利策创办的《世界报》和赫斯特的《新闻报》,发行量均高达300 000份,拥有庞大的读者群。

此外,廉价报纸需要大量的新闻报道,确立了新闻在报纸中的主体地位。硬新闻大多涉及重大政治、经济、社会问题,极为敏感,报纸稍有不慎就可能触及政治团体及其他社会集团的利益,卷入集团纷争;软新闻强调趣味化和可读性,对性及犯罪等黄色新闻过分关注,则可能使报纸触犯某些法律,如侵犯名誉权、隐私权、妨碍司法公正等。因此,为了免受损失,客观报道就成为报纸自我保护的最有力工具。"看来被当作新闻报道正式标准的新闻步骤,事实上是

新闻工作人员用以保护自己免遭批评而提出职业上力争客观真实的战略方针。一旦他们的专业知识得不到新闻消费者的足够重视,并有可能成为招致激烈抨击的根据时,这种情况尤其如此。"①

二、美联社的初步实践

有人常说,客观性报道原则是由美联社创造出来的。这句话也并非空穴来风。因为,"实行客观性法则有利可图,政治上的中立就是商业上的盈利。为了最大限度地争取订户,就必须平等地对待民主党和共和党、拉尔夫·纳德和通用汽车公司的实在要求"②。担任美联社总经理达25年之久的肯特·库珀对新闻"客观性"法则居功至伟。

美联社于1848年成立,由纽约《太阳报》《先驱报》《论坛报》等六家大报社组成,其目的主要在于利用当时刚发明的电报技术,迅速传播美国与墨西哥战争的消息。因为各报的政治立场不尽相同,美联社在其所供稿件中只有采取中立和平衡的报道手法,其稿件才能被尽可能多的报纸所采用。1900年美联社改组后,它的成员报以各自出版区域内所采编的稿件互通有无,并且逐渐吸收了一批非创始成员报加入,这就使得美联社的新闻采写必须更加注意中立与客观。美联社提出"报道事实而不报道观点"的报道宗旨,由此成为世界上

图9-2 美联社联席会议

---

① [美]赫伯特·阿特休尔. 权力的媒介. 黄煜,译. 北京:华夏出版社,1989:151.
② [美]赫伯特·阿特休尔. 权力的媒介. 黄煜,译. 北京:华夏出版社,1989:153.

第一个明确将客观报道作为工作宗旨的新闻机构。后来,美联社的用户包括了1 000家以上的报纸及广播电台、电视台、杂志、政府部门、大专院校、研究机构等,为了与其他媒介竞争,最大限度地争取订户,就必须使新闻产品充分地满足不同口味、立场用户的需要,客观报道原则越发显得经济实用,效果显著。

虽然作为消息总汇的新闻通讯社由于致力于信息传递的专门化、标准化,体现出了客观报道的特质,但由于当时正在兴起的廉价报纸又滑向了"煽情"的邪路,因此,在近半个世纪内,客观报道理论一直未能成为新闻思想的主流,直到以奥克斯的《纽约时报》为代表的严肃报纸问世,使得"信息模式"成为现代新闻事业的代表,从新闻实践方面给客观报道理论以强大的推动力,客观报道作为一种理念和报道方式才真正成为时代潮流,并开始产生广泛影响。

三、《纽约时报》的示范效应

廉价报纸一味地追求巨大的发行量以及高额利润的经营准则,决定了新闻的软性化。戏剧冲突性、刺激而富于煽动性、人情味、趣味性等成了新闻选择的主要标准。煽情新闻、凶杀新闻、性丑闻充斥报刊,以至于黄色新闻泛滥。著名作家狄更斯气愤地批评说,报刊用恶眼窥视每一户人家,下流无耻的诽谤成为这个行业唯一的资本。

1896年,阿道夫·奥克斯经营的《纽约时报》继承了报纸重在报道新闻信息的长处,摈弃了廉价报纸过于煽情的不足,开创了严肃报纸的独特办报方式。他的口号是:"报纸不应该弄脏他们早餐的餐巾。""我的殷切目标是,《纽约时报》要用简明动人的方式,用文明社会中慎重的语言,来提炼所有的新闻,即使不能比其他可靠途径更快提供新闻,也要一样快;要不偏不倚地、无私无畏地提供新闻,不论涉及什么政党、派别的利益;要使《纽约时报》的篇幅成为研讨一切与大众有关的更大问题的论坛,并为此目的而邀请各种不同见解的人参加明智的讨论。"[①]奥克斯强调客观、公正、真实、严肃地报道新闻事实,并通过总编辑卡尔·范安达把这一办报理念贯彻到新闻采访与写作的实践之中。在奥克斯的努力下,《纽约时报》的新闻报道提高到了一个新的水平,受到读者的广泛赞誉,其他报纸也纷纷效仿。以《纽约时报》为代表的严肃报纸成为现代新闻事业的代表,它所倡导的办报理念和报道风格,开创了美国新闻事

---

① [英]马丁·沃克.报纸的力量.苏潼均,译.北京:新华出版社,1987:238.

业的新时代,客观报道理论开始真正走向成熟和完善。

图9-3 阿道夫·奥克斯银质纪念章(正反面)

新闻事业的发展同时促进了新闻教育的普及。1908年,密苏里大学建立了全美第一个新闻学院。随后,多所大学和学院开设了新闻学院、新闻系、新闻专业或新闻学课程。在普及、规范的新闻教育体系中,客观报道理论倡导的客观性原则及客观报道手法被广泛传播,灌输到新闻从业人员的观念中,直接影响、制约着新闻业务的操作。

第二节 客观报道理论的基本观点

客观报道理论是新闻界对19世纪中叶以来以《纽约时报》为代表的一批西方报纸基本办报理念的概括。客观报道理论不仅是新闻传播的基本理论之一,也是新闻写作和新闻报道的基本方法,对新闻事业产生了巨大、深刻的影响,以至于许多人将其奉为新闻职业的最高道德观念,称之为"新闻对言论的胜利,事实对意见的胜利"。其基本观点是新闻工作者在新闻报道过程中不能有任何主观的立场、观点、价值判断与倾向性,内容主要包括新闻客观性原则和客观报道手法两个方面。

一、新闻客观性原则

新闻客观性原则涉及新闻理论层面的原则问题,即指新闻从业人员的职业道德和工作态度。新闻报道的客观性原则被列入与新闻报道的准确性、时间性和趣味性等同等重要的职业准则和职业规范教育之中,成为新闻职业准则中最核心的部分。

(一)新闻报道的最终目的是客观地反映现实

新闻报道应客观公正地反映现实,将客观世界如实地呈现在公众面前,给广大受众提供进行独立判断的材料。《纽约时报》的创办人亨利·雷蒙德认为:"一张日报应该按照本来的面目准确地反映这个世界。"①《芝加哥论坛报》的霍勒斯·怀特也说:"公共报刊向读者提供的最崇高的服务是鼓励他们形成独立的意见。"②而要做到这些,新闻传播媒介和新闻从业者在处理新闻事实时就应该"超党派",采取"不偏不倚"的"公正"态度。

《纽约时报》自1896年起便在报眼位置标榜"报道一切适合刊登的新闻"。该报在追求严肃认真、客观公正的报道风格的过程中,形成的新闻报道理念就是:坚持记录性,使报纸成为一份时代的记录;注意从新的角度严肃地报道犯罪新闻,力求把犯罪新闻变成社会学的记录书;将事实与议论分开,不在新闻中直接发表议论;注意掌握报道分寸,实事求是,不夸大,不渲染;迅速、翔实地报道国内外的重大新闻事件,用事实的力量去打动读者。③

(二)新闻报道记录事实但不评述事实,事实和意见分开

报纸之所以能够客观地反映现实,就在于事实和意见是应该而且可以完全分离开的。事实是可以独立地被证实的客观世界,它与任何可能导致认识偏差的主观倾向无关;意见是对客观世界的主观判断与解释,是个人意愿的倾向性表达。报纸服务公众的手段应该是提供客观事实而不是宣达主观意见。

1835年,班内特在美国创办《纽约先驱报》时,在创刊号上宣布了他的办报方针:"我们将不支持任何政党,不做派系或小团体的机关报。我们对于从总统到官吏的选举都不感兴趣。我们将致力于记录事实,记录公共的和主要的事件和问题。我们不说废话,不带偏见,公正地、独立地、无畏地和善意地进

---

① 李良荣.新闻学导论.北京:高等教育出版社,2006:187.
② [美]韦尔伯·斯拉姆.报刊的四种理论.中国人民大学新闻系,译.北京:新华出版社,1980:80.
③ 程道才.西方新闻写作概论.北京:新华出版社,2004:7-8.

行报道，并且适当地加以评论。"①

塔奇曼在分析客观性原则时，为了将事实与主观判断区分开来，确定了记者需遵从的四项"战略步骤"：提供争论双方的观点，以便识别冲突情况下对手之间的真实主张；提供代表这些真实主张的确切陈述；直接用引号指明这是消息来源而非记者之言；首先依照提供最多的事实材料的方式组织报道。②

（三）追求和接近客观真实

客观真实是指不依赖人的主观意识而存在的事物和状态，它是对事物本质真实的认识。由于在新闻报道过程中主客观因素的影响，现代新闻业对客观报道理论形成了一种相

图9-4 《纽约先驱报》1912年4月15日头版关于泰坦尼克号的报道

对稳定的态度："绝对客观性不可能达到，只会引起永无休止、徒劳无益的争吵辩论。……客观性并不意味着指望要达到它，而是对现实反映的一个过程、一种态度、一套思维方法。例如迈克尔·舒德森就将新闻学里的客观性视为信仰体系中确定无疑的那种知识。他还进一步指出，这是一种伦理学——指明人们在道德上做出决定时应当采取何种思考方式。于是，客观性不再被认为是可望而不可即的问题，而是有益的、应该力求达到的，它是把'是'和'应该'融为一体的途径。"③上述这段话，是当前西方新闻界对客观报道理论认识的典型表达。可见，西方新闻界已把客观性原则当作一种理想去追求——绝对

---

① 张隆栋，傅显明. 外国新闻事业史简编. 北京：中国人民大学出版社，1988：64.
② 李良荣. 西方新闻事业概论（第3版）. 上海：复旦大学出版社，2007：133.
③ [美]赫伯特·阿特休尔. 权力的媒介. 黄煜，译. 北京：华夏出版社，1989：148.

客观性是不可能的,但可以尽可能地接近它;当作一种职业道德和工作态度——不要以自己的偏见去歪曲事实,以主观愿望代替事实;当作一种思维方法——尽可能客观地再现事实。

二、客观报道手法

所谓客观报道手法,指的是记者在写作新闻报道时,只须忠实地记述新闻事实的过程和结果,不发表任何意见和评论;记者的看法和倾向应通过新闻事实巧妙地反映出来。客观报道手法涉及业务层面的报道技巧问题,是客观报道理论在新闻写作实践中的直接运用。由于客观报道理论是西方新闻界最重要的新闻写作理论,客观报道手法直到如今仍然是西方新闻界进行新闻写作的指南。

(一)忠实地叙述事实,用事实来表现事物的状态和特征

客观报道理论认为,客观公正是新闻报道的必备特性,而忠实地叙述事实,则是保证新闻报道客观公正的前提。美国的新闻学家麦尔文·曼切尔指出:"在新闻记者进行的大量工作中,包含了这样一种认识,他们的工作是与人们的需要和目的相关联的。记者懂得:新闻对大多数人来说是真实的事物,记者要避免写抽象观念的东西。"[1]记者在写作中,应真实地呈现事实与摹写事实,反映新闻事实的真实状况。

(二)将新闻事实与对事实的分析分开

在新闻报道中完全避开对事实的分析和解释是不可能的。同时,某些人物对新闻事件的分析和解释本身,也是一种新闻事实,记者同样可以予以报道。应该做到:第一,把报道新闻事实的材料部分放在最突出的位置,把分析性文字放在较为次要的位置;第二,在介绍分析性的观点时,应交代观点的出处和来源,指明发表观点的人的姓名。这样做,既可以增强报道的客观性,又可以使受众充分了解这些观点的主观性程度,从而做出应有的判断。

---

[1] [美]麦尔文·曼切尔.新闻报道与写作.艾丰,编译.北京:中国广播电视出版社,1981:43.

（三）不宜直接发表议论

忠实地叙述新闻事实，让事实本身出来说话或引用新闻报道中的人物、旁观者的话来表达。客观报道理论主张："新闻是单纯的记事，意见必须与新闻明确地分开"，"新闻不能包含没有出处的评论"。有出处的评论是新闻事实，也属于客观报道。

（四）冷静叙述，摒除感情色彩

以平静的语气直接叙述新闻事实，控制使用感情色彩鲜明的词。

（五）注明消息来源

对那些阐明事件原因、预示事件发展趋向、揭示事件内幕的事实，特别是比较重大的内幕新闻，有争议的、容易引起怀疑的新闻事实，一定要注意交代新闻来源。这样才能有据可查，从而增加新闻报道的客观性和可信性。

（六）采用倒金字塔结构形式

这种结构形式强调突出"何事"这一最重要的新闻要素，围绕"何事"要素组织材料，充分地体现了客观报道对事实的极端重视。同时，这种结构形式简洁明快、短小精悍、内容要素清楚，被认为是报道新闻事实的最佳形式。

（七）展示多方观点、力求平衡

美国新闻学者约翰·赫尔顿在《信史之动机——新闻工具的道德问题》一书中强调，新闻工作者必须给予争论各方以报刊篇幅或广播时间去阐述自己的观点。公正地报道争议事件，就是要把它们全部报道出来，公平地让争议各方发言，甚至在篇幅、位置上也不能有所偏向，让读者自己去把握事件，评价是非。[①]

【小故事】

1950年2月，美国参议员麦卡锡在议会委员会上公开发言说，联邦政府职员中有205名是持党证的共产党人。新闻媒介不加分辨地对此做了报道，成为某个新闻事件的"书记员"或国家机构的"传声筒"，把一些别有用心的谎

---

① 陈敏直.新闻写作.西安:陕西人民出版社,2006:50.

言当成了真理。许多美国人对此深信不疑。结果,大批无辜者被捕入狱。事后,人们发现,麦卡锡的指控毫无根据,新闻界为此蒙羞。

第三节 客观报道理论面临的困境

客观报道理论在巅峰时期,甚至被认为是新闻领域神圣不可侵犯的"神谕",是新闻业赖以生存的"法宝"之一。美联社的肯特·库珀宣称客观性法则"作为一种至善至新的道德观念,发展于美国、奉献于世界"[①]。但实际上,任何有用的理论或法则都不可能是至善至美的,客观报道理论在实践中也逐渐暴露出致命的弱点,它也并非是适用于新闻业的终极真理。在实际新闻报道中,纯客观是不可能做到的。

一、社会控制无所不在

当新闻事业作为一项社会事业参与社会活动的时候,就不可避免地与社会上各种利益集团产生各种各样的关系。政府不仅可以依法管理新闻媒介,还可能利用庞大的国家机器和严密的行政网络及特殊权力迫使新闻媒介传播有利于政府的观点;具有强大经济力量的财团也会迫使新闻媒介在某些情况下不得不屈服于经济压力;某些具有特殊社会影响力的集团也可能将新闻媒介视作自己的宣传工具,如政党等;公众利用舆论力量对新闻媒介的行为同样可以施加影响。美国新闻业在第一次世界大战中所经受的政府控制就直接动摇了新闻从业人员对客观报道理论的信赖。

图9-5 沃尔特·李普曼

---

① [美]赫伯特·阿特休尔.权力的媒介.黄煜,译.北京:华夏出版社,1989:152.

在第一次世界大战初期,美国政府出于本国利益需要,采取"中立"立场,向欧洲各国供应大量军火和其他战争急需品,从中牟取巨额利润。战争后期,考虑到参战能给美国带来更大的利润,美国政府随即改变政策,决意参战,并视新闻媒介为良好的宣传机器,积极鼓动新闻从业人员介入政府的战争宣传,美国新闻从业人员有史以来第一次大规模地参加了政府的各种宣传工作。著名报人沃尔特·李普曼以上尉军衔出任陆军部长助理,负责战时军事消息的控制与发布工作,并兼任美国驻巴黎的宣传主管。当时曾产生轰动效应的关于德国人建造工厂焚烧英法战俘以取油脂的报道,以及关于比利时婴儿的手臂被德国人砍掉的报道事后被证明皆为捏造。美国公共信息委员会负责对战地记者颁布纪律与条例,同时对发送回国的报道进行检查删改,炮制假新闻,并雇用许多记者收集、写作和传播有利于美国战争胜利的消息。

历史证明,这一时期的战争宣传取得了令人瞠目结舌的效果,政府成功地利用新闻媒介进行了大规模的、卓有成效的宣传。一方面,美国记者们发现自己作为欧洲战地记者成了军事检查的牺牲品;另一方面,他们又成了美国国内外宣传机器的代理人。"虽然宣传可以追溯到2 400年前,但只是到了第一次世界大战,人们才目睹它第一次以组织化、科学化的方式加以运作。"①这一不同寻常的经历引起社会各界尤其是新闻界人士的深刻反省。正如爱德华·伯奈斯在《宣传》一书中指出的:"正是大战期间使人震惊的宣传的成功,打开了各个领域里的少数有才智的人的眼界,使他们看到了管辖人的头脑的可能。"②

人们痛苦而清醒地意识到:新闻业所推崇的神圣不可侵犯的事实本身并不是完全可靠的,因为新闻报道中的事实很可能就是一种假象。在认识到政府有可能操纵新闻业的同时,对客观主义原则的信仰也就受到了致命打击,新闻事业难以维持自身的独立地位,客观报道也就无从谈起。

二、新闻从业人员的主观意识局限

事实和新闻报道并不是一回事。新闻报道实际上是记者、编辑对事实的人为加工,主观性总是或多或少、有意识或无意识地存在着。他们的私人情感、个人经历、文化背景及价值观念都将在对事实加工的过程中呈现出来,从

---

① 李良荣.西方新闻事业概论(第3版).上海:复旦大学出版社,2007:136.
② 李良荣.西方新闻事业概论(第3版).上海:复旦大学出版社,2007:137.

而使新闻报道的客观性大打折扣。记者、编辑从来都不可能是被动反映事实的机械摄录机。新闻报道的主观性主要表现为以下几个方面①。

(一) 民族利益

这大量体现在国际新闻中。"美国新闻界对第三世界国家镇压行动的报道,以及对美国在这种镇压行动中的作用的报道,因媒介屈从于美国政治和经济的上层人物的利益和看法而带有歪曲。"②其他研究还证明,美国新闻业的这种歪曲也存在于对西欧和日本等美国伙伴国家的报道中。

(二) 阶级和种族

许多研究结果证实,美国的新闻报道基本上反映了中产阶级的看法和情绪,长期以来对黑人、东方人等有色人种存有明显的偏见。

(三) 政治态度

美国学者对总统竞选、政策问题、政治家活动等方面的报道进行了大量的内容分析,发现媒介拥有者的政治态度、编辑和记者的政治态度明显影响新闻报道。这种影响主要表现在:"一是在竞争的观点之间缺乏平衡;另一个是带有倾向性和党派性地歪曲现实。"③

(四) 文化和意识形态

新闻报道中造成的大量偏见危害极大,其产生的根源就在于文化和意识形态的影响。

为了突破主观意识的限制,有研究者试图从新闻职业化、专业化角度去寻求出路,解决问题。他们认为新闻从业人员要做到客观报道,必须经过专门的职业培训,并遵循一整套新闻同业者所公认的科学步骤与程序。例如,将新闻材料分为可公开发布类、可间接引用类、可引用大意类、不可公开发表类等;对新闻材料反复核实,避免失实;写作中忌用暗示与影射,采用平衡报道各方观点的手法;使用引语时应避免断章取义,有意无意地删除原文中

---

① 李良荣.西方新闻事业概论(第3版).上海:复旦大学出版社,2007:144.
② 李良荣.西方新闻事业概论(第3版).上海:复旦大学出版社,2007:144.
③ [美]韦尔伯·斯拉姆.报刊的四种理论.中国人民大学新闻系,译.北京:新华出版社1980:261.

的限定性字句等。

三、公关业对客观报道的威胁

公共关系是指某个组织为取得公众的了解、支持而进行的信息沟通、自我宣传等社会活动。在某种程度上,公关活动就是利用媒介的宣传活动。公共关系的第一代从业人员绝大多数是新闻记者或编辑,公认的美国第一位公关代理人艾维·李就曾在《纽约时报》供职。

美国的公关人员大多有大学新闻专业的教育、培训的知识背景,他们深知如何处理与新闻媒介的关系,并有一套熟练的新闻业务技能,可以有效地将宣传材料制成新闻报道加以传播。事实在现代生活中不是自然地呈现为被人知晓的形式,而是必然地被某些人赋予一种形式,这给新闻实践构成了极大的威胁。

图9-6 艾维·李

据统计,1926年1月14日,《纽约太阳报》的162条消息中,至少有75条出自公关人员之手;12月19日《纽约时报》的225条消息中,至少有147条来源于公关人员的作品;《纽约时报》大约60%的报道受到公关代理人的影响。公关业的一位创始人伯内斯称:"公关人员不仅是新闻的供应者,更合乎逻辑地说,他是新闻的制造者。"[①]

四、知识界对客观性原则的质疑

经过工业革命的洗礼,19世纪后期科学主义思潮已经深入人心。当时许多记者都受过科学训练或崇拜科学,他们深信自己能够坚持客观报道。甚至文学界写实风格的小说也非常盛行。这些作家当中不乏记者出身的人。但是20世纪初期社会科学及自然科学的研究成果却为质疑客观性提供了知识背景。

---

① 李良荣.新闻学导论.北京:高等教育出版社,2006:189.

既然人们根本不可能客观地观察、认识、揭示外部世界,那么人类以往的所有研究成果都是不可信的了。许多历史学家、社会学家、心理学家、哲学家乃至自然科学家都开始探讨这一问题,虽然没有定论,但怀疑倾向是明显的。社会学家霍华德·贝克尔认为:"这个词(指客观)现在已有那么多的矛盾,及在方法论上的含义也是模糊的,它的精确意义不能在同样的前后联系中被详细地阐明。因而它决不应该再被使用。"①这一倾向在新闻领域则反映为对绝对客观的怀疑以及对主观性的认识与理解。

著名专栏作家李普曼在他的《公共舆论》一书中,通过对社会认知和舆论形成的分析,摧毁了自由市场社会的民主假设,他认为无论是社会公众还是大众传媒的从业者,都是成见或者刻板印象的囚徒,新闻的作用只是突出地表明某些事件,它并非必然能够将这些事件连缀成完整的景观以充分揭示其意义。他对客观性理念的思考成为许多学者进行相关研究的灵感来源。后来出现的新新闻主义对客观报道矫枉过正,解释性新闻、调查性报道、精确新闻则为客观性原则开辟了新的实现途径。新闻业在理论与实践两方面开始了由绝对客观向相对客观的过渡。

【小资料】

美国新闻界对新闻客观性的质疑一直没有停息过,从20世纪20年代初期开始,到60年代达到顶峰。批评的理由主要有:(1) 新闻界不可能客观。作为人的记者总是不能排除自身主观价值判断的干扰。(2) 新闻界不客观。客观报道其实强化了既有的权力结构,因为有权力的人最有能力制造或掌控新闻事件。(3) 新闻界不必客观。新闻的客观性实际上是将自然科学探究真相的研究方法移植到新闻采集中,其假设前提是"真相紧随事实之内",但事实不但不会"自我表白",反而会蒙蔽真理。

第四节 客观报道理论的历史评析

客观报道理论秉承了西方自由主义新闻思想将报刊作为"观点的公开市场"的基本精神,确立了新的办报理念和报道方法,反映了新闻业界对报刊职

---

① 李良荣.西方新闻事业概论(第3版).上海:复旦大学出版社,2007:139.

能的新认识和理想化追求,开辟了西方现代新闻事业新的一页。客观报道的原则与技巧也成为新闻传播业和传播者在新闻纠纷中自我保护的有力武器。客观报道理论虽然具有多方面的积极意义,但也存在着严重的局限性。

一、客观报道理论揭示了新闻事业的基本职能和根本任务

客观报道理论认为,报纸应是"纯粹的新闻工具",应该以向广大受众传递真实的新闻为己任,向受众提供多方面的信息。《纽约时报》关于"报道一切适合刊登的新闻"的方针,便突出地反映了该报对报纸职能和任务的认识,也反映了客观报道理论对这一根本问题的立场。这就明确地与政党报纸理论划清了界限,首次正确地阐明了新闻传媒的职能和任务。

二、客观报道理论确立了新闻报道的基本方法和原则

客观报道理论是针对西方政治、经济的发展和新闻事业发展的需要而提出来的,它反映了新闻事业的基本要求。客观报道理论主张客观公正地报道新闻事实、忠实地记录新闻事实的新闻理念,反对在报道中随意评述、曲解事实;强调了新闻是记录事实的,肯定了新闻的客观性,否定了用主观意见代替客观事实的错误观点,这是符合唯物主义观点的,有着积极的作用与影响。客观报道作为新闻行业最基本的工作观念和报道形式,它的形成被认为是新闻写作的一次根本性变革,其意义正在于确立了新闻文体的独立性以及新闻行业的专门化。

三、客观报道理论提高了新闻报道的真实性和媒体的公信力

新闻媒介和新闻记者客观地报道新闻事实。在涉及具体新闻事实时,用交代新闻来源的办法指明事实的出处。当涉及重大政治、经济、社会问题和当事人的隐私权、名誉权等敏感问题时,提供可靠的信息来源,增强了新闻的真实性。

客观报道理论主张客观地、公正地、不偏不倚地报道新闻事实,要求记者把"新闻报道"与"意见写作"分开,在新闻报道中只介绍新闻事实,不对事实进行评述,让读者自己从事实中得出应有的结论。客观报道理论和客观报道手法的应用,使新闻传媒在信息传播过程中处于超然的地位,不直接与广大受众

的立场、观点和利益发生冲突,这对于争取广大受众是有利的,也体现了对受众的尊重和信任,无疑能赢得更多的受众,提高媒体公信力。

四、客观报道理论否定了新闻工作者反映客观事实的主观能动性

客观报道理论认为,新闻记者应该将事实报道与意见表达分开,在新闻报道中只能客观地报道事实,而不能"发表意见"。这实际上是否定了新闻工作者能动地反映新闻事实的可能性,只是把他们当作照相机和录像机。客观报道理论排斥了记者、编辑对新闻事实的必要分析和解释,必然导致新闻报道的表面化、浅显化。

20世纪20年代前后,世界重大政治事件不断,如第一次世界大战爆发、俄国十月革命发生、资本主义世界大规模的经济危机等。面对如此纷繁复杂的世界时局,受客观报道统治的美国新闻界,只是就事论事地简单报道这些重大事件的发生和结果,而未能告诉受众这些事件与其他事件之间的联系、事件产生的原因、发展的趋势以及整个事件的性质和意义。读者读了这些新闻,往往只能知其然而不知其所以然,于是纷纷指责新闻传媒的报道肤浅,没有告诉他们更深入的事实。事隔多年,新闻界在反思后认为:由于当时大多数记者将客观报道奉若神明,完全摒弃了自己的判断和分析,将自己人为地与新闻事件隔离开来,结果把不完整的信息片面地传达给了公众,或是把一些别有用心的谎言当成了真理。正是在这种背景下,后来的深度报道理论才作为客观报道理论的完善和补充而得以出现。

五、绝对的客观公正在新闻实践中难以实现

客观报道理论所强调的新闻报道要做到"不偏不倚","超越阶级和党派利益","客观公正"地反映新闻事实,这只是理论提出者主观上的美好愿望。众所周知,无论是某一家新闻传播媒介,还是某一位新闻从业者,都处于特定的社会中,不可能不受到社会的影响,不可能不带有阶级的、党派的烙印。这种影响必然要对新闻报道的客观性产生干扰,使它背离不偏不倚、客观公正的初衷,带有一定的政治立场和思想倾向性。

新闻报道虽然是客观事物的反映,但是它们是通过新闻从业者的脑力劳动加工而成的精神产品。这种产品在加工过程中,从采访的重点和着眼点,到新闻素材的选择、标题的制作和新闻语言的运用,无不渗入新闻从业者的主观

认识和思想感情，无不打上阶级的烙印，从而使新闻报道的客观性大打折扣。不管他们自我标榜其立场如何客观公正，在涉及政治、经济、法律等重大问题时，其报道都或多或少地带有主观的色彩。

法国新闻学家贝尔纳·瓦耶纳指出："人们想要报道什么事情，这本身就是思想的产物，必然会有报道者智力的介入，因而也就必然包含个人的系数在

图 9-7 中国抗议 CNN 的歪曲报道

内。报道者不可避免地会把自己摆到他所描写的情景之中，不仅是表现在他自身的参与上，尤其是表现在他对现实事物的连续性的剪裁上和他所采用的形式上。"①任何新闻事实都是通过新闻从业者能动的认识、反映和传播，才得以成为新闻的。

大量的新闻实践与理论研究表明，尽管客观性原则和客观报道手法不是尽善尽美的终极真理，但它确实在新闻领域内产生过重大影响，具有极强的实用价值。这种影响及价值在现在和未来仍将继续存在。客观报道理论将不断丰富、发展，并逐渐地趋于完善。

【资料链接】

《当代西方新闻报道规范：采编标准及案例精解》（张宸，2008）是国内第一本全面介绍、分析西方传媒报道规范的作品，按照"基础知识＋报道规范＋案例评点"的框架布局，对以英美为代表的西方主流传媒，进行了系统深入、富有新意的解读。内容涉及新闻报道的主要方面，包括消息来源、准确性、公正性、隐私（权）、法律风险与报道犯罪、新闻摄影、更正。该书以规范为核心，基础知识是规范的铺垫和背景，案例和评点是对规范的阐释和说明，构成从理论到制度再到实践的逻辑分析体系。

---

① [法]贝尔纳·瓦耶纳.当代新闻学.丁雪英，译.北京：新华出版社，1986：34.

【拓展训练】

1. 简析客观报道与主观报道的不同之处。
2. 辨析:客观的就是真实的。
3. 辨析:用事实说话与客观报道。
4. 新闻界推崇客观报道的原因有哪些?
5. 在新闻报道中怎样才能真正做到客观?

第十章 深度报道理论

【情境导入】

美国的《费城问询报》原是一家地方小报,然而由于鼓励每一位编辑和记者都放手采编深度报道,因此在不长的时间内13次获得普利策新闻奖,得到受众的极大关注,成为一张在美国家喻户晓的大报。深度报道作为一种深入、系统、全面地反映新闻事实的报道方式,形成了多种报道类型,弥补了客观报道的不足,对世界新闻业产生了深刻影响。

【学习要点】

1. 深度报道产生的背景
2. 深度报道的常见类型
3. 深度报道的主要特点
4. 深度报道的历史评析

深度报道理论(In-depth Reporting)是20世纪40年代以来出现在美国新闻界的重要新闻写作理论,后来传播到英、法、日等国家,在指导新闻实践方面产生了广泛影响。

第一节 深度报道产生的背景

深度报道在西方的发展演变,在理论上是基于发扬客观报道理论长处的基础对客观报道理论的补充和完善;在实践上是适应了读者深入了解新闻信息的需要,适应了新闻业内部竞争的需要。

一、客观报道的缺陷完全暴露

客观报道的基本思想出现于 19 世纪上半叶,它主要是针对政党报纸的"言论煽情"而提出的。客观报道思想最核心的因素就是客观和中立。然而,任何理论和法则都不可能完美无缺。随着研究和实践的推进,人们逐渐发现了客观报道的矛盾和局限性:客观报道方式往往孤立地、表面地报道已经发生的新闻事件,无法反映错综复杂的事实真相。新闻学家麦康博把这种以新闻事件为主的报道趋势称为"冰山理论"。他说,新闻媒介每天观察地方社区及国家情况,搜寻危险信号,就像雷达在海面照射冰山顶端示警一样,记者在没有帮助的情况下,只能描述冰山顶端,对沉在海底的冰山的主要部分,未能注意,因此无法描述。[①] 客观报道的另一个局限是,由于主张原原本本地报道已经发生的事实,使记者发现问题的主观能动性受到限制。

客观报道的致命缺陷导致了第一次世界大战中媒体报道的失误。在第一次世界大战期间,由于美国的记者只报道他们在欧洲战场上观察到的一个个具体事件,而未能告诉受众各事件之间的联系、事件产生的原因、发展的趋势以及整个事件的性质和意义,结果导致美国公众对于第一次世界大战的爆发十分震惊但又十分茫然。20 世纪 20 年代到 30 年代初,由于经济危机,整个美国社会的动乱以及广大人民对于社会现实的不可预计的恐慌,加深了人们对于客观报道的不满。西方的广大受众开始对客观报道的信念产生了怀疑和不满,正如著名政论家李普曼指出的那样,"各种新闻事件接踵发生,而这些事件本身似乎是毫无意义的。于是,一个'为什么',变得与'是什么'同样重要的时代开始了"[②]。正是从这时开始,客观报道思潮的主流地位受到了冲击,深度报道开始初见端倪。

二、社会责任新闻理论逐渐确立

长期以来,新闻界所奉行的是自由主义新闻理论。进入 20 世纪以后,在新的形势下,由于自由主义新闻理论遇到了不少无法解决的问题,社会责任新闻理论就逐渐确立了。

---

① 罗文辉.精确新闻报道.台北:台湾正中书局,1991:21.
② 芮必峰.深度报道采访与写作.合肥:合肥工业大学出版社,2006:37.

美国新闻自由委员会在著名报告《一个自由而负责的新闻界》中对记者提出要求说:"对每日的事件给予真实的、全面的和理智的报道,并将它们置于能显示其意义的特定前后联系之中。"委员会还要求报刊澄清和提出社会的目标和价值观,记者要去分析事件可能产生的原因、后果和社会影响,这与深度报道思想是不谋而合的。此外,社会责任论提出的要让报刊成为"交换评论和批评的论坛"这一任务也需要深度报道来执行和完成。而且该委员会为深度报道所下的定义也有很大的影响,他们认为:"所谓深度报道就是围绕社会发展的现实问题,把新闻事件呈现在一种可以表现真正意义的脉络中。"由此可见,社会责任理论一定程度上对深度报道的出现给予了强有力的理论支持。

三、广播电视迅速发展对报纸和通讯社构成挑战

广播电视媒体依靠无线电波传递新闻信息,不仅传播速度极快,而且有声音和图像,在形象性和生动性方面远优于文字报道。广播电视媒体的迅速发展,给报纸、通讯社带来了压力和挑战,速度的优势没有了,报纸和通讯社将凭借什么长处去与广播电视媒体竞争呢?西方新闻界的有识之士认为,广播电视虽然迅速及时,但是,由于受到其转瞬即逝的弱点的限制,往往只能报道平面的、较简单的新闻事实,难以表现深刻而复杂的内容,报道缺乏深度。报纸、通讯社却可以充分利用版面多或播发时间不受限制的优势,在报道的深度上做文章,把报道的重点放在挖掘新闻事件发生的原因、产生的影响等深度问题上,以此来形成自身的报道优势。这也从一个方面促进了深度报道的发展。

四、读者文化水平和基本素质普遍提高

进入20世纪以后,美国等西方资本主义国家的经济快速发展,民众的生活水平有了明显提高,受教育程度也随之提升,许多受众都受过较高层次的教育。1970年,美国适龄人口中升入高中的人数比例达96.9%,升入大学的人数比例达46.5%。同年,日本此两项数据则分别为81.2%和24%。许多人大学毕业后还可以继续学习,接受终身教育。随着教育水平和自身素质的不断提高,读者的视野更为开阔,对新闻报道的要求也更高了,许多人不再满足于报纸对于单纯新闻事实的报道。他们不仅关心国内新闻,而且关注世界各地发生的重大新闻;不仅想知道最近发生了什么事,而且想知道这些事件发生的背景是什么,它们会对国内外产生什么影响,未来的发展趋势如何等。读者

的要求是新闻界改进新闻报道的最大动力。正是在这种背景下,深度报道开始受到新闻界的关注,并逐步占据了西方报纸的主要版面。

美国媒体大亨亨利·卢斯于1898年创刊的《时代》杂志,对深度报道的萌生功不可没。卢斯首次将新闻分成"快新闻"与"慢新闻"两种,"快新闻"注重对某时某地发生的某种事情,用最快的速度做一个简略的报道,而"慢新闻"则花费较多的时间,需对事件做深入的调查,弄清其来龙去脉,分析其前因后果,是一种有分析、有深度的新闻。同时他还强调,新闻报道不仅要报道事实,还要发现和提出问题,并加以研究、分析和解答。[①]一般认为,被西方新闻界公认的第一个深度报道栏目,当推1931年美国纽约《太阳报》开辟的"解释性报道"专栏。该报在每周六将一周的新闻大事进行集纳、分析和解释,并成为常设性栏目。由此开始,解释性报道在美国日益盛行,并被一些报纸视为必需品,在各类

图10-1 "9·11"事件发生后,《时代》杂志在9月14日推出特别报道,全面检讨美国国土安全、外交政策等多个领域的政策,并对未来美国的应对措施做出预判

报道中所占的比重也越来越大。深度报道在美国最终确立其理论地位是在1985年,当时美国普利策新闻奖评委会经过多年的深思熟虑,终于设立了解释性报道奖和调查性报道奖。至此,深度报道开始走向了真正的大繁荣。

【小资料】

普利策奖分为两大类:新闻奖和艺术奖,共计21个奖项,其中新闻奖14个,分别是为公众利益服务奖、突发新闻报道奖、调查性报道奖、解释性报道奖、地方新闻报道奖、全国新闻报道奖、国际新闻报道奖、特稿写作奖、评论奖、

---

① 赵浩生.漫话美国新闻事业.北京:北京出版社,1980:61-62.

文艺批评奖、社论写作奖、社论性漫画奖、突发新闻摄影奖和特写摄影奖。这些奖项随美国新闻事业的发展不断调整,从而保持与时代同步。普利策新闻奖的参评对象主要是每日、每周出版或者每周至少出版一次的美国报纸,包括通讯社。报名形式可以个人自荐或新闻机构选送,每条新闻报名费 50 美元。

第二节　深度报道的主要特点

作为继政党新闻、客观报道之后的第三种主流报道形式,深度报道是一种系统而深入地反映重大新闻事件和社会问题,阐明事件因果关系,揭示实质,追踪和探索事件的发展趋势的报道方式。在新闻实践上,西方新闻界把它看作是与客观报道方式相平行的一种报道方式。深度报道产生之后,西方的新闻报道便被划分为纯客观的"动态报道"和带解释性的"深度报道"两大类。

一、深入挖掘新闻事件全部信息

深度报道突破了"一事一报"的局限,不是简单地、平面地、就事论事地报道新闻事件,而是深入地对新闻事件进行全面挖掘,系统地提供新闻事件的背景,客观地解释新闻事件的含义,特别是对新闻事件发生的原因、新闻事件与其他事物的联系、新闻事件的影响和发展趋势等进行深入挖掘,延伸和拓宽新闻报道领域,给受众以全方位的信息。美国新闻学教授尼尔·高普鲁在《深度报道论》一书中指出:"深度报道,是将新闻带进读者关心的范围以内,告诉其重要的事实、相关的缘故以及丰富的背景材料。"因此,它要求"以今日之事态,核对昨日之背景,从而说出明日之意义"①。

2007 年,《华尔街日报》上有一组关于中国资本扩张的负面影响(从社会不公到环境污染等一系列问题)的解释性报道,包括《"血铅事件"敲响环保警钟》《北京城市建

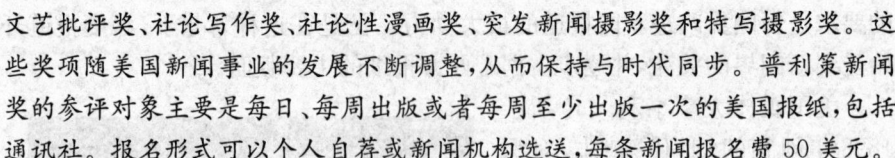

图 10-2　《华尔街日报》标识

---

①　周胜林. 新闻写作技巧. 福州:福建人民出版社,2001:214.

设的幕后英雄》《地方大兴土木中央难上加难》《西藏感受经济发展脉动》《不当房奴——中国中产阶级的心声》《"长江女神"芳踪已逝》《中国汽车业发展令决策层喜忧参半》《中国赤脚医生打响环境保卫战》《中国未来的改革方向》《中国违规电厂、煤矿屡禁不止》,共 10 篇。每篇报道各有侧重,并善于多角度、多侧面展示问题,视角全面、涉及广泛、内容丰富,10 篇报道正好涵盖了中国经济发展中的 10 个重要问题。

二、运用评述揭示新闻事件的思想内涵和隐含的意义

客观报道方式主张用事实说话,通过精心选择事实、组织材料、遣词造句和事实本身的逻辑性来表达作者的立场和倾向。为了增强报道的客观性,这种报道方式反对记者在新闻写作中进行议论。深度报道方式则不单纯用事实说话,它在报道新闻事件的同时,还充分运用议论的方法,对新闻事件的内涵和意义进行分析和评述,指出其精华所在,帮助受众深入认识新闻事件。这也是深度报道有深度的原因。

三、报道内容具有广延性

深度报道不是仅仅报道一时一事、报道事实的某个方面,而是全面地、系统地、深入地对新闻事件进行报道,把新闻事实的整个面貌全方位地展现在受众面前。这种广延性,体现在时间、地点、人物、事件、原因、结果等诸种新闻要素上,即深度报道不仅要报道现在正在发生的新闻事实,而且要追溯既往、预测未来;不仅要报道新闻现场,而且要报道与事件相关联的其他地方发生的新闻;不仅要报道当事人,而且要报道相关人物。报道内容的广延性,使得深度报道不仅具有广度,而且具有深度。

有的西方新闻学者认为,深度报道是将原有的新闻要素(5 个"W"和 1 个"H")加以扩大和深化而写成的报道。具体来说,在"时间"要素上,使"何时"要素从"现在"扩大到"过去"和"将来";在"地点"要素上,从新闻事件发生的现场扩大到现场以外的地域;在"人物"要素上,由"当事人"扩大到"相关人"和"其他人";在"事件"要素上,由新近发生的事件扩展到相关事件和其他事;在"原因"要素上,由表层的原因扩大到深层原因;在"结果"要素上,由现在怎么样扩展到原来怎么样、将来怎么样以及应该怎么样。一句话,凡是与被报道的新闻事件有关联的内容,都在深度报道的报道范围之内。

【小资料】

美国哥伦比亚大学新闻研究生院在教程中谈到报道的层次时,提出了三层报道的概念:第一层是事实性的直截了当的报道,第二层是发掘表象背后实质的调查性报道,第三层是在事实性和调查性报道的基础上所做的解释性和分析性报道。

第三节 深度报道的常见类型

深度报道是一类以深度见长的报道的统称,凡是能够深入、系统、全面地报道新闻事实的新闻体裁或报道方法,其报道方式都可以纳入深度报道的范围。深度报道不仅涵盖解释性报道、调查性报道和预测性报道等独立新闻文体,也包括连续报道、系列报道等组合性的深度报道。

一、解释性报道

解释性报道或称解释性新闻是最先出现的,也是最重要的深度报道类型。解释性报道强调事实与观点两分开,侧重于依靠背景资料和专业观点揭示和说明新闻事件发生的原因,重点在"为什么"这个新闻要素上做文章,向受众提供比较充足的背景材料,用事实来解释事实,着重回答这一新闻事件为什么会发生,它的意义、影响及发展趋向等问题。用来解释新闻事实的事实可以是历史的、现实的,也可以是数据、知识性事实、意见性事实等。

杰克·海敦曾给解释性报道下定义说:"解释性报道是一种做解释或者做分析的报道,也就是那个被过多地滥用的词语'有深度的报道'。它是一种加有背景,给新闻揭示更深一层意义的报道。"[1]概括起来讲,解释性报道就是指注重挖掘和运用背景材料,以解释新闻事实的原因、影响、发展趋向及深层意义等内容为主要任务的深度报道形式。

解释性新闻的题材多为重大的社会问题、政治问题或国际问题。这类新闻经常运用大量背景材料,采取叙述或夹叙夹议的手法,穿插以场景、对话和

---

① [美]杰克·海敦. 怎样当好新闻记者. 伍任,译. 北京:新华出版社,1980:211.

奇闻异事等,以增强报道的说服力和趣味性。

美国的新闻学家把解释性报道的产生与发展,称为新闻写作的第三次革命。第一次新闻写作革命发生在18世纪中期,美英等国的新闻文体从英国文学的抒情散文体束缚中解放出来,形成顺序记事的新闻文体;第二次新闻写作革命发生在19世纪中期,讲究导语写作,以"倒金字塔"式结构为框架的新闻报道在美国产生并风靡世界。而解释性报道作为第三次新闻写作革命的产物,目前仍占据美国报纸的大部分版面,像《纽约时报》《华盛顿邮报》等,一半以上的版面被解释性新闻占据。1978年出版的《世界大百科》一书把这类新闻的增多称为20世纪美国新闻史的一大发展趋势。

二、调查性报道

调查性报道是一种以较为系统、深入地揭露问题为目的的报道形式,起源于美国新闻界。它专门用来揭露政府和公共机构中的腐败行为和不法行为,故也被称为揭丑报道。20世纪初,美国就盛行揭丑报道,总统西奥多·罗斯福曾指责这种揭露性报道是"专挖丑闻",是"扒粪"。但更多的人给予这场运动以高度的评价,并干脆称之为"扒粪运动"。

1972年,《华盛顿邮报》对"水门事件"持续22个月的采访、调查终将总统尼克松赶下了台。鲍勃·伍德沃德和卡尔·伯恩斯坦获得普利策新闻奖,而《华盛顿邮报》也一举成为美国最重要的主流报纸之一。美国新闻界还成立了由具有丰富的调查性报道经验的知名记者和编辑组成的"调查记者与编辑组织"。该组织不仅对调查记者开展职业训练,还组织大规模的调查性报道。一时间,调查性报道成为报刊上风靡一时的新闻文体,并从此步入了一个辉煌的时代。

图10-3 《华盛顿邮报》对"水门事件"的报道

调查性报道是记者深入调查的产物。它注重展示调查的过程,用具体翔实的事实性材料,指出丑闻、丑行的具体表现,揭露它所产生的恶劣影响和严重后果,探寻它所产生的社会根源以及人们应该从中汲取的教训。调查性报道代表的是民众的知情权,有助于发挥媒体的舆论监督功能。一篇成功的调查性报道,往往能引起公众的广泛关注,同时为其所属媒介赢得极高的声誉。

【小故事】

19世纪末20世纪初,美国各类社会问题层出不穷。1903年,《麦克卢尔杂志》刊登了《扒粪运动》《美孚石油公司的历史》和《工作的权力》三篇报道,分别揭露市政腐败、石油大王洛克菲勒在竞争中的不当行为,以及煤矿业残酷镇压工人罢工的情况。随后,揭丑(黑)运动空前高涨,甚至总统也被披露贿赂和腐败。罗斯福气愤至极,在一次记者招待会上将这些专门揭丑的记者比喻为约翰·班扬《天路历程》小说中的一位手持粪耙,目不旁视,只顾低头向下,对一切美好东西视而不见,满眼都是污秽的"扒粪者"。结果,这一称呼却得到了公众和记者们的认可,成为新闻行业的一种盛誉。

三、预测性报道

预测性报道就是依据现有的新闻事实,运用未来学、社会学、经济学等多种学科知识,对未来有可能发生的情况和问题所进行的深入的、多方位的分析报道。它可以采用客观报道的手法,运用新闻事实或引用权威人士的见解,对新闻事件、情况、问题进行预测,也可以运用夹叙夹议的手法等。

在写作特点上,它与解释性报道极为相似,都立足于对已发生的新闻事实进行分析和解释,揭示其背后的新闻和所蕴含的深层次的东西。所不同的是,解释性报道是对已经过去的新闻事件进行分析和解释,重在揭示其发生的原因和影响;预测性报道则是对刚刚出现或未来将要出现的新闻事件、情况和问题进行分析和解释,预测出其最终结果和发展趋向。

四、连续报道

连续报道是对新闻事件在一定时期内持续进行的报道。通过持续报道,可以不断从新的角度反映新闻事件的进展情况及其在社会上引起的反映,达到集中、突出的效果,引起受众的关注。连续报道是一种快捷、深入地报道新闻的报道方法,能够展示新闻事件的完整发展过程,让受众更加及时、准确地理解事实的真相,多用来报道重大新闻事件或比较突出的典型人物。普利策是连续报道最积极的倡导者,他的名言是:"在一件事情的真相被彻底弄清之前,决不放过它!连续报道,连续报道!"①

五、系列报道

系列报道指的是围绕同一个主题或问题,把相互关联的典型人物、典型事物组合起来,联为一体的报道方法。它通常把一个大主题分解为若干个小主题,分别从不同的侧面立体地表现大主题。系列报道中的各个单篇报道体裁一致,篇幅长短和写作风格基本相同,发稿的时间相对集中。用系列报道的方法报道某一社会现象或值得注意的社会问题,可以在一段时间内形成舆论强势,达到良好的传播效果。

六、整合报道

整合报道与连续报道、系列报道这两种连载形式不同,它是一次性的报道。它把某新闻事件各方面的报道和相关的新闻背景组合在一起,对新闻事件进行深入的透析;或者是有效地将各种零散的新闻报道整合在一起,从而形成有一定报道规模和报道效果的报道整体。

整合报道中的每一篇报道都构成网状结构的一个环节,是一个独特的篇章,同时又呼应着其他报道。整合报道可以由消息、评论、背景资料、图表、图片或其他深度报道形式组成;可以由有相同或相近观点、主题的同类报道组成;也可以由观点、主题、叙事风格完全相左的报道组成。可见整合报道较之其他单一的深度报道模式具有更多的开放性和兼容性。

整合报道能够较好地处理新闻要素的分合关系,在很大程度上避免了其他深度报道模式篇幅冗长、节奏缓慢、头绪复杂的弊端,将冗长的篇幅分割成一个个精悍的报道个体,使报道节奏进一步明快清晰。整合报道通常以重大事件作为报道对象,以"特刊""特别报道""号外"等形式出现。特刊、特别报道等作为一种特殊的报道样式,已经成为整合报道模式的极佳载体,它通过将零散的信息有机整合,使之成为一个整体,拓展了新闻报道的深度和广度。至于

---

① [美]埃德温·埃默里,迈克尔·埃默里.美国新闻史.苏金琥,译.北京:新华出版社,1982:297.

网络媒体,其整合功能更是强大,它的超文本链接特性足以把整个世界的新闻整合成一个超级新闻库。

【小故事】

国际新闻学会的第一任会长马凯曾经形象地用三个句子表达了新闻、解释与意见之间的区别:"报道苏联正在发动一次和平攻势,这是新闻。""说明苏联为什么在这个时候让和平之鸽叽叽咕咕地叫,这是解释。""表示对任何苏联的和平试探都应加以拒绝,这是意见。"

第四节 深度报道的历史评析

深度报道建立在传统新闻学思想的基础之上,是对客观报道的补充与发展。随着时代的发展,在新闻媒体实践过程中,深度报道的某些理念与经验已被人们广泛接受,丰富与修正了原有的新闻理论体系,对新闻的写作方法和报道形式也产生了深刻的影响。同时,深度报道的一些常见类型也有着一定的局限性。

一、深度报道是对客观报道的修正和延伸

客观报道理论过分强调报道要"客观公正",只要求记者报道那些已经发生了的事情,并不提倡记者对事件进行分析和解释。这样,记者就只能就事论事地报道新闻事实,写出的报道不仅内容单一,而且肤浅,缺乏必要的深度。深度报道理论则不同,它一方面继承了客观报道理论的优点,坚持客观公正地反映现实,让新闻报道正确地反映客观事物的面貌;另一方面,克服了客观报道理论的不足,在报道内容、报道方式、写作方法上大胆创新。

深度报道重在拓展新闻报道的内容深度。它突破了客观报道理论在报道新闻事件发生的时间、地点、人物等方面的局限,将每个新闻事件都看作一个整体或过程。在时间要素上,既要注意写现在,又要注意写"过去"和"将来",揭示新闻事物过去的状况和将来的发展趋向;在地点要素上,既要写新闻现场的情景,又要注意地点的波及,报道与该事件相关联的其他地方发生的新闻;在人物要素上,不仅要注意报道事件主人公的所作所为,而且要报道相关人物

图 10-4　杰克逊和众多老电影明星同眠

的动作和行为;在新闻事件发生的原因上,深度报道理论主张新闻报道应把注意力放在分析"为什么"和"未来会怎么样"这一类较深层次的问题上。

深度报道的报道方式跳出了客观报道理论所坚持的"一事一报"这一单一报道新闻事实的方法,提倡用多种方式报道新闻事实。凡是有利于表现新闻报道深度的写作样式和报道方式,都纷纷登上了新闻文坛。这里面既有解释性报道、调查性报道、预测性报道、新闻分析等独立成篇的报道形式,又有连续报道、系列报道和整合报道等由多篇报道协同作战共同报道同一主题的报道方式。

深度报道在写作方法上也有重大创新。它突破了客观报道理论所坚持的"要把新闻报道与意见写作分开"的写作戒律,主张在报道新闻事实的同时,运用夹叙夹议的方法,对新闻事实进行必要的分析评说,挖掘新闻事实所包含的思想内涵和产生的深层次原因,为受众提供有深度的、思想内涵丰富的综合信息。

二、深度报道能够充分发挥记者的主观能动作用

客观报道理论只允许记者去采写、报道那些他们观察到的已经发生了的新闻事件,并且只能客观地对它们进行报道,不能对其产生的原因、本身的意义和发展趋向进行分析和解释。在这种新闻写作理论的指导下,记者只能表面地、被动地处理新闻事实和新闻报道,主观能动性得不到应有的发挥。

深度报道理论则不同,它要求记者"以今日之事态,核对昨日之背景,从而说出明日的意义来"。也就是说,它要求记者依据已经发生的新闻事实,运用科学分析的方法,客观地解释新闻事件的含义和发生的原因,分析和展望新闻事件的发展方向。在采写深度报道时,记者不是就事论事地报道新闻事件,而是要深入地考察和分析新闻事件;不是仅仅报道业已发生的新闻事实,而是要把新闻触角伸向社会生活的多个领域,主动地去发现和发掘有价值的新闻事实和社会现象,了解新闻事件和社会现象的真相,探求它产生的深层次原因和问题的实质;不是简单地摹写新闻事实,而是要充分运用分析的方法,指出新闻事件的实质。这一切,对记者都是很好的锻炼和考验。因此,深度报道解放了记者的思想和手脚,激发了记者的主体意识和创造性精神。

三、深度报道有效地增强了新闻报道的深度和广度

1932年,美国新闻学者麦克道格尔根据深度报道的实践,第一次将"新闻五要素"的概念变成了"新闻六要素",在"新闻五要素"之外,又加上了另一个要素"如何"(How)。对"Why"与"How"的重视,也成为深度报道区别于客观报道的重要特征之一。

深度报道属于较高层次的报道,不仅报道基本新闻事实,而且深入地分析新闻事件发生的原因、影响、意义与发展趋向,完整而详尽地交代新闻事件的全过程和事件之间的各种联系,与一般客观报道相比,它向受众提供的信息更丰富、更全面、更系统、更深入。"所传递的多种信息比信息型报道所传递的简化信息在真实的深度、广度、高度上都有所超出,深度新闻报道恢复了事物的复杂性,更接近于新闻事物在现实中的本来面目。"①

---

① 陈作平.新闻报道新思路:新闻报道认识论原理及应用.北京:中国广播电视出版社,2000:188.

深度报道能使受众既知其然，又知其所以然。因此，它能更充分地满足受众对新闻信息的需求。经常刊载内容新颖、形式活泼的深度报道，可以增强新闻传播媒介自身的吸引力，改善传播媒介的形象，密切传播媒介与受众的联系。

四、深度报道的局限性

深度报道也存在着一定的局限性。首先，深度报道时效性较差、耗费精力。深度报道一般都是一些篇幅大的稿件或者是多篇稿件有组织、有计划地安排，在采访写作、收集整理这些稿件时，记者往往要付出几倍于消息写作的艰辛。一篇好的深度报道需要记者花很多时间和精力去调查采访、分析背景，以形成观点、谋篇布局。两位调查"水门事件"的《华盛顿邮报》记者每天工作12到18小时，一星期干7天，在4个月内采访了1 000多人；《每日新闻》的调查班子花费9个月时间才写出一组揭露海洛因贩运的报道；《迈阿密先驱报》的两名记者在两年内花费大量时间调查一项联邦住房计划中的贪污问题。① 调查性报道的采写过程有时还会受到多方面的阻碍，甚至生命的威胁。赫西·库什在越南战场调查美军屠杀越南平民的事件时，几乎就是在用生命谱写报道。尼克松政府为了让《华盛顿邮报》停止对"水门事件"的调查，曾威胁要吊销《华盛顿邮报》的电视执照，结果导致该报的股票价格大跌。政府甚至还对伯恩斯坦等记者的生命安全发出了威胁。

图10-5　著名的"扒粪"刊物《麦克卢尔杂志》

质量是深度报道的生命。深度报道关注的往往是重大问题，必须讲求写作的质量。而在讲究质量的同时，就必然牺牲时间。如果为了赶时间，不经过细致的采访和写作就炮制出报道来，往往只能做到徒有其表的"为解释而解释""为调查而调查"，无法引起社会关注，甚至还会造成负面影响或者新闻官司。

---

① 李良荣.西方新闻事业概论(第3版).上海：复旦大学出版社，2007：211.

其次,深度报道的选题受到现实环境的影响。深度报道关注的往往都是较为敏感的重大事件或重要问题,能否报道这些选题在较大程度上受到特定环境和预计效果的影响。调查性报道的调查对象通常是社会的阴暗面。社会政治权力的更替是带有周期性的,虽然在每一时期都存在着社会的阴暗面,但在社会内部相对安定时,调查性报道不会引起太多受众的注意。只有在社会内部较为动荡时,调查性报道才能兴盛。

再次,深度报道对记者和受众都有较高的要求。深度报道需要系统、深入、全面地反映重大新闻事件和社会问题,阐明事件因果关系,揭示实质,探索未来发展趋势,时常希望记者是某一领域的专家,这样在分析时才会有深度,因而使得一些传统的非专家型记者无所适从。深度报道要求对新闻事件做出较为深刻的分析,很多文化水平不是很高的读者,以及不习惯于在辛苦状态中接触传媒的受众不喜欢这类报道,因此,深度报道常常会失去一部分认知能力稍差的读者。预测性报道也必须是建立在对现实甚至是历史背景的综合分析基础上,这种分析可以是一种数字上的解析,也可以是一种内容上的对比与逻辑推证,以揭示从历史发展到现实的发展趋势。总之,深度报道在采写和阅读上都有一定的难度。

传统的深度报道主要是以纸质媒体为代表的。随着新兴传播技术的发展,特别是广播、电视、网络媒体的出现,纸质媒体的可保留性和深刻性,电子媒体的视听性和快速性,网络媒体的丰富性、交互性和超空间性等特点,使得新闻媒体和报道手段越来越趋于相互融合和跨媒介协作。深度报道也必然会朝着多样化、全媒体化等方向发展。

【资料链接】

《调查性报道》(威廉·C.盖恩斯,2005)的作者是《芝加哥论坛报》的知名记者,两次获得过普利策调查性报道奖。该书使用案例分析的方法,将原本复杂、深奥的调查性报道过程分解、还原。书中还虚拟了几位调查性报道记者,模拟在不同情境下进行调查性报道的成功要点。这种"情境"写作与《华盛顿邮报》对"水门事件"的调查等真实案例相得益彰。尤为可贵的是,本书针对调查性报道的不同内容,如政府腐败、公司和个人诈骗等问题提供了各有特色的调查"模式"。

【拓展训练】

1. 简述深度报道与客观报道的不同之处。
2. 你认为深度报道应注意哪些问题？
3. 试采写一篇解释性报道或调查性报道。
4. 试析解释性报道和调查性报道的异同。
5. 试析报纸上的一篇整合报道。

第十一章　新新闻主义

【情境导入】

新新闻主义是文学与新闻的一次嫁接。1981年,《华盛顿邮报》的记者杰妮特·库克在她的特写中编造了一个儿童吸毒者的形象,并凭此骗取了普利策奖。丑闻被揭露后,对"新新闻主义"的新一轮攻击随之而来。《洛杉矶时报》的戴维德·肖指责库克掉进了典型的"新新闻主义"陷阱,他说:"库克写得太棒了。她写得如此之棒以至于她忘了自己是个记者,而不是个小说家。"当然严格说来,库克的报道并不能算是新新闻主义,而是十足的虚假新闻。新新闻主义报道方式虽然融合小说的创造力、想象力,强调写作的风格及描述的品质,但同时新新闻主义也重视事件本身的真实性,特别强调记者对事件的深入调查和研究。

【学习要点】

1. 新新闻主义与客观报道的关系
2. 新新闻主义的报道特点
3. 新新闻主义的历史评析

新新闻主义(New Journalism)又称"新新闻学"或"非虚构文学""文学新闻"等,是世界新闻史或文学史上一位来也匆匆、去也匆匆,而且颇受争议的过客。新新闻主义最显著的特点是倡导将文学写作的手法应用于新闻报道,洋溢着浓郁的小说化信息和主观色彩,为新闻写作提供了新视角,但它在某种程度上混淆了新闻真实与艺术真实的关系。

20世纪60年代初,新新闻主义席卷美国新闻界,波及西方各国。70年代初,新新闻主义又伴随着人们的谴责声而突然销声匿迹,只留下一堆供人玩味的作品。90年代,新新闻主义的某些特征又奇迹般地"复活"。当前媒体上广为流行的现场报道、说新闻、故事化报道等就被认为是继承了新新闻主义的某些合理内核,可以看作是新新闻主义的"变体"形态。

第一节　新新闻主义产生的背景

新新闻主义思潮最早可以追溯到19世纪末20世纪初。这一时期,美国社会急剧变化,人口与财富快速增长,大批农村人口涌向城市,劳资对立激化,现实主义小说进入鼎盛时期。新闻记者深受社会风气的影响,也开始借助现实主义小说的对话、场景描述以及细节描写等技巧来反映更深层次的现实。马克·吐温的《密西西比河上》就可以称得上是"新新闻主义的滥觞"①。《华盛顿邮报》《论坛报》《纽约时报》等报纸大量登载"文学性新闻报道"。20世纪三四十年代,多数报纸在对30年代经济大萧条的报道中缺席,从而出现了报告文学的写作高潮。20世纪六七十年代,著名作家如诺曼·梅勒、杜鲁门·卡波特、汤姆·沃尔夫等在《纽约》《村声》《滚石》《老爷》等这些略带叛逆性的杂志上发表大量新新闻主义作品,标志着新新闻主义的真正诞生。一定程度上,新新闻主义可以看作是当时美国动荡、复杂多变的社会文化背景的必然产物。

一、动荡不堪的社会状况使传统新闻报道无法应对

20世纪60年代是美国社会的"反叛时代",肯尼迪总统遇刺身亡,反越战浪潮席卷全美,黑人争取合法权利的抗议此起彼伏,马丁·路德·金被害。伴随着社会动荡,激进主义文化色彩斑斓、溪流纵横;黑色幽默、摇滚乐异军突起;性泛滥风靡;权威与理性受到怀疑;躁动不安的情绪蔓延全国。美国文化学者莫里斯·迪克斯坦在《伊甸园之门》里,使用了一个巧妙的比喻来描绘这种现实:"60年代的社会动荡,更像发生在全国每一个角落的数百次游击遭遇战,而不像一场由许多

图 11-1 《伊甸园之门》封面

---

① 张素珍.试论新新闻主义的由来、形成和发展.徐州师范学院学报,1991(2).

大规模战役组成的常规战争。"①

面对动荡、复杂多变的社会状况,平实、冷静的客观性报道已不能全面反映社会的复杂性、多样性和深刻的变化,传统新闻理论和实践中倡导的单一的"倒金字塔"结构以及五个W模式已无法真实准确地反映客观现实,而且这样的报道也不再受到读者的欢迎。人们希望建立一种新的、开放的新闻理念,以满足时代的需要。

二、客观性观念遭受怀疑和挑战

19世纪,实证主义的狂飙席卷美国各领域。人们坚信客观世界是一个能用各式各样的科学理论和实验验证其特性的具体实在。"客观性"观念在美国学术界风行一时,几乎统治了所有的知识领域和生活领域。

进入20世纪以后,人们开始对人类是否能够真正客观地观察、反映、揭示外部世界产生了质疑,自然科学和社会科学几百年来研究成果的客观性和真实性成为人们竞相探讨的基本问题。世界各国的哲学家、历史学家、社会学家、心理学家以及自然科学家都产生了如此怀疑。美国的一名社会学家说:"这个词(指客观)现在已有那么多的矛盾,它在方法论上的含义也是模糊的,它的精确意义不能在同样的前后联系中被详细地阐明,因而它决不应该再被使用。"②

另外,美、英、法等国在第一次世界大战期间的宣传伎俩被揭露,公关业的兴起、解释性报道在新闻媒介中地位的确认也使新闻从业者对客观性观念产生了普遍的怀疑。客观性原则作为新闻理论最为重要的基石之一开始动摇。

三、主观性逐渐渗入社会科学领域

20世纪60年代,存在主义在美国进入全盛时期。一些主要的存在主义者成为时髦的哲学家,大量著作在美国出版。著名的存在主义哲学家基尔凯·郭尔反复强调:"主观性就是真理。""只有当真理变成我身上的生命时,我才认识它。""意识从自身出发创造出真实。"③这些表述在当时的社会引起广泛共识。

---

① [美]莫里斯·迪克斯坦.伊甸园之门——六十年代美国文化.方晓光,译.上海:上海外语教育出版社,1985:129.
② 李良荣.西方新闻事业概论(第3版).上海:复旦大学出版社,2007:139.
③ [法]保罗·富尔基埃.存在主义.潘培庆,郝珉,译.上海:上海译文出版社,1988:109.

现代派绘画中,画家根据个人的内心体验,将各色颜料任意随性地涂抹在画布上,或是将人体形象分解成许多部分再加以重新组合。他们认为只有渗入了画家主观性感受的作品才是最真实的。文学领域中,从垮掉派诗歌和小说开始,主观性、自我表现和对自我的浪漫主义信仰回到了文学表达的前列。50年代的批评家往往诉诸文化传统,而60年代的批评家则可能用个人的陈述结束争论。

学术界的主观性渗透至新闻界,导致了许多新的新闻现象出现,新新闻主义就是这些现象之一。美国新闻界中的许多"特写记者"开始逐渐抛弃传统的常规新闻报道手法,借用小说的某些手法撰写长篇的新闻报道。他们更多地注重细节、心理描写,花费更多的时间深入现场采访,记录下人物的对话、姿势、面部表情、生活环境等。

四、电子媒体对纸质媒体的挑战

纸质媒体本身遭遇的压力也是新新闻主义发展的一种强动力。由于电影和电视这些视听一体的媒介的快速发展,使得报纸、杂志这些传统媒体备感压力,不得不在摸索中寻求创新与改革。由于报纸杂志相对电影、电视,有着明显的实效与感官差距,记者们便只能寻求最大力度地发挥文字的优势,更深度、更细腻、更"人性化"地对新闻事件和新闻人物做报道。

第二节 新新闻主义的报道特点

新新闻主义之所以谓"新",因为无论其理论还是实践都是新闻史上前无古人的,它与传统新闻工作理念、实践处处相对立,呈现出一种小说家的"客观化"和新闻记者的"主观化"趋势。汤姆·沃尔夫可以称得上是新新闻主义报道的亲身实践者和新新闻主义理论的开拓者,被称为"新新闻主义之父"。在相当长的一段时间里,沃尔夫几乎就是新新闻主义的代名词。

1973年,汤姆·沃尔夫和约翰逊联合编辑了一本21位新新闻主义作家的文选《新新闻主义选集》,书名正式打出了"新新闻"的旗号。汤姆·沃尔夫在这本书的序言中概括了新新闻主义写作手法的四大特点,也就是新新闻主义"新"之所在:(1)采用一幕幕场景与画面组合的结构来描写事件,避免使用传统新闻报道中的历史叙述方式;(2)每一幕场景由一个特定人物来呈现,即通过一个亲历事件者的所见所想来表现场景;(3)大量运用人物间的对话,对这些对话进行无删节实录;(4)集中使用对人物的社会生活、地位有象征性作用的细节(如他们的穿着、家庭布置、对上司下属的态度等)描写。综合其他一些代表性人物

图11-2 汤姆·沃尔夫

的作品,可以看到新新闻主义的报道具有以下几个方面的显著特点。

一、聚焦严肃题材

沃尔夫曾说:"每个时代都是不平凡的,都是令人不可思议的,假如你真正触摸到它的脉搏的话。就我们生活的这个时代而言,也还有许多值得思考反省的东西尚未开掘,有待小说家去探索的领域是如此之大,只要能真正介入进去,作家的头脑就会很容易地被社会结构和社会场景所完全占据。我就从自己的创作实践中充分尝到了这种开发未知领域——描写那些亚文化,那些没人愿意写的生活面——的甜头。人们不大愿写这类题材,主要是因为他们认为对那些题材不甚了解,或者认为还犯不上去严肃地对待它们。我想,今天最严肃的题材既非政治,也非战争,而恰恰是人们生活方式的变更,人们观察世界的变更。也许这一直就是最为严肃的题材吧。"①

新新闻主义者总是把视点冷静地聚焦在突出的社会矛盾和问题上。许多新新闻主义的作品详尽地描绘了"地下状态"的生活情景,包括政治骚乱、反主流文化运动、黑豹党运动、女权主义、反战示威、色情犯罪等。许多作者还关注嬉皮士吸毒、性泛滥、物欲膨胀等美国普遍存在的社会重大问题,所涉及的题材极为广泛,较深刻、全面地反映了美国社会的现实状况。如汤姆·沃尔夫的《名利之火》关注的是日益激化的种族矛盾,杜鲁门·卡波特的《冷血》聚焦青

---

① 卫景宜.小说的形式和内容——汤姆·沃尔夫谈话录.张弛,译.乌鲁木齐职业大学学报,2000(1).

年犯罪问题,诺曼·梅勒的《夜幕下的大军》则再现了轰轰烈烈的反战运动等。

【小资料】

《夜幕下的大军》(诺曼·梅勒,1968)分两卷,副标题分别为《作为历史的小说》和《作为小说的历史》。1967年4月,纽约爆发了25万人参加的反战游行。同年10月,美国各种反战力量又举行了声势浩大的向五角大楼进军的示威游行。作者参加了这次反战行动,并用"新新闻"的形式详尽记述了反战运动经过。在这本被称为"非虚构小说"的书中,历史和小说,现实和想象,写实和虚构交织在一起,散文、诗歌、杂文、报道、评论熔于一炉,向读者展现了20世纪60年代美国的政治图景。该书获1968年普利策非小说奖和美国全国书奖,在国内外都产生了极大的影响。

图11-3 《夜幕下的大军》封面

二、注重运用"饱和采访"方式

"饱和采访"类似于深度报道理论所倡导的采访方式,但比前者还要全面和深刻,需要耗费更长的时间,更多的人力、物力。新新闻主义报道的独特性之一在于,它选择已经发生的具有社会震动性的事件为切入点进行广泛的调查研究,最后回到社会事件本身,通过具体事件透视社会现实。新新闻主义作品篇幅都较长,采访、写作要耗费大量时间,这就特别要求作者写作前花相当长的时间(几个月甚至几年)进行准备工作,包括采访所有的当事人,查阅所有的相关资料以及细致地搜集其他各种相关信息。

图11-4 杜鲁门·卡波特

例如,杜鲁门·卡波特在写作《冷血》(又译《残忍》)一书前就用了近6年时间进行采访调查。1959年开始,卡波特就受《纽约客》杂志之邀,前往堪萨斯跟踪采访一起灭门血案。在他动笔之前,一共记下了6 000多页的案件调查笔记,他对被害者一家和两名凶手,以及与此案有关的人,都一一进行了采访。诺曼·梅勒在写《刽子手之歌》前,探访了主人公加里·吉尔摩接触的每一个人,包括亲戚、朋友、雇主、受害者、警察、侦探、监狱看守、法官、律师、精神病专家等,甚至尝试把自己放在吉尔摩的位置同其女友尼科尔相处,和吉尔摩同住一间牢房,直接观察、感受他的精神状态。

这种不计时间成本的采访方式是空前的,它体现了新新闻主义对新闻深度的不懈追求。正如沃尔夫说的:"报道的基本单元,已不再是何人、何事、何时、何地、如何与何故,而是所有场景与对话的伸展。新新闻牵涉到一种深度的报道,以及注意到最细微的事实和细节。这些都是大多数记者,即使是最有经验的报人,也所从来不敢奢望的。"①埃默里父子对新新闻主义也评价说:"无论说新新闻主义只是旧的特稿写作技巧的集中使用,还是在获取'事实真相'方面的真正突破,这些新闻工作者都取得了显著成就。"②

三、凸显主观化倾向

新新闻主义提倡不要纯客观地观察与报道新闻事实,而要注重记者的参与,把记者的活动融入报道中。在新新闻主义的作品中,经常可以看到采访者作为一个人物(当事人或"第三者的眼光")出现在作品中,这个人物尽情地、毫不避讳地叙述着自己的所见所闻、所感所思,用作者的观点来综合材料、安排布局,带有鲜明的个人色彩和主观色彩。正如美国文艺评论家约翰·霍洛韦尔所说的,新新闻主义作者拒绝纯客观观察,"而是将自己变为作品中的主角,常常像一个当代地狱之行的导游"③。

图11-5 诺曼·梅勒

---

① 王欢妮.新新闻主义探析.南宁:广西大学硕士学位论文,2006:31.
② [美]迈克尔·埃默里.美国新闻史.展江,译.北京:新华出版社,2004:536.
③ [美]约翰·霍洛韦尔.非虚构小说的写作.仲大军,周友皋,译.沈阳:春风文艺出版社,1988:21.

此外,记录人物对话以及描写人物内心独白等技巧,也是新新闻主义报道主观化的常用方法。写人物的语言,是小说家描写人物的拿手好戏,一个人的思想感情、性格特征都会充分体现在他的言谈之中。新新闻主义充分借鉴了这种文学表现手法。他们认为:记录人物的对话能最迅速、最有效地描绘出人物的性格。新新闻主义最著名的作者之一诺曼·梅勒的代表作《夜幕下的大军》被汤姆·沃尔夫称为"自传性"的作品。在这本非虚构的书中,梅勒本人就是故事中的一个主要人物。这个人物详尽全面的叙述,给读者创造了一个奇妙有趣、仿佛身临其境的氛围。可以说,这部作品的内容完全是作者本人所见所思的主观体验和感受。

四、大量沿袭小说技法

新新闻主义的拥护者和实践者们认为:"记者与作家的混合才是新闻学的新哲学,只有用艺术手法写新闻,才能高于事实,进行真正的艺术概括。"[①]对某些新新闻主义的作者而言,自己的作品无论是大量刊载在报章杂志上,还是被新闻理论家们将其划分在新闻作品一列,他们中的许多人仍然认为自己是在创作一种特殊的小说。诺曼·梅勒就非常生气有人称他为"美国最佳记者",他宁愿将自己的作品称为"作为小说的历史"和"作为历史的小说",他更喜爱小说家和历史学家的称号,用自己的作品影响美国的政治和社会生活,这是他很早就萌生的愿望。

新新闻主义从组织材料、安排结构到叙述方法、语言特征诸方面,更接近小说而不是传统的新闻作品。他们注重描写细节,包括记录人物的表情、姿态、穿着、习惯等,主张采用具有特殊意义的多个场景与画面组合来描写事件,尽量避免历史叙述法。在卡波特的著名作品《冷血》中,作者就使用了两条平行叙述线索,类似电影蒙太奇的剪辑手法,完全突破了传统新闻报道的模式。汤姆·沃尔夫甚至还采用过意识流的写作手法。有时,为了准确地描绘出一种类型的人物而非一个特殊的人物,他们甚至还运用合成人物的方法,即把诸多人物的性格特点及传闻轶事集中到一个有代表性的人物身上,从而彻底暴露了新新闻主义矫枉过正的弊端和"软肋"。除此之外,新新闻主义还运用了渲染气氛、倒叙、反复、预示、悬念、刺激性语言等多种小说写作手法。

[①] 甘惜分.新闻学大辞典.郑州:河南人民出版社,1993:81.

第三节 新新闻主义的当代发展

作为20世纪最激进的新闻理论,新新闻主义虽然寿终正寝了,但是关于新新闻主义的非议、批判和讨论却没有停止过。新新闻主义的一些思维、方法和技巧仍影响和启迪着当前的大众媒体运作。

一、"新新闻主义的复活"

1994年1月,在佛罗里达举行的第13届基韦斯特文学研讨年会第一次讨论了新闻问题和采用"文学性描写"手法的特写记者问题。同年,美国俄勒冈大学新闻学院开设有"创造性非虚构写作"的研究生课程。哥伦比亚大学新闻学院也强调"新闻故事"的写作,并提出"新闻就是描写,描写,再描写"的口号。

同样,还是在同一年,马里兰大学新闻学院的查里斯·哈维在《美国新闻评论》杂志发表《新新闻主义的复活》一文,大胆提出新新闻主义又复活了,并分析了新新闻主义复兴的原因、所引起的争论以及未来发展的趋势。文章认为:"汤姆·沃尔夫曾大力提倡的一些'新新闻主义'要素在今天的很多报纸上确实已像百分比示意图一样常见。这些报纸中既有名牌大报《纽约时报》,也有不那么出名的《俄勒冈人报》《华盛顿城报》。虽然记者们不再使用'新新闻主义'这个字眼,而改用'文学性新闻''亲近性新闻''创造性非虚构写作'这样一些名词,他们的作品却与沃尔夫那些'新新闻主义'的代表作有着惊人的相似特点:用描写手法撰写,大量采用对话,设置场景,细致入微地刻画生活细节等等。"[1]而且"当年曾经刊登大量新新闻作品的杂志,如《纽约客》《滚石》等几乎从来没有中断刊登使用'描写性手法'的报道。在90年代后,这种报道所占的比例有所回升"[2]。

结合新闻界的实际情况来看,"新新闻主义"这个名称确实很少在新闻活动中出现了,更没有哪个媒体会明确提出坚守新新闻主义的报道原则。但是

---

① 楼坚.新新闻主义的复活.新闻大学,1995(冬季刊).
② 葛昀.评议"新新闻主义的复活".新闻大学,1999(秋季刊).

新新闻主义以描写为主的一些写作方法也的确仍常常出现在大特写、深度报道、调查性报道、体验式报道等报道形式中。尤其是在视觉新闻、说新闻以及新闻故事化的报道中,新新闻主义的主观表达、情节设置、细节描写等一些表达技巧表现得更为突出。不过,媒体在使用这些方法技巧的时候,都是尽量控制在遵循新闻事业基本规律的前提下,也都经过了一些修正和扬弃,比如为心理活动描写提供信息来源等。新新闻主义很多当年富有争议的写法,比如合成人物的手法、意识流写作等,现在几乎都已经被摒弃了。

20世纪90年代,美国新闻界出现所谓的"新新闻"报道,这种报道方式的一个突出特点是将信息和娱乐结合起来,就像我们看到布什出现在音乐电视中,克林顿吹奏萨克斯管,金大中为韩国旅游做广告,张朝阳做搜狐的形象代言人,潘石屹热衷于传媒炒作等那样。这种"新新闻"很大程度上仅是新闻报道、流行文化、趣闻轶事三者的"一种速配的混合物"。它深受电影,特别是好莱坞电影和电视的影响,符合当今全球传播与文化融合的需要,增加了新闻的趣味性,但并不同于新新闻主义。[1]

由此可见,这些新闻活动并不是对新新闻主义的完全承袭,更不是所谓的"新新闻主义的复活",而是对新新闻主义某些合理元素的改良和借鉴,新新闻主义自身存在的某些不合理因素相应地也在变革中得到了修正。

二、新新闻主义的改良

在新时期,由于新传播技术带来媒体竞争加剧,新闻商业化浪潮不断兴起,受众的信息需求发生了显著的变化,新闻媒体也不得不突破传统报道模式的束缚,进行一些新的探索和创新。正是在这种形势下,新新闻主义的某些理论及方法越来越明显地渗透到现代新闻业中,新新闻主义改良运动不断蓬勃发展。

"新闻大特写"就有许多方面类似于新新闻主义的作品,两者都注重气氛渲染、细节描写、采访者的个人感受等。"新闻散文化"理论则强调用散文笔法写新闻,注重文字的优美抒情,讲究写作技巧,注重描写人物的心理活动,抒发记者的个人感受,这与新新闻主义的某些主张更是如出一辙。在阐发作者思想、抒发个人感情及合成人物、综合材料方面,报告文学甚至走得更远。纯粹提供信息,平实简单的新闻一统报刊的局面不复存在,新闻写作方法正日益多

---

[1] 张小争,郑旭,何佳. 明星引爆传媒娱乐经济. 北京:华夏出版社,2005:164.

样化,与新新闻主义类似的写作手法和技巧正越来越多地出现在各种类型的新闻报道中。当然,也应该注意到新新闻主义并不能广泛地适用于新闻写作的各个方面,某些写作技巧只能部分地运用于通讯、特写等长篇报道中。否则,又会落入对新新闻主义矫枉过正的窠臼之中。

【小资料】

至今仍有很多记者认为由汤姆·沃尔夫推进的"描写性手法"是报纸上的一种式样,但只是一种而已。报纸上应该有更多样化的新闻式样和篇幅,这全得看哪种式样和篇幅更适合新闻报道的需要。简短的倒金字塔样式对那些时限紧的新闻来说始终是需要的。《纽约时报》的小尤金·L.罗伯茨说:"倒金字塔式新闻仍然会是报上的一种样式,但不应再是全部。80年代我们曾因试图将《今日美国》的新闻风格搬入所有的版面而面临困境。"

第四节 新新闻主义的历史评析

对于传统新闻界而言,新新闻主义无疑是个异类。新新闻主义作者所开创的独特写作方式为新闻界带来了新气息、新视角,在新闻史上产生了广泛而深刻的影响。但由于其主要理论及写作技巧、语言形式都与传统的新闻报道观念和写作手法大相径庭,也成为了学术界以及业界争论的焦点。新新闻主义非常强烈的主观色彩以及新新闻主义信奉者们离经叛道的所作所为,更是遭到某些传统新闻从业人员和理论家的攻击,他们认为新新闻主义不过是一些小说家异想天开的游戏而已。

戴特·麦克唐纳在"纽约客事件"中评价说,好像新新闻主义——它搜集和散布当前新闻——但它只是挂羊头卖狗肉。一方面,扬言新闻事实有根有据;另一方面,又挂起小说情调的招牌。这两者滚在一起,就是杂种。[①] 连汤姆·沃尔夫也称新新闻主义为"杂种的形式"。他在写作中常常直接暴露嬉皮士吸毒的场景、黑豹党运动内幕等,更以大量采用长篇对话、观点和内心独白为快事。他更是随意动用省略号、分隔号、破折号、感叹号,借以渲染气氛。

---

① 彭家发.新闻文学点线面——译介美国近年的新派新闻报道.台北:台湾业强出版社,1988:26-27.

1972年,美国《哥伦比亚新闻评论》杂志曾发表文章,公开嘲笑沃尔夫是个"天才的、富有创造力的撰稿人,不过却只有蚂蚁的社会良知"①。新新闻主义的另一个代表人物诺曼·梅勒也遭遇了同样的尴尬。美国文艺评论家理查德·普伊苗尔认为"梅勒是能拿出作品与福克纳、詹姆士的最佳作品媲美的唯一作家"。但是他离经抗俗,行为奇特,而且往往反映在他的作品之中,所以甚至又被人称为"文学恐怖主义者",甚至"文艺歹徒"。②

一、新新闻主义促进了新闻事业的开拓与发展

从新闻事业的发展过程来看,新新闻主义的产生是有着特定背景的。它是在占主导地位的传统新闻报道手法——客观报道在理论和实践方面遭受挫折,新闻事业发展面临窘迫和选择的转折时刻出现的,也是新闻从业人员为顺应当时的潮流,满足现实的需求进行理性选择的结果。

新新闻主义冲破了传统新闻一成不变的固有模式,将文学与新闻嫁接在一起,以真人真事为基础,在新闻写作中融入小说的写作技巧,对事件进行生动叙述和分析,力图大规模地采用新鲜活泼的文学描写和叙事技巧,以突破新闻写作的原有格局,寻求一种灵活的、更富有情感和想象力的写作风格。新新闻主义在叙事方式上实现了创新,为新闻业的发展开辟了新的报道空间,提供了崭新的思维方式,至少可以说提供了变异的可能性。

芮必峰对此评价说:"即便它未必像某些评论家所说的那样'既解救了新闻的危机,也解救了文学的危机',但它却将一种崭新的文体写作风格带进新闻写作之中,丰富了新闻写作的内涵,推动了新闻报道的进步。"③

而且,新新闻主义在处理新闻报道主体与对象客体之间的关系时,改变了以往对新闻报道者只能作为旁观者来认识事物的做法,采取了与传统新闻报道观念大相径庭的方式:让新闻报道者完全投入到报道对象中去,使读者体会到精神交往的快感。总的来说,新新闻主义对新闻事业进行的是一次积极的反叛。

---

① 芮必峰,姜红.新闻报道方式论.合肥:安徽大学出版社,2001:140.
② 王春泉.新闻采访技巧:理论与实践.合肥:安徽人民出版社,2008:112.
③ 芮必峰,姜红.新闻报道方式论.合肥:安徽大学出版社,2001:144.

二、新新闻主义推崇主观但不否定客观

主观性是新新闻主义的核心所在,也正是新新闻主义遭受攻击的最大问题。新新闻主义虽然冲击和挑战了客观主义原则,但并不与新闻传播信息客观真实的基本原则背道而驰。新新闻主义者只不过强调用感性去认识事物,以主观去把握客观真实。他们认为,由于现实社会的高度复杂性,传统的客观报道已不能真实、客观地反映现实了,而借用小说中的多种主观化手法,深入报道对象的内心世界,这样才可以让读者如身临其境般更准确、深入地了解事实,传递信息,使报道更接近于真实。

新新闻主义不同于强扭角度、歪曲事实的主观报道,它与客观报道是殊途同归的,两者都追求真实地反映客观世界,只不过方法各异罢了。沃尔夫在《新新闻主义》里曾经说道,"新新闻主义"的目标是在理智和情感两方面席卷读者,是"给读者看真实的生活",是说"来!看!这是这个时代人们的所思所想所为"。①

"新新闻主义的兴起、发展并没有与新闻客观性相对立,而是对新闻客观性的一种扩展。"无论在何时何地,以传播事实为主的纯新闻在新闻媒介中都一直占据主导地位,客观报道无可置疑是新闻写作最基本的报道手法。新新闻主义和客观报道都有其合理性,在具体的新闻实践活动中,"将二者融合起来,既接受新新闻主义对客观性新闻的渗透和影响,又坚持原有的客观性、真实性,明确客观性新闻具体的操作要求,在实践中积极吸纳新新闻主义写作手法,融合新闻真实性和文学真实性,努力探索并构建具有现代气息、另辟蹊径的真实",②应该不失为一种绝妙的选择。

三、新新闻主义的功能错位

人类了解世界、认识现实的有效手段是多样的,由不同的学科来完成,各学科也都有各自特定的内涵和特点。新闻媒介所起的最基本、最重要的作用就是提供事实,新新闻主义却无限地夸大了新闻的社会作用,要求报刊全面而非部分地反映世界,记者本人不但要阐明事件发展的前因后果及对事件的主

---

① 楼坚. 新新闻主义的复活. 新闻大学,1995(冬季刊).
② 徐叶. 新新闻主义——新闻客观性的扩容. 当代传播,2008(3).

观看法,而且还要细致入微地刻画人物的内心世界,甚至不惜通过合成事实来描写时代的典型人物,试图以新闻来担当需要文学、社会学、历史学、哲学以及某些自然科学等各个学科共同协作才能完成的全方位了解世界的任务。

新新闻主义的理论与实际效果是相悖的,在实践中也难免碰得头破血流。诺曼·梅勒的哲学观是存在主义、无政府主义和马克思主义的杂烩,但他又怀着悲观情绪支持嬉皮士,而政治上他则自称是左翼保守派。思想的交织繁杂也必然反映在他的创作中。新新闻主义合成人物的做法明显违背了新闻真实性的原则,与新闻事业的基本规律相矛盾,因而更是广遭诟病。在短短的十几年时间里,新新闻主义的理论和实践引起了一片质疑之声,他们的作品主要是在新闻杂志中独领风骚,被当作文学作品的经典,很多报社甚至拒绝他们的作品。

进入20世纪70年代,美国社会重新稳定下来,反叛的思潮消退了,社会再次归入传统的轨道,新新闻主义失去了它生存的环境,也就不得不退出历史的舞台。

【资料链接】

《冷血》(杜鲁门·卡波特,1987)以"非虚构小说"的独特写作手法、厚重的社会良知,将一桩真实的灭门血案细致地展开,重现了血案发生以及为追捕、审讯、惩罚凶手而展开调查的全过程,尤其是对两名凶犯心灵状态的深刻剖析和犯罪背景的冷峻挖掘,以及文字背后的悲悯沉郁,令读者在拍案叫绝的同时无不唏嘘动容。后来,其写作经历被拍成电影《卡波特》,获2006年奥斯卡大奖。该书历时6年而成,被誉为"美国当代文学分水岭"的杰作,在世界文坛也拥有崇高的地位。

【拓展训练】

1. 阅读并分析一篇新新闻主义的作品。
2. 辨析"新闻故事化=新新闻主义"。
3. 试析新新闻主义在我国新闻报道中的体现。
4. 你怎样看待主观报道和新闻报道中的主观性?
5. 试析新闻与文学的关系。

第十二章　精确新闻学

【情境导入】

怎样才能做到真正的客观？不同的人有不同的标准。为了把新闻报道的客观性原则做到极致，精确新闻学便应运而生了。

【学习要点】

1. 精确新闻的概念
2. 精确新闻的报道方法
3. 精确新闻的历史评析

工业社会的特征是细分，知识经济时代的特征是整合。20世纪五六十年代，随着社会的进步、技术的发展，自然科学与社会科学不断渗透融合，相继出现了许多新的边缘学科。精确新闻学就是这一趋势的产物。精确新闻学（Precision Journalism），也称"电脑辅助新闻学""科学新闻学""定量新闻学""精确新闻报道"或"精确报道"。"精确新闻"一词由美国

图 12-1　菲利普·迈耶

学者、新闻记者菲利普·迈耶于1967年提出。他认为，传统的采集和加工新闻信息的做法，只停留在对新闻事件做一般性的描述和似是而非的评价上，致使新闻报道难以做到准确和客观。因此他提出，新闻记者要广泛运用社会学和其他人文科学的方法与手段，来采集和加工新闻信息，并从社会、历史、政治和经济的角度去分析新闻事实和材料，解释社会事件真相，以提高新闻报道的"准确性"和"客观性"。1973年他出版的《精确新闻学——一种用社会科学报道的理论》

一书引起普遍关注,这标志着精确新闻学的最终确立。

第一节　精确新闻的历史发展

　　精确新闻是指记者在采访新闻时,运用问卷调查、实验和内容分析等社会科学研究方法,来收集资料,用"数字语言"来查证和分析事实的一种新闻报道方法。根据研究的方法和目的,精确新闻可以分为探索型、描述型和解释型。精确新闻带来了新闻报道方法的突破和创新,蕴含着深广的价值意义。20世纪70年代,精确新闻风行于美国新闻界,后传遍世界各国。至今,精确新闻在新闻界仍被广为应用。

一、精确新闻的最早实践就是民意调查

　　早在1810年,美国就已经有报纸尝试进行精确新闻报道。美国新闻学者鲍耶斯1976年在一篇论文中指出,《北卡罗来纳州明星报》的两位编辑汉德森与琼斯曾在1810年3月30日针对该州不同地区的民众,以"传阅信"的形式进行了一项问卷调查,探询有关农产品及民生福利方面的问题。但不知什么原因,调查的结果并未刊出。"这一事件被认为是世界新闻史上第一次民意调查,也是精确新闻学的最早实践。"[1]其后,民意调查时有出现。

　　1824年,美国《哈里斯堡宾州人报》在维明顿市进行了美国总统选举的民意调查,并把调查结果刊登在该年7月24日的《哈里斯堡宾州人报》上。从此以后,许多新闻媒体都采用这种方式来报道选举活动。进入20世纪以后,美国新闻界进行民意调查的范围由总统选举拓展到生产、生活领域。

　　这些早期的精确新闻报道,虽然在方法上很粗糙,远没有达到科学研究的要求,但代表新闻界在观念上的一种转变,新闻界似乎已经逐渐认识到,一般大众的意见与行为和调查活动本身都可以成为重要新闻。

---

[1]　肖明,丁迈.精确新闻学.北京:中国广播电视出版社,2002:4.

二、抽样调查促进精确新闻发展

大众传播媒介真正有意识地运用精确数据来报道新闻始于20世纪30年代。1932年,盖洛普发明科学抽样调查法,为精确新闻学的形成提供了有利条件。美国在这一时期出现了一系列由新闻机构制作的关于有多少人抽烟,他们最喜欢什么型号的汽车,什么样的人赞成分享富裕等问题的调查报告和民意测验。1939年,美国的《读者文摘》杂志采访了一大批汽车、手表、收音机的修理行,发表的调查报告以确切的数据表明有半数以上的修理行收费过高,还有许多修理行因判断错误造成修理不当。此报告在美国引起很大震动,各报纷纷予以转载。但是由于耗费过多的时间、金钱,媒介老板并不看好这些报道。加之一些记者没有经过调查训练,缺乏调查和统计的能力,精确新闻学曾一直遭到冷遇。

三、《底特律自由报》的精确新闻报道

20世纪60年代是精确新闻的真正诞生期。1967年,美国底特律市发生了震撼全国的黑人抗议风暴。黑人因对美国现存的严重种族歧视强烈不满而走上街头,并和赶来镇压的警察发生流血冲突,大批黑人被捕。许多报纸认为,骚乱者都是处于社会底层的人,由于没有向上层发展或表达自己意见的机会,只有采取骚乱的做法。这时正在《底特律自由报》做记者的菲利普·迈耶和另外两位社会科学家采取随机抽样的方法,在冲突地区抽取437名黑人进行个别访问,向每位访问对象提问40多个相同的问题,并把访问对象的回答记录输入电脑,进行统计分析。结果发现:读过大学和没有读过大学的人参加骚乱的可能性相同;生长在南方的黑人并不比北方的黑人更趋向于参加暴动。他们的研究结果在《底特律自由报》上发表,不但受到各界的关注,而且获得了普利策奖。此后,精确新闻受到了新闻界的广泛关注。

以下为获得1968年普利策新闻奖的关于底特律骚乱系列报道的一部分①。

---

① [美]约翰·霍恩伯格.普利策新闻奖获奖作品选(1959—1980).熊昌义,译.北京:新华出版社,1984:131-135.

底特律骚乱,追查 43 人死亡原因
——报社全体出动,报道该市最大惨闻

1967 年夏天,美国的种族冲突达到了历史上从未有过的最高潮。

继纽瓦克市和纽约市哈莱姆区骚乱后,底特律这个火药桶也爆炸了。

从 7 月 23 日到 30 日之间,在大部分黑人区,烧、杀、抢频繁不断。有 43 人死亡,成百上千的人受伤,五千到七千人无家可归。

政府出动了 4 700 名陆军伞兵部队士兵和 8 000 名国民警卫队员在该市大街上值勤,维持治安。

四、精确新闻学的快速发展

1968 年及 1972 年两届美国总统大选期间,美国的许多新闻机构进行了多种选举民意测验。到 1976 年美国总统大选时,精确新闻更为风行,各电视台、电台、大大小小的杂志均进行了各种题目的民意调查。日报都在第一版的右下角开辟民意测验结果专栏,这些专栏图文并茂、有数据有分析,并展望选举的结果。"在 1988 年美国总统竞选中,美国学者对美联社电讯稿里出现的对民主党总统候选人杜卡斯基和共和党总统候选人布什的褒义词和贬义词进行电脑统计分析,最后得出了准确的结论:美联社倾向布什当选总统。"[1]据 20 世纪 80 年代的统计,全美几乎所有大学的新闻学专业都开设了精确新闻学这门课;80% 以上的报纸认为应该更多地刊登精确新闻报道。1996 年,美国民意研究协会把菲利普·迈耶的《精确新闻学》列为关于舆论研究最重要的 50 本书之一;2000 年,美国《新闻学季刊》把该书列为 20 世纪新闻学与大众传播学领域最重要的 35 本书之一。[2]

图 12-2 《精确新闻学》封面

---

[1] 程道才.西方精确新闻学理论的内容及应用.当代传播,2004(3).
[2] 肖明,丁迈.精确新闻学.北京:中国广播电视出版社,2002:18.

第二节　精确新闻的基本特点

精确新闻，是新闻报道的一种方法，是运用社会科学方法来报道新闻，亦即在一些热点、难点问题方面，给公众一个量化的真实报道的方式。

一、运用社会科学方法获取事实

美国新闻学者菲利普·迈耶出版的《精确新闻学——一种用社会科学报道的理论》一书，最初的书名就是《社会科学方法在新闻实际中的应用》。后来，当此书用于新闻学专业教材时，他听从同事的建议，才改为了《精确新闻学》。从中可以看出精确新闻报道的核心特质就在于社会科学方法的运用。当有人问，为何《底特律自由报》的调查能够纠正社会中普遍存在的偏见的时候，迈耶说，关键在于其所采用的社会科学方法，因为"对人类来说，这些科学方法是一种对付偏见、美好的想象和观察盲点的很好的手段"[①]。与传统报道方式相比，精确新闻的诸多社会作用和优势也都是建立在这一特质基础上的。

社会科学研究方法遵循严格的程序，强调命题的证明或证伪，强调数据的获取、整理与分析，可以克服记者个体直接观察所产生的错误，是一种直接或间接的系统、科学的观察。正是社会科学方法的间接性、系统性以及可验证性等特点，确保了精确新闻报道信息的完整与准确。而传统报道所采用的大多是直接或间接的非系统观察，所观察的现象或访问的对象缺乏代表性，因而新闻报道容易发生错误或是造成偏颇。

二、用"数据"说话

精确新闻中"精确"一词的含义就是指数学语言。所以，精确新闻就是运用数学语言来报道、分析新闻事件的一种方法。其突出特征就是以数据来说明问题，如图12-3。

马克思曾指出："一种科学只有当它达到了能够运用数学时，才算真正发

[①]　章永红.主义还是工具：试论精确新闻报道的当代价值.新闻大学，2011(4).

展了。""利用数学计量的方法对对象进行定量的研究是科学方法的重要标志,对于社会的研究要成为'科学',也必然引入数学计量的方法。"①通过量化的方法,达到科学所要求的精确性、确定性、简洁性和普遍有效性。

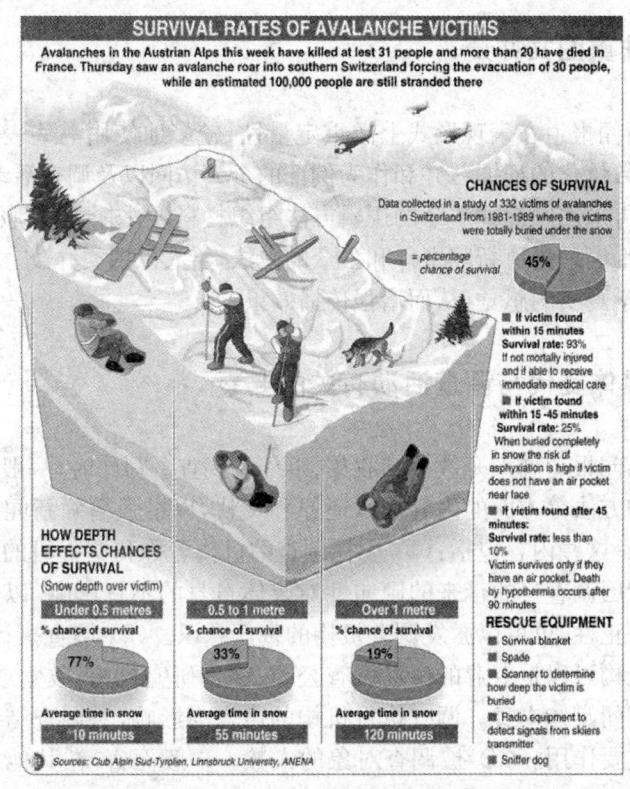

图 12-3 雪崩后获救的几率

精确新闻大量运用数学计量方法。精确新闻以"精确"为旨归,其最高目标也必然是数学计量的确定性,因而追求的是一种精确、定量的描述。他们要求记者采取社会科学和行为科学的方法,对一些社会现象进行调查研究,用数学统计的方法来收集数据,应用数学模型来处理、分析数据,从数据中得出结论,以接近新闻事实的精确。

精确新闻常用的方法步骤是:首先,围绕新闻的"焦点""热点"事件,通过对公众的舆论测验,寻找新闻信息的来源,即以数字计量方法筛选新闻事

---

① 骆冬青.新闻眼:新闻文化的哲学探索.南京:南京师范大学出版社,1998:168.

实;其次,进行选择性的调查,了解某类事实的出现频率,分析某一问题(包括现象)的根源;最后,用数量分析法,从获得的数据中分析出事实的"精确性"。

三、注重图文并茂

精确新闻报道在表现形式上注重定量性,较多地使用一些表格、图片、数据等可以"数量化的证据",并和作为例证的个人访问以及调查活动、解释说明结合起来,再采用归纳和演绎的逻辑方法组织材料,力图令人信服地、更全面、更完整、更准确地报道新闻事件和公众的看法,给人以图文并茂、立体丰满、形象生动、科学真实的感觉,从而增强传播效果。

四、具体交代与调查活动有关的要素

精确新闻报道离不开数据的收集、事件的调查。写作时,一般都会把有关调查过程和方法等方面的内容加以还原和交代,以增强精确新闻报道的精确度、可信度。这些内容包括:(1)委托调查的机构名称和调查目的。这样可以避免或减少因调查目的带来的倾向性对媒体自身的不良影响,以显示新闻报道的客观公正性,也可以激发调查机构的责任意识。(2)调查执行机构名称。调查执行机构可以是专业的市场调查公司、学术研究机构、政党或社会团体,也可以是新闻媒体本身。调查执行机构的声誉与影响,对调查结果的可信度往往产生重要作用。(3)被调查对象的人数。一般而言,在其他条件相同的情况下,被调查对象的人数越多,有效样本越多,调查结果就会越准确。(4)具体抽样方法。这样才能体现被调查者的代表性和调查结果的准确性。(5)抽样误差率。交代抽样的误差率,以便让受众对调查结果做出评价。(6)调查所采用的访问方式。受众了解进行调查的具体情况,有利于他们对调查结果的可靠性程度做出判断。(7)调查实施的时间。它可以显示精确新闻报道的时效性。[①]

【小资料】

下表所列的分别是美联社执行编辑协会(APME)、美国民意调查研究协

---

① 程道才.西方新闻写作概论.北京:新华出版社,2004:50-51.

会(AAPOR)和美国全国民意测验评议会(NCPP)建议或规定的大众媒体报道民意调查公布的原则。

表 12-1 美国三家机构民意调查公布的原则

	APME	AAPOR	NCPP
1	支持以及调查执行机构	样本数	主持机构
2	列出问卷中所有的问题	负责机构	进行访问时间
3	抽样总体	抽样误差	访问方式
4	样本量以及访问成功率	抽样总体	抽样总体
5	抽样误差	访问方法	样本大小
6	依据的是调查的全部结果或部分结果	访问时间	代替样本的规模及有关描述
7	访问方式	问卷问题	所有公布在媒体上的问题,用字须以原来访问的形式出现
8	访问时间	是否依据全部样本	结论所用的百分比根据

第三节　精确新闻的报道方法

一、精确新闻的报道程序

在科学研究中,不论是自然科学还是社会科学,都要遵循一定的程序进行。精确新闻报道采用社会科学的研究方法收集材料、报道新闻,也要按照一定的程序来工作,目的是避免不必要的错误,提高新闻报道的质量。

(一)选择报道题材

选择精确新闻的报道题材时,可以从现有的报纸杂志、学术期刊、学术研讨会以及相关的历史档案中获取灵感,并不是每个题材都适合做精确新闻报道,精确新闻报道的题材应该是具有现实意义的,能引起人们广泛兴趣的,通常是社会的热点或难点,如图12-4所示。这就需要新闻记者具备特有的敏感。进行精确新闻报道一般来说费时、费力,费用也比较高,所以在找到一个自己感兴趣的题材后,要考虑是否具有新闻价值、是否适合进行实证研究、题材大小是否合适等因素,以决定这个题材是否适合进行精确新闻报道。

(二)确定研究方案

研究题材确定以后,记者可以通过查找资料、咨询专家等途径来了解是否有人进行过类似的研究,有哪些资料可供参考,所要进行的精确新闻研究涉及的变量是什么,这些变量的操作化定义是什么,然后提出问题或假设,并确定好研究方案,包括采用什么方式进行资料收集,是抽样调查还是内容分析。如果采用调查的方法来收集资料的话,研究设计要包括问卷设计、确定抽样方法、确定访问方法等。如果采用内容分析的话,要确定抽样方法、类目建构等。

图12-4 容貌与就业

(三)开展资料收集

研究方案确定后,就可以开始数据收集工作,包括复核、检查等。具体的方法包括抽样法、内容分析法、实验法、问卷调查法、电脑辅助的电话调查法以及现在流行的网络调查法等。

最困难、最花时间和经费的是资料收集阶段。它要求新闻记者掌握社会科学的研究方法和数理统计的方法。一般来说,定量调查往往采取抽样调查的方法。抽样调查有随机抽样、系统抽样、分层抽样、选择抽样四种方案,依据不同题材采用其中的一种。

（四）整理分析数据

数据收集完以后，就可以开始统计分析工作，把所有资料输入电脑，进行分类、归纳，并对所有数据做出分析。

（五）进行新闻写作

根据研究问题以及研究假设，结合数据分析结果，进行新闻写作。精确新闻的写作方法有两种：描述性写法和解释性写法。描述性写法就是尽可能客观地提供某方面的全面数据，如美国联邦政府每十年进行一次的人口调查。解释性写法则着重以详尽的数据来分析事情发生的原因、后果。

二、精确新闻的结构模式

精确新闻常用的有两种结构模式：倒金字塔体和钻石体。

倒金字塔体结构模式要求将最重要的内容放在导语中，而精确新闻最重要的内容要素就是研究结果。所以精确新闻的倒金字塔结构就要放弃强调5个W和1个H的传统写作格式，而采取强调研究结果的写作格式。如果有多个研究结果，可以先把所有的研究结果列出，然后再根据记者、编辑个人的判断，把各项结果依重要性加以排列。在安排各段内容时，尽可能遵守一段新闻一个主题的原则。

钻石体具有讲故事的特点，故事是贯穿始终的，避免了精确新闻的死板和枯燥，增强了精确新闻的形象性、生动性和阅读的趣味性。典型的钻石体结构模式至少应包括导语、主题、主体及结尾四个部分。

钻石体导语部分呈现的是人物或事件的现状，所描述的可能是一段感人的情节，也可能是个人的独白等，其目的就是提出生动的实例，以引发受众了解新闻事实的兴趣。主题的作用在于揭示全文主旨，并在导语与主体之间扮演承先启后的桥梁角色，使导语中所描述的情境能流畅地与主体的内容衔接。主体所呈现的是人物或事件的历史背景，展现的是从遥远的过去逐步发展到现在的情况，这样才能使全文在结尾时转回导语中所描述的情境。结尾是钻石体结构模式的重点，钻石体结构模式强调写作首尾连贯。如果一篇报道以某一位人物开始，结尾也应以这一人物收尾；如果以一段戏剧性的情节开始，结尾时也要返回这段情节才能收场，这样，才能前后呼应，始终如一。结尾不仅需要和导语紧密结合，也应该是全文最精彩的部分。

将钻石体模式应用得最为成功的是《华尔街日报》,所以钻石体也称为"华尔街日报体"。华尔街日报体的基本观点是:一千万人死亡只是一项统计数字,一个人死亡却是一场悲剧。用华尔街日报体进行新闻报道时,共有四个步骤:第一步,精心选择最富有故事性的典型个人,集中描述个人情况,这是华尔街日报体最重要的一个步骤;第二步,设法在个人与大的问题之间建立联系,使报道能从个人的问题转接到大的问题上,相当于一个过渡;第三步,对大问题的报道,把主题拓展开去,以彰显其重要性;第四步,需要回到第一步中所描述的个人情境,并设法以感人或有力的情节收场。余音缭绕,让人回味无穷。

1985年美国《芝加哥论坛报》有一篇关于探讨保释制度不合理性的精确新闻报道堪称华尔街日报体的经典。该报道节选如下:

3年前6月的一个星期四晚上,原来是一场生日宴会,却变成了黎佛拉的痛苦经历。他因为付不出保释金,而在库克郡监狱度过了12天。

黎佛拉当时只有19岁,在一家餐厅工作,他因一项他不曾犯过的罪而被捕入狱。

黎佛拉的例子显示芝加哥的保释制度有严重的不公平现象。

论坛报用电脑进行了一项保释制度的研究,结果发现每年有13 000人被逮捕入狱,但法律却无法证明他们曾经犯罪。其中有3 000人被监禁的时间超过两个星期,有些人入狱的时间甚至超过1年。

这些法律认为无罪的人,却遭受了比成千上万的重型罪犯更严重的惩罚。成千上万的重型罪犯,在审判前被保释在外,罪行确定后,又获得缓刑。

论坛报的这项研究,仔细分析了1983年至1984年13个月期间,在芝加哥发生的2 759件案子。结果发现,每年都有无辜的民众因付不出保释金而被关入监狱,其中7 327位被告甚至没有刑事前科。

黎佛拉在1983年6月3日被监禁前并无前科,他从3岁起便住在芝加哥,他和他父母一起住在一栋公寓内,并且已经订婚。

他说,在被关的12天里,他两度被看守殴打,并且失去了他的工作……①

这篇报道的主题就是:芝加哥的保释制度存在严重的不公平现象。报道的第一段和第二段介绍的是黎佛拉不幸入狱的遭遇,以个人情境切入报道,增

---

① 罗文辉.精确新闻报道.台北:台湾正中书局,1991:3.

强吸引力。第三段揭示报道的主题,并进行过渡,由黎佛拉的不幸遭遇转向芝加哥保释制度存在严重的不合理现象这一重大问题。在第四、五、六段,报道用调查数据具体展示芝加哥保释制度所存在的问题,客观真实,使人信服。第七、八两段,报道的着眼点又转回到开头提到的黎佛拉的不幸遭遇上来。这篇报道以一个人的遭遇反映了一个社会宏观问题,在材料安排上点面结合、起承转换自然,并且首尾呼应、浑然一体,完全符合华尔街日报体的要求。

钻石体"是极具震撼力的写作方式,这种写作模式把传统采访写作触动人性的潜在的能力与精确新闻报道的科学精神融为一体,使精确新闻报道得以发挥更大的冲击力"①。

图12-5 《〈华尔街日报〉是如何讲故事的》封面

第四节 精确新闻的历史评析

精确新闻是作为新闻与社会科学的嫁接而发展起来的一种新闻报道形式,具有一些特殊的社会功能,在新闻界有广泛的影响,但是精确新闻也存在一些缺陷。"精确新闻报道与媒体的其他内容产品一样,受到纵横两个维度的因素影响。如果将政治、经济、技术视为纵轴,代表着基础性的社会力量,那么,横轴就是与精确报道相关的主体(记者、编辑、发行人员、采访对象、受众、调查公司等),这些主体以特定的方式结合而成,有着各自的认知和诉求。所有这些因素共同作用于精确报道实践。"②合理恰当地运用精确新闻才能够有效地提升传媒的影响力和公信力。

一、精确新闻报道拓宽了新闻报道的领域

传统的新闻报道一般只注重已经发生或正在发生的事实,这些事实基本

---

① 肖明,丁迈.精确新闻学.北京:中国广播电视出版社,2002:438.
② 章永宏.让新闻真的"精确"起来——我国报纸精确新闻报道现状解析.新闻记者,2012(6).

上并不需要借助其他认识工具,而是仅凭人的感性直观就能够察觉和发现。然而,人的感性直观在认识外部世界时毕竟还是初步的、有限的,因为大千世界还存在许许多多人的感官不能直接感觉和把握的东西,为了弥补感性直观认识的不足,就需要通过逻辑、推理、分析,借助实地调查、民意测验、内容分析等社会科学研究方法。精确新闻报道就是利用一定的社会科学方法,努力探讨被传统新闻报道所忽略的内容,无疑拓展了新闻报道的领域。

二、精确新闻报道更加客观、公正,令人信服

传统新闻报道的方法是记者采访当事人或目击者,所以新闻来源都是第二手的。由于当事人或目击者受其利益驱使或观察限制,不可避免地带有主观因素。不管记者本人想如何竭力保持客观、公正的态度,其最终的新闻报道难免具有一定的主观性,削弱了新闻报道的可信度。

精确新闻的出现本身就是为了增强报道的真实性和客观性。它采用社会学的定量研究方法,注重调查,专门以"硬数据"作为新闻报道的内容,记者的主观能动性要受到调查和测验中得来的数据制约,从而使新闻报道更显客观、公正。同时精确新闻也为新闻学引进了一些非常实用的术语,比如信度、效度、测量标尺等,使得新闻的真实性、客观性更加具体、可感。

确凿的数据是精确新闻必不可少的要素。确凿的数据正是最具说服力的事实,正如人们常说的:"事实胜于雄辩。"另一方面,对于一些复杂的社会问题,用自然语言来叙述很难清楚地表达全部意思,而精确新闻学采取科学的抽样调查方法,能够比较细致地表达新闻事件的细节。

三、精确新闻报道更能反映普遍的民意

"名人效应"是任何媒介都在竭力追求的,所以传统的新闻媒介大都把报道焦点集中于社会名流(影星、歌星、球星等)、政府官员等,以达到一定的关注度,继而获得较高的经济效益,结果反映的仅是少数人的观点、意见。虽然各种传媒也常把反映民众的呼声和意见挂在嘴边,但那只不过是作为口号来招徕受众,仅仅是个"招牌"而已,脚踏实地去做的不多。而精确新闻学无论采用民意测验的方法还是做实地社会调查,都得面向社会来广泛收集数据。数据越广泛,报道的精确度就越高。这在客观上也就能够较为全面地反映民意。

四、精确新闻报道自身存在局限

精确新闻不是万能的。就像一位哲学家所说的,世界不可能全部量化。新闻事件也不可能全部用数学语言来表述,尤其是对某些事件复杂的政治、经济、社会、历史原因的分析,以及某些新闻事件的社会影响和深远意义的阐述等,都不得不借助于普通语言。精确新闻报道通常只能用于报道一些范围较为广大的、事件性质较为严重的新闻事件,以为可以用精确新闻报道来取代其他形式的新闻报道是不现实的。

尽管可以借助于计算机等现代技术,但精确新闻报道要搜集大量的数据并加以归类、分析,必然需要花费相当长的时间。所以,它的时效性较差,一般不适宜用于突发性事件,而比较适宜对一些时间性不强的社会问题进行报道。

精确新闻既然以数据来说话,那么这样的报道必然有大量的数字和图表。人们常说:数字是枯燥的。所以这样的新

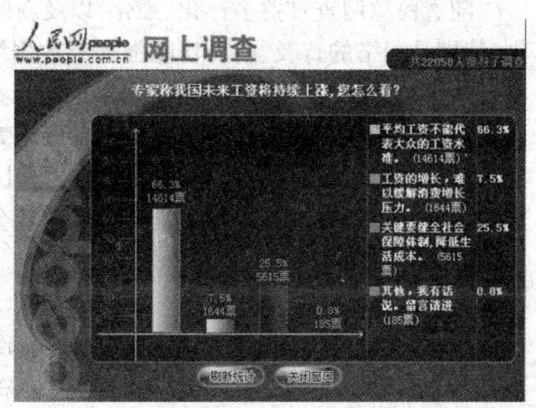

图 12-6 网上调查

闻报道容易缺乏人情味、不生动,阅读这样的新闻报道不但要有相当的文化水平,而且很吃力,要仔细,要动脑筋思考。因而,不是这一领域的专家或对此特别感兴趣的读者,一般不愿读这样的新闻报道。因此,精确新闻报道的读者面很窄。

此外,在精确新闻的具体操作中,也不能排除人为的因素,即数字是人统计的,也可以由人来编造。当记者为某种目的而编造数字或玩数字游戏时,它就带有了欺骗的性质。而且精确新闻报道倡议使用精确的数学语言,但实际上有大量的精确性是无意味的。正如一个幽默故事所说的那样:一名美国记者奉命去精确报道非洲某国王的加冕典礼,结果不得不在狱中写信报告主编,"我清点通往王座的台阶数,在数到 343 级台阶时被捕"。

【小资料】

《北京青年报》1994年末开设"公共调查"栏目,持续到2000年。其间每年预算近100万元,主要是用来支付访员费用、给被调查者的小礼品等。而大量的媒体缺乏专项资金,记者只能尽量使用免费资源。目前,网络调查是传统媒体开展新闻问卷调查最重要的方式。有些媒体与门户网站建立合作,或者利用网络社区实施调查等,虽然简便、节省成本,却牺牲了调查的信度和效度。因为网络调查属于"自愿者调查",其调查结果只能代表接受调查的部分人的意见,不能做更大范围的推论。

随着民意调查日益多样化、细化,以及新闻教育变革和新闻传播技术的发展,特别是网络的普及、各种功能强大的数据统计分析软件的应用,促成了精确新闻报道的相对成熟。精确新闻学正在日益受到认可和重视,这也是它在遵循新闻学基本规律的前提下的必然发展趋势。精确新闻学的出现和发展给后人最大的启示就是:传统新闻报道技巧与社会科学研究方法的有效结合,可以产生出新的、精致的,以及更真实地反映社会现实生活的报道方式。

【资料链接】

《精确新闻学》(肖明、丁迈,2002)一书的主要内容包括:精确新闻的发展历史以及现状、精确新闻学中涉及的概念、抽样方法、内容分析方法、实验方法、调查方法、电脑辅助的电话调查、调查问卷的设计、数据的整理、SPSS for Windows 基本操作、常用统计分析方法、精确新闻的写作等。

【拓展训练】

1. 阅读并分析一篇精确新闻报道作品。
2. 辨析精确新闻学与新新闻主义的关系。
3. 辨析精确新闻与调查性新闻的关系。
4. 试析精确新闻在中国的发展。
5. 你认为当前精确新闻报道要注意哪些问题?

第十三章　公共新闻学

【情境导入】

2004年,江苏卫视《1860新闻眼》栏目在国内率先打出了"公共新闻"旗号,开始用严肃的视角关注一些公共话题,特别是"公推公选"报道更是被当作"中国式"公共新闻的典型来看待。其实,公共新闻的最早实践发生于20世纪90年代。它是以1988年的美国总统大选为契机,针对民众对政治与媒体的疏离、报纸发行量长期下滑以及美国公共生活的衰退等问题,在新闻界内部自发进行的一系列改革,被认为是美国进步时期以来最重要的新闻改革运动。公共新闻学无论是理论还是实践,在全球新闻界都造成了一定的影响,也带来了争议。

【学习要点】

1. 公共新闻的基本主张
2. 公共新闻在美国的实践
3. 公共新闻的历史评析

"公共新闻学"(Public Journalism 或 Civic Journalism)起初又被称为"公民新闻学",但不同于后来伴随网络而出现和发展起来的"公民新闻学"(Citizen Journalism)。公共新闻是20世纪90年代在美国兴起的一场声势浩大的反潮流的新闻改革运动,尔后波及西方其他国家,到21世纪初已基本消歇。但是由于公共新闻倡导者始终没能建构出一个成熟、完整的理论架构,基本概念显得比较模糊,在主流媒体新闻从业者眼里,它是一个试图颠覆客观性的激进运动;在学院派知识分子眼里,它又是一场保守的改革行动。

第一节　公共新闻的兴起

公共新闻首先起源于 1988 年的美国总统大选报道。公共新闻理论的正式提出者是纽约大学新闻系主任杰伊·罗森教授。公共新闻学的兴起既与美国民主政治生活的现状有关，也与新闻媒体的自省以及学界对媒体角色的反思有关。

一、美国民众对民主政治的疏离

美国是世界上民主制度较为完善的国家之一，可是现代公民的民主意识与它完善的民主制度相比却相形见绌。

首先，在现代的美国，由于实行的是代议制民主，而不是古希腊的直接民主，公民对公共事务的实际参与是有限的。并非公民不关心国家利益、自身利益，而在于他们感到纵使关心也于事无补，无法发挥作用，人微言轻，对政治进程、改革社区生活难有作为，结果导致美国人的公民意识越来越淡

图 13-1　2012 年美国大选中的金钱比拼

薄。其次，公民实际地位上的不平等也难以带来真正意义上的公民意识。虽然美国有庞大的中产阶级，但贫富分化严重，在政治和经济权利方面，公民之间实质上是不平等的。以总统大选为例，按宪法规定，每个公民都有选举权和被选举权，平民或中产阶级固然可以参加竞选，但是昂贵的竞选花费是一般人无法承担的。因此，当有强大财团背景的候选人登台亮相时，那些有政治热情却没有金钱支撑的人，只能是竞选的陪衬和美国民主的点缀，政治变成了"局中人的棒球赛"。最后，美国社会强调个人利益，公民有充足的理由关爱自己、张扬个性，信仰中不再有权威，国家和公共的归属感逐渐被弱化。

在此情况下，美国社会中出现了对民主权利和公共事务明显冷漠的倾向。

参加总统大选的选民人数逐年下降,到20世纪90年代,参加大选的选民只有"二战"前的50%,而且与自己的社区也渐行渐远。公众对于政治生活和社区生活热情的下降也直接导致了他们对于新闻报道兴趣的减弱,报纸的发行量随之减少。公民选举也因受媒介影响而缺乏主见和独立思考。

二、新闻媒体社会责任的缺失

新闻媒体的政治角色,本应是促进民主政治、引导公民对公共事务进行理性和平等的对话。但是,毋庸讳言,在自由至上主义的媒介体制之下,新闻界和民众之间最容易形成商品关系,就如企业与消费者之间的关系一样。至于媒介对政府的监督,充其量只是满足作为消费者的受众需求的不同方式,而并非它们对公民所必须承担的责任和义务。

面对公众对新闻报道兴趣的逐年衰退,传媒业的应对并不是改革新闻报道,而是以娱乐化来应对一浪高过一浪的娱乐浪潮,从新闻娱乐化到脱口秀、真人秀,从情景剧到怪诞剧,怪招迭出。不少美国媒体渐渐丧失了使命感,越来越趋向于新闻商品的生产,为追逐"卖点"而炒作"八卦"新闻已是司空见惯,大众传媒上普遍充斥着暴力、色情和低级趣味的垃圾,以致公众对新闻媒体的信任感逐年下降。据相关调查显示,约有40%的美国民众认为新闻有害民主,新闻报道的直接后果是:媒体的受众群体在逐渐分化和缩小,对公共生活持冷漠态度者大幅度上升。[①]

1988年的美国总统竞选一波三折,新闻媒体社会责任的严重缺失最终成为公共新闻运动的导火索。在这场大选中,共和党候选人老布什与民主党的杜卡斯基对垒。候选人之间的唇枪舌剑充满了恶言恶语的人身攻击,缺乏创建体制、解决问题、改革社会的设想和对公共利益的关注。媒体和各自的候选人达成了共识,新闻报道完全依照他们的宣传策略,"充斥着候选人的相互指控和民意调查的枯燥数字"[②],起初杜卡斯基的支持率领先20个百分点,但《华盛顿时报》全力支持老布什,在报上声称杜卡斯基有家族遗传精神病史,从而严重地影响选情,造成美国选举史上前所未有的"U形大逆转",老布什最终获胜。老布什对该报感激涕零。1991年普鲁登出任该报新总编辑,老布什即请他到白宫共餐以示感谢。

---

① 张赐琪.美国公共新闻运动及其对世界的影响.探索与争鸣,2010(5).
② 李青藜.美国的公民新闻事业.国际新闻界,2004(1).

媒体的这些报道引起人们对美国政治和新闻界的极大厌恶,以致有人谴责媒体"民主讨论的退化"和"公共生活的责任缺失",抑或"与政治成为互相增援的赝品"等;也有人认为美国"政治疏离症"的出现与媒体报道直接相关。①

三、公共新闻理念的正式提出

媒体责任感严重缺失的事实以及报纸发行量和选举投票率极度下滑,引起新闻学有识之士的忧虑和反思,他们看到了媒体责任意识和民主理念的退化,看到了这种退化所昭示的社会危机,越来越清楚地意识到美国媒体已经到了重振公共生活活力的关键时期。

被称为"公共新闻之父"的罗森教授指出:"美国新闻工作者正站在其技艺传承的关键时刻。除受到阅读率下滑及媒体业空前的经济压力所威胁,他们还面临着另一种威胁,即社区联系的松脱、对政治日增的厌恶,及在因民主体制失灵而受挫的美国人之间蔓延的无力与绝望感。如果忽略或轻视后面这种威胁,美国新闻界将无法掌握其前途,因为它与各种形式的公共生活唇齿相依。"②

图 13-2 杰伊·罗森

1990年1月3日,《华盛顿邮报》首席政治记者戴维·布罗德在其专栏《民主与新闻界》中呼吁:"我们不能让1990年的大选成为又一次公众幻灭和政治犬儒主义的操练。"他说道:"身处世上最自由的报业,现在正是我们转变成为行动者的时刻,我们并非是为了特定的政党或政治人物,而是为了民主自治的过程而努力。我们必须比以往更为强调,公众有权听到候选人讨论他们所关心的议题。当这些议题被候选人谈论时,我们也应该忠实地做出报道。"③布罗德认为媒体和记者要为日益低落的政治热情以及公众的缺席负起

---

① 吴果中. 媒介·公众·民主——美国公共新闻事业演变的内在逻辑. 湖湘论坛, 2010(6).

② 余建清. 公共新闻与公民新闻辨析. 国际新闻界, 2008(7).

③ 黄浩荣. 公共新闻学:审议民主的观点. 台北:台湾巨流图书公司, 2005:20-21.

更多的责任,建构民主政治和公众参与的公共舆论空间。

同年夏天,以《威奇托鹰报》为代表的地方性报纸自发地从事新闻改革实验。这是公共新闻事业在报界的最早实践。从此,报界和学界纷纷加入,在新闻界内部发起一系列的改革,试图让媒体和民众重新回到公共生活中来,公共新闻运动由此发轫。公共新闻学就是关于这一反思和运动的新理论。

罗森教授最早明确提出了"公共新闻"理论,在美国被公认为公共新闻运动的学术领袖。1993年,罗森教授和《威奇托鹰报》的主编梅里特正式把这场新闻改革称为"公共新闻"运动。

【小资料】

20世纪60年代,美国当时的民意测验不断表明,新闻工作者已经不被公众信任,并日益被看成是政治改革的阻碍。为了让民主游戏继续下去,美国新闻界在随后的近50年里进行了四次改革:社会责任论、新新闻主义、全国新闻评议会以及公共新闻事业运动。与前三次不同的是,公共新闻事业运动是第一次来自新闻事业内部的、自觉的组织化集体行动,其最终目的就是"拯救民主"。

第二节 公共新闻的基本主张

什么是公共新闻?这在公共新闻的发源地美国的新闻学界、业界也是一个众说纷纭的难题。它可以指媒体的一项主张、现实生活的一系列实践,抑或是关心改革可能性的人和组织的一场运动。

罗森教授提出的公共新闻学的要点可以概括为四项基本诉求:视人民为市民、公共事务的潜在参与者,而非媒体商业的消费者或受众;帮助本地区社群针对问题而行动,而非仅仅知晓问题;改善公共讨论的环境,而非眼看着它被破坏;帮助改善公共环境,使得它值得人们去关注。① 公共新闻的其他倡导者,如戴维斯·梅里特、阿瑟·查里蒂、埃蒙特·兰贝思、菲利普·迈耶等,也

---

① [美]西奥多·格拉瑟.公共新闻事业的理念.邬晶晶,译.北京:华夏出版社,2009:4.

都提出了关于公共新闻理论的一些基本主张。这些主张概括起来主要包括新闻与民主的关系、新闻从业者眼中的公众、新闻从业者在公众生活中应当扮演的角色等。

一、新闻媒体的首要任务就是促进民众投身并积极参与民主进程

在新闻与民主的关系上,公共新闻倡导者认为,新闻工作者应该将激发民众投身并积极参与民主进程作为首要任务,以弥补介于公民与政府之间、新闻机构与受众之间不断扩大的鸿沟。

新闻与民主是相互依存的,它们之间具有内在的联系。新闻实践依赖于一定程度的民主保护,特别是保护其不受政府的干预,但是真正的民主也依赖于一种致力于促进民众积极参与民主进程的新闻实践。传统的主流新闻中缺乏激励公众参与的动力,导致了参与民主进程的市民数量大幅降低。公众对新闻媒体报道的政治新闻的兴趣和关注减弱,报纸阅读量下降。现代社会存在两个不断扩大却又并非不可弥合的鸿沟:一个介于公民与政府之间,另一个存在于新闻机构与其受众之间。为了弥合或者至少是缩小这些鸿沟,新闻工作者们应该将激发民众投身并积极参与民主进程的意愿作为自己的首要任务。

罗森教授提出的观点很具有代表性,他说:"新闻记者不应该仅仅是报道新闻,新闻记者的工作还应该包含这样的一些内容:致力于提高社会公众在获得新闻信息的基础上的行动能力,关注公众之间对话和交流的质量,帮助人们积极地寻求解决问题的途径,告诉社会公众如何去应对社会问题,而不仅仅是让他们去阅读或观看这些问题。"[①]

关于新闻应当推动何种形式的民主,公共新闻的实践表明,新闻工作者正致力于建立一种协商民主,这种协商民主综合了代议民主与直接参与民主的特征。在协商民主中,政府官员对公民负有责任,同时公民积极参与当地社区的事务。

协商民主又译作审议民主、商议民主等,它是20世纪90年代以来在西方政治学界兴起的一种民主理论,其主要精神在于普遍参与,自由、平等和包容,公共协商等。

正如格拉瑟和李指出的:"公共新闻建立在一个微小却不乏争议的前提之

---

① 蔡雯.美国新闻界关于"公共新闻"的完成与争论.新闻战线,2004(4).

下,即媒体的目标不光是促进,更要改善公共生活或公民生活的质量,而不仅仅是报道和抱怨。"梅里特也认为,公共新闻"不应该寻求与政府为伍,或者将其取而代之,而应该寻求公众有效地参与管理过程"①。

二、新闻从业者应该视大众为民主进程的积极参与者,而不是被动的旁观者

关于如何看待公众,公共新闻倡导者认为,不论是将协商民主理解为代表民主抑或是直接参与民主,为了有助于促进其发展,应当改变他们对大众的传统看法,不应当把大众视为"寻找刺激的看客",接触新闻只为在政治宏景中娱乐自己;也不应当视民众为"消费者",接触新闻只是为了了解政府官员、专家、其他精英人士的思想与行为。新闻从业者应该视大众为广泛参与的负责任的"公民",他们有兴趣且有能力积极地参与民主。凯瑞认为:"当他们(公众)成为对话者并被鼓励参与讨论,而不是被动地作为记者与专家之间讨论的看客,民众将开始觉醒。"②

传统的主流媒体倾向于关注大事件、候选人的策略及自我营销技巧、民意测验的先后顺序。这些告知精英阶层协商与行动的努力以及充斥着丑闻的报纸版面实际上是把大众置于政治事件旁观者的位置了,只能表明民主过程不需要公众本身的积极参与。

针对于协商民主而言,新闻从业者应该把受众看作协商公众,公众对话也应该是面对面对话与大众媒介协商形成合力的公众对话形式。罗森甚至直接把"公共新闻事业"称为"民主的工具"。他认为,新闻记者不应该仅仅是报道新闻,还应该致力于公共事务,帮助改善公共环境。

三、新闻从业者在大众生活中应充当"政治演出者"或者"公平的参与者"

在新闻从业者的角色定位方面,公共新闻倡导者们认为,新闻从业者应该

---

① [美]坦尼·哈斯.公共新闻研究理论、实践与批评.曹进,译.北京:华夏出版社,2010:4.

② [美]坦尼·哈斯.公共新闻研究理论、实践与批评.曹进,译.北京:华夏出版社,2010:6.

在公共生活中重新寻求自身定位，记者们应该视自己为关心公共生活顺畅与否的"政治演出者"或者"公平的参与者"，而不是自视为公平无私或者中立的观察者，脱离或凌驾于市民及他们特别关切的问题，处于高高在上的特权地位。公共新闻记者应该关注市民协商的过程而不是结果，避免赞同特定的政治家、候选人及政治提案，避免与追求更多特殊政治利益的利益集团为伍。正如罗森指出的，"如果记者们想在一个社区中发出任何批判的声音或充任挑战性的角色，他们必须以一种与社区成员相同的方式生活。他们报道的魅力不在于他们与大众的距离，而在于他们与报道对象的真情实意及日常操劳之间的联系"①。

在社会不公愈演愈烈的情况下，传统媒体报道的焦点放在精英阶层的观点及活动上，使得新闻工作者远离了普通民众所关注的问题。作为公共新闻记者"应该关注那些关乎边缘群体利益的公众协商，无论是协商过程还是结果；支持能够增进这些利益的政治家、候选人的政治提案；要与寻求更多特殊利益的利益集团共进退"②。

从这些对公共新闻学内涵描述性的论述中可以看到，公共新闻学赋予了媒体全新的功能。按照公共新闻学的要求，媒体不仅仅提供信息，也不仅仅设置议题，而且要引导或发动社区公众来讨论问题，达成共识，解决社区面临的问题。"最为理想的是，这种协商或讨论要以公众判断而告终，问题的解决应建立在广泛参与、明达辩论以及尽可能地达成共识的基础之上。"③

【小资料】

李普曼精英民主模式认为：在社会中大量复杂的政治弊端作用下，积极的公民参与成为泡影，所以新闻的首要责任就是将政治家和专家的决议和行动用公众能够接受的语言最大限度地告知尚不能自治的公众。

---

① [美]坦尼·哈斯. 公共新闻研究理论、实践与批评. 曹进，译. 北京：华夏出版社，2010：7.

② [美]坦尼·哈斯. 公共新闻研究理论、实践与批评. 曹进，译. 北京：华夏出版社 2010：7-8.

③ 李良荣. 当代西方新闻媒体. 上海：复旦大学出版社，2010：114.

第三节　公共新闻的实践活动

公共新闻的倡导是作为一项新闻改革运动开始的。在这场运动中，从《威奇托鹰报》开始，一大批媒体研究者、新闻记者和教育工作者联合行动，社会团体和公众积极介入。众多的机构在公共新闻的发端及其发展过程中扮演了重要角色。这些机构包括凯特琳基金会、里德骑士报业集团、皮尤公共新闻中心、公共生活与新闻计划、公共新闻网络等。最早且最具影响力的一批公共新闻实践活动，是由堪萨斯州的《威奇托鹰报》及《威斯康星州报》、北卡罗来纳州的《夏洛特观察者报》、佐治亚州哥伦比亚市的《纪事问讯报》、弗吉尼亚州的《诺福克先锋报》等媒体完成的。

一、《威奇托鹰报》和《夏洛特观察者报》的公共新闻实践

堪萨斯州《威奇托鹰报》的主编戴维斯·梅里特也是当时美国"公共新闻运动"的积极倡导者之一，他是最早与罗森观点一致并将其理论付诸实践的人。1990 年，《威奇托鹰报》在当地州长的竞选报道中进行了一次与以往做法完全不同的试验，报道的重点不像通常的选举报道那样放在竞选活动本身，如只重视候选人的活动和得票变化等，而是把候选人的施政主张以及与目前存在的社会问题紧密关联的内容作为报道主题，围绕这些问题展开深入的调查，提供全面的背景，同时在公众中进行民意测验，再以民意调查的数据分析为依据来讨论那些得到公众最多关注的问题。

The Wichita Eagle
Kansas.com

图 13－3　《威奇托鹰报》报头标识

该报在这次选举报道中一共讨论了 10 个问题，每个问题都配以长篇的背景分析，连续在星期日的报纸上作为专题推出，栏题是《他们的立场》(Where They Stand)，将两个竞选对手的不同观点放在一起进行对比性的报道。这样的报道不但表达了民意，更重要的是能促使竞选人重视民意，形成与民众的对

话。该报认为,这样的报道模式才是真正的公共新闻报道,它的规则非常清楚,那就是给读者以机会最大限度了解竞选者在与堪萨斯人利益相关的每一个主要问题上的立场,同时,也告诉竞选人:你要说对于核心事件最有意义的内容,我们将报道它并会持续报道它。①

1991年,《威奇托鹰报》再次推出"您的一票,非常重要"计划,1992年又推出"市民计划:解决问题自己来"等计划,从重大的政治选举问题到犯罪、教育、居民家庭生活等社区问题,报纸都深入采访、召集讨论、刊登对策,由此培育社区居民的公共参与能力。

1993年,《夏洛特观察者报》在报道一场当地居民之间与种族分裂相关的冲突时,没有着力去抓取那些很有刺激性的冲突场景和故事,而是对这个地区的居民进行了全面细致的调查,包括对冲突双方当事人、目击者、白人家庭、少数民族居民,还有与这个地区相邻地带的居民们进行访问,请他们就事件发表自己的意见。报社为此进行了大规模的专题报道,所有人的观点都在报纸上得到了客观的反映。在报社的努力下,居民们开始选派代表组成代理机构,专门讨论解决问题的对策,并拿出了一系列具体措施,最终使这场冲突没有进一步激化,社会生活重新回到正常轨道。

图13-4 《夏洛特观察者报》2012年1月15日头版

---

① 蔡雯.美国公共新闻的历史与现状——对美国"公共新闻"的实地观察与分析(上).国际新闻界,2005(1).

在一些基金会的大力支持下，公共新闻运动遍及美国，波及丹麦、日本等国，产生了广泛的国际影响。从1993年至1997年，罗森主持了一个名为"公共生活与新闻媒介研究"的项目，以组织美国记者举办研讨会的方式，对这些记者的公共新闻经验进行案例研究。他的这项研究成果在1999年集成了一本书，名为《新闻记者的工作目标》。

虽然作为媒体运动的"公共新闻"在美国已于2003年随着皮尤公共新闻中心的解散而结束，但关于公共新闻的实践和研究并没有随之而画上句号。一批新闻学教授组建了"公共新闻兴趣小组"，作为"美国新闻与大众传播教育协会"下属的一个分支机构，每年都召开会议研究这个领域中的问题。2003年2月25日，一个国际性的"公共新闻网络"在"美国公共新闻兴趣小组"的基础上建立起来，这个组织宣称是一个世界各国有志于公共新闻的新闻记者与新闻教育工作者的国际性联合会。① 2004年2月，该会在亚特兰大地区成功举办了公共新闻国际性年会。随着互联网等新媒体技术的普及，公共新闻又与互联网等新媒体技术结合，呈现出互动式和参与式的特点，并与公民新闻一起开创了又一个新的公共领域。

二、公共新闻创新实践途径

在这场公共新闻运动中，一大批新闻传播研究者、新闻职业从事者、新闻教育工作者联合行动，新闻媒体、新闻院校、社会团体和社会公众等多种力量共同投入，使得这场运动进一步推进了美国新闻传播理论与实践的发展。

（一）改革选举报道模式

新闻机构在公共新闻实践中，挑战了当时盛极一时的选举报道模式。报道中关注选民关心的问题，而不是竞选者的竞选活动；较少赛马式报道及较少关注谁在民意测验中占上风；向选民征集关于候选人打算如何解决这些问题的提问并刊登候选人的反馈，组织多种多样的选民与候选人见面会；强调政治候选人的立场、任职资格及政绩，让选民有更多的了解；低调报道竞选事件、候选人的竞选策略以及形象管理技巧；阐述选民对这些问题的意见和解决之道，比较与候选人的差异；通过市政会议促进交流互动；报道交流的结果等。

---

① 蔡雯，郭翠玲.从"公共新闻"到"公民新闻"——试析西方国家新闻传播正在发生的变化.新闻记者，2008(8).

（二）聚焦短期和长期的专题报道

新闻机构在促进公众积极参与当地社区事务方面也有诸多贡献。比如：在报道中，通过多种途径了解当地居民所关注的问题，为居民提供发表及讨论自己意见的机会；阐述民众自己的解决之道，以公民参与协商、解决问题为报道宗旨；对单一事件进行长期的追踪报道；多家报社与电视台合作，利用多媒体合作扩大影响；从公民而非政府官员、专家以及其他社会名流的视角出发，报道公民关注的问题；创办多种短期和长期的协商与解决问题的平台，包括圆桌会议、市政会议、社区协商论坛及当地民间机构等。

为了有效促进公民参与协商以及探讨解决方案，1987年首次在丹麦使用的共识会议模式也被运用到公共新闻的实践中来。共识会议是一个围绕特定问题而组成的专门小组，它根据社会人口统计学背景仔细选择10—16人，这些人被会议组织者组织起来，对一个大众关心的问题进行考察，对其解决办法进行规划。小组先列出与议题有关的所有问题，再挑选解决这些问题的专家，然后对专家进行提问并与之互动，商讨专家们的意见，然后再对相关问题的解决提出最终的方案。整个过程包括两次预备会议和一次主会议。共识会议多由不同的非政府机构、非赢利性单位、博物馆和大学发起，已经有超过50次这样的商讨在世界各国举行。从实践上来看，共识会议可以促进民众和专家们在相关问题解决方案的商讨中有更多的互动和平等交流，同时促进政府官员对最终方案的实施，对制度的制定也产生了重大的政治影响。

此外，与共识会议相类似的方法还有协商民意测验、公民委员会、场景工作室等。其中前两种只是让民众对事先定好的议程做出有效反应，而不是让民众自己设置议程。场景工作室则是邀请一些民众、商业代表、专家以及政府官员一起就有关公共问题解决方案的可行性进行辩论，然后选出最合适的方案。

（三）注重包括日常信息收集、新闻报道和业绩评估的综合实践

进入新世纪后，大规模的公共新闻实践越来越少，但是"公共新闻运动仍以'小步前进'为特点向前继续发展"。2002年的一项公共新闻实践研究结果表明："600多项美国公共新闻创新活动中的45%是由参与公共新闻实践长达

5年或更长时间的新闻机构所实施的。"①

自2001年以来,美联社常务编辑就开展了持续进行的"全国诚信圆桌会议方案"的创新活动,此活动旨在加强报纸和读者的联系。此外,大约有200种报纸已经采取了多样化的公共新闻实践,并将其作为日常新闻实践的组成部分。

这些多样化的活动包括:把传统的新闻采写系统从以特定消息来源为中心转到基于地域或主题的新闻团队;专注特定社区或当地居民所关注的问题,发布较长的、由较多员工撰写的、主要针对当地事件的新闻报道;更多关注实体政策问题而非孤立的政治事件,定期与居民见面,旨在了解公民的关注点,讨论并报道这些问题;建立正式的读者小组,负责提供报道主题的建议;派遣记者到不同地区,特别是少数民族地区,与当地居民探讨新闻素材;从市民的视角报道这些话题;通过固定不变的问答栏目和市民记者的电子邮件组,设法获得和回答公民的反馈信息;报道正在调查中的特定问题的可能对策,从特定的核心公众的视角编写报道,随后邀请居民评价选题和报道等。

【小资料】

密苏里大学的新闻学教授埃蒙特·兰贝思总结了公共新闻实践的五个目标,被认为是有关公共新闻运动最具有解释力的定义:制度化地倾听公民的想法和故事,即便同时保留是否予以发表的自由;对于重要的社区议题,检视是否存在不同的报道框架;在不同的框架中选择最能激起公民商议、最能提高公众对议题的理解程度的框架;提高报道公共问题的主动性,以提升公众对于问题解决的认识、对于不同行动方案背后的价值的辨识;对自身与公众交流的正面效果和可信度予以持续的、体制化的关注。

三、公共新闻实践的局限性

美国公共新闻实践大都在县一级的小城镇范围内,人口一般都在10万以下。像纽约、华盛顿、洛杉矶等这样的大城市或州一级行政区域内则少有展开公共新闻学实践的个案。与此相一致,报道公共新闻学实践的大多是城镇一级的媒体,像《纽约时报》《华盛顿邮报》《今日美国》等大报不但不支持,反而成

---

① [美]坦尼·哈斯.公共新闻研究理论、实践与批评.曹进,译.北京:华夏出版社,2010:172.

为公共新闻学的最强烈的反对者,因为这些大报的合法性和声望很大程度上归于客观性原则。①《华盛顿邮报》主编认为这个被称作"公共新闻"的东西,更多的像是报社发展推广部门要做的事情,而不是记者应该做的事。

公共新闻学实践的议题基本上围绕着诸如社区安全、邻里关系、吸毒犯罪、环境保护等民生问题展开,也有地方选举的案例。这些问题都直接关系到公众切身利益,而且也容易达成共识,很少有涉及美国体制性的问题。

公共新闻学以维护公众利益为诉求,以社区公众的共识为解决社区问题的途径,这个意愿无疑是好的,但低估了社区共识的复杂性。一个社区,少则数千人,多则数万人,因职业、文化程度、种族、年龄、性别、社会地位、收入等而分成不同群体,他们既有共同利益,也有不同的群体利益。有些问题,比如社区安全、邻里关系、犯罪等,因为利益一致而容易达成共识,但有些问题,比如社区建设规划、阶级以及种族不平等、妇女流产等问题,要达成共识就相当艰难,有些问题甚至根本不可能达成共识。公共新闻学运动只能避重就轻,设置一些不冒犯群体利益的话题来达成表面上的共识。

因此,有学者批评说,公共新闻只是管理部门采取的一种赢利性策略。开展公共新闻运动的报纸没有考虑到商业媒介系统强加的潜在约束,它们设置一些引人注目的议程、煽动公众的热情,对社区建设并没有实质性的推进,推进的仅仅是报纸发行量的提升,为媒介所有者和广告商创造了更多的利润。这在美国也确有不少案例。"奈特里德报系支持自家报纸进行公共新闻的实践,毫无疑问是因为它认为这是阻止不断下滑的发行量的可行方法,也因为市场研究显示那些关心周围社区的人更愿意读地区性报纸。这种公司性自利行为使公共新闻在现存媒体中有更大的可行性,但这也造成了紧张态势和局限性。积极处理富有争议的问题的公共生活目标与提高发行量的商业性目标,也许是不相容的。"②

鉴于媒介所有者及广告商的目标是追求利润最大化,公共新闻的学术倡导者们的确忽视了商业媒介体系对公共新闻的潜在约束,没有切实考虑到公共新闻进一步实现其目标的能力。当然,正如罗森指出的那样,作为一场开展在主流商业新闻媒介中的新闻改革运动,"公共新闻不是一场起义,也不是对现行结构力量的微弱反抗。它没有对美国媒介王国的商业政体提出挑战,也不能对其予以支持"。关注民主与追求商业利益或许可以不和谐地共存,至少

---

① 李良荣. 西方新闻事业概论(第3版). 上海:复旦大学出版社,2007:164.
② [加]罗伯特·哈克特,赵月枝. 维系民主. 北京:清华大学出版社,2005:168-169.

可以"公开、挑战并商定它们的实践范围"①。问题的关键在于媒体管理人员是否会以牺牲受众的民主需求为代价,以纯粹追求商业利益为目的去接受公共新闻理念。

有证据表明,关注民主与追求商业利益也许真的可以不和谐地共存于践行公共新闻理念的新闻机构之中。最值得注目的是甘尼特报业集团,作为一个公共新闻的忠实拥护者,甘尼特报业集团于2004年发起了持续多年的"真实生活,真实新闻"活动。这次活动的主要目的是通过个体新闻机构营销部门开展的读者调查来提高报纸的发行量、增加利润,鼓励公司的新闻机构更多地强调新闻故事对读者日常生活的影

图 13-5　甘尼特报业集团标识

响。公共新闻的焦点是鼓励公民参与协商并解决问题,与此相反,作为较大的、参与政治的公共团体的成员们,这次活动把受众看成是新闻的个体消费者,这些新闻对他们的个人生活有一定的影响。

第四节　公共新闻的历史评析

公共新闻运动是20世纪80年代末在美国兴起、90年代兴盛并延续至21世纪的一场声势浩大的新闻改革运动,对美国社会和新闻传播业的发展起到了非常重要的推进作用,成为美国新闻史上辉煌的一页,并产生了广泛的国际影响。当然,由于概念模糊、理念不清,公共新闻也带来了一些争议与困惑。

一、公共新闻表现了新闻工作者对媒介社会责任的新思考和努力实践

公共新闻运动出现于1988年美国总统选举之后,当时社会上出现了对新

---

① [美]坦尼·哈斯.公共新闻研究理论、实践与批评.曹进,译.北京:华夏出版社,2010:95-96.

闻媒体不信任的情绪,传播媒介的垄断程度也越来越高,新闻报道娱乐化色彩越来越浓,同时,人们对于政治和公共事务也充满了绝望。政府与公民、新闻机构与受众之间的矛盾日益激化。在这样的政治与社会语境下,需要一种能够解决社会各界的质疑与信任危机的方案,需要一种能够为公众搭建共同交流平台的力量,以实现媒体的社会责任。于是,公共新闻孕育而生。众多的新闻机构开始尝试增加公众对民主政体的参与程度,重新审视他们与受众之间的关系。

公共新闻学的核心概念是两个关键词:公共利益和民主。公共新闻学的倡导者呼吁要通过报道贴近公民生活、以关乎公民切身利益的新闻来重新唤起公众对公共利益的关注,积极投身于社区的民主协商,以重新树立社会公众对新闻媒介的信赖,也期望以一种新的理论来唤醒新闻从业人员的社会责任意识,重新完善新闻报道者的职业理想,重新焕发报纸的活力,在更加坚实的基础上,去健全美国的民主,最终促进社会和大众传媒的发展。

公共新闻运动最初是美国少数中小型规模的报纸实施的一些偶尔为之的项目,发轫时期的影响相对较小,之后全球数以百计的各种规模的报纸、电视台和广播电台都成为公共新闻的实验阵地,并使各种公共新闻实践活动成为编辑部门日常工作中必不可少的一个环节。在公共新闻运动开展的10年内,"美国共有30多家新闻媒体参与的120多项公共新闻计划获得资助,有3 520多名新闻记者参加了49个'公共新闻实验工场',有10 000多个新闻工作者和公民领袖阅读皮尔中心的季刊"[①]。公共新闻运动对美国以及世界新闻传播业的发展都起到了非常重要的推进作用。

二、公共新闻有助于民主政治建设

"公共新闻"的概念源于对新闻与民主处于危机中的共识。这个危机就是指公众对公共事务和媒体的逐渐疏远和冷漠。公共新闻运动实质上是一次民主理念的张扬与践行。新闻从业者和新闻学界正是感受到了公众对于政治选举的漠然、与新闻界渐行渐远,以及人民与民主进程脱节的严重状况才发起这场运动的。

杜威公众民主模式认为:现代大众传播方式使构建"大社区"成为可能,公

---

① 蔡雯.美国公共新闻的历史与现状——对美国"公共新闻"的实地观察与分析(上).国际新闻界,2005(1).

众可以了解更可以积极参与民主管理,民主应该是一种生活方式,而不仅仅是一种管理模式,记者要视自身为"公众对话"的促进者。公共新闻运动的先驱们正是尊崇杜威的观点,提出并倡导了公共新闻运动。

罗森认为,民主的标志是塑造一个"交谈者的社会",而新闻的公共作用正在于"放大和改善"交谈者的交谈。公共新闻运动的先驱戴维·布罗德等人将"还政治进程于民"视作自己的使命。1990年1月,戴维·布罗德发现:许多新闻记者不仅已成为国家政治体系的一部分,而且主要是在为除了选民以外的这个体系——政客、顾问、职业党棍、分析师和记者自身而写作。为此,他在专栏中呼吁:"身处世上最自由的报业,现在正是我们转变为'行动者'的时刻,我们并不是为特定的政党或政治人物,而是要为民主和自治的过程而努力。""我们必须比以往更为强调,公众有权听到候选人讨论他们所关心的议题,并且当这种议题被候选人讨论时,媒体也应该忠实地做出报道。"[①]

公共新闻事业的报道设计和新闻改革是符合民主发展需要的最具系统性的尝试。它倡导媒体与公众联手,根据民意调查和社区民众论坛协调有关社会、政治问题和选举活动的报道议程,以此鼓励公众的参与、促进社会问题的解决,对于缓解社区矛盾、整合社区资源、协调社区建设产生了积极意义。同时,它也加强了报纸和公众的沟通,并在一定程度上使报纸赢得了社区公众的信任,促进了政府、公众、社会、媒体之间和谐关系的建构,增强了社会民主意识。

"据1994年—2001年的相关统计数据,美国有超过20%的报社刊登了某种形式的公共新闻,各种形式的公共新闻累计达800多件。其中,近4%的报道获得了读者的正面回应,近4%的报道对公共政策发挥了直接影响力。"[②]

三、公共新闻动摇了新闻客观性原则

在美国,公共新闻被称为"美国新闻理论的第三次革命"或"第四种新闻理论"模式。前三种模式是:鼓吹模式——传媒业依附于政党或其他政治团体、宗教、社会运动,成为其宣传机构,传达并鼓吹一种政治主张。在西方各国的新闻史上称之为"政党报"时期。托管人模式——传媒业是公众托管给专业人士经营的一项事业。因此,它必须代表公众的利益,成为公众的"看门狗"。其

---

① 黄浩荣.公共新闻学——审议民主的观点.台北:台湾巨流图书公司,2005:20.
② 张赐琪.公民新闻的产生与特征.毛泽东邓小平理论研究,2009(5).

职责主要是监测环境、监督政府。传媒业必须及时、准确地告知公众信息,做出可靠的和批判性的判断,客观性成为新闻业的专业标准。市场模式——传媒业以盈利为最高目标,并把受众当作消费者,以迎合消费者的需求来吸引受众,最后取悦广告商。

公共新闻摒弃了鼓吹模式和市场模式,在托管人模式的基础上向前跨出一大步。托管新闻事业的核心信念是"客观性",公共新闻事业强调"参与"的新闻观,由此动摇了托管人模式的专业标准,即客观性原则。公共新闻学中的传媒业不再是旁观者、中立者,不再独立于任何社会运动之外,而是成为社区生活的积极参与者。公共新闻要使人们从个人性的、相互隔离的事务转向公共事务并进行相互对话和讨论,公众达成共识以后,公共新闻就可以积极倡导对某一问题的政策性解决方案。

热衷于公共新闻学的北卡罗来纳大学新闻与传播学院教授菲利普·迈耶在一篇论文中谈道,对"公共新闻学"最大的困惑,是认为这个理论与新闻报道的客观性原则相矛盾。因为理论的初创者们没有对公共新闻这个概念给出定义,这也是公共新闻受到的最根本的批评之一。而且,公共新闻在理论框架上也是比较模糊的,缺乏明确的公共哲学作为依托,无法也无力与新闻客观性原则相辩驳和抗衡。

新闻媒体与生俱来的基本功能是传播信息,新闻媒体赖以生存的社会基础也是传播信息。信息传播必须真实、及时、准确、可靠,这必须以客观性原则来保证。从这个意义上来讲,整个新闻媒体建立在客观性原则的基础上。动摇客观性原则,就可能导致整个新闻媒体的崩溃。客观性原则作为新闻媒体的生命线,对它的任何非议都势必会引起新闻界的强烈反弹。正是这一点,预示着公共新闻学必然遭遇诸多困境,也使得它成为新闻界最富争议的话题之一。

20 世纪 80 年代初兴起的美国公共新闻事业既是一场新闻改革,也是一场改良美国民主的社会运动。它是近年来较为集中地体现美国新闻思想和社会思潮变迁的"实验"行动,并引发了学术界对于传统新闻和民主理念的激烈争议。同时,公共新闻事业也像一个放大器,"将长久以来这方面的学术理念冲突曝光在人们面前。因此从某种意义上来说,公共新闻事业的真正价值不在于它解决了民主问题,而在于它不断去试图解决这些问题。这就是公共新闻事业鲜明的'实验'色彩。但是,也正是由于这种实验的特性,再加上发展时间太短,公共新闻事业始终没能发育出一个成熟、完整的理论架构,核心思想显得比较粗糙。在主流媒体新闻工作者眼里,它是一个试图颠覆客观性的激进运动,在学院派知识分子眼里,它又是一场保守的改革行动"①。

进入21世纪后,作为媒体自发改革的大规模公共新闻运动渐显颓势,公共新闻理念主要内化为新闻媒体的日常新闻活动规范。但是,公共新闻运动15年的历史对传媒和民众的影响是跨越国界、寓意深远的。正如哈钦斯委员会最终形成的报告《一个自由而负责的新闻界》的结尾所表述的那样:"自由的新闻界不是人类社会的短暂目标,它是永恒的目标和可变的实现过程的结合。"

【资料链接】

《美国的公共新闻运动》(郑一卉,2012)一书对美国公共新闻运动的历史进行了全面考察,并从宏阔的视野出发,把新闻学方法和政治学方法有机地结合起来,主要探讨了公共新闻运动与新闻专业主义之间的关系,以及与民主政治之间的关系等。最后,针对我国媒体的公共新闻活动,提出了几点建议。附录部分有《公共新闻运动年表》和典型案例介绍。

【拓展训练】

1. 简述公共新闻与公民新闻、民生新闻之关系。
2. 简述我国新闻界对公共新闻学理论的实践。
3. 试析当前在我国实践公共新闻的意义。
4. 试析公共新闻学与新闻专业主义之关系。
5. 近几年在我国涌现的民生新闻与公共新闻浪潮是否有关系?

---

① 李洋,陈刚.民主实验和新闻改革——美国公共新闻事业思想评析.西北大学学报(哲学社会科学版),2010(5).

第十四章 公民新闻学

【情境导入】

韩国新闻网站 OhmyNews 的成功创办,将"每个公民都是记者"的口号变为现实,它不仅在新闻界引发了一场大地震,也标志着公民新闻的正式亮相。公民新闻的出现推动了新闻自由,强化了民主参与和舆论监督的作用,也对传统新闻构成了冲击和挑战。

【学习要点】

1. 公民新闻产生的背景
2. 公民新闻的传播特点
3. 公民新闻的历史评析

公民新闻学(Citizen Journalism)伴随着公民新闻的出现而诞生。公民新闻的理论研究和实践活动都产生于 20 世纪 90 年代的美国,它是在网络、手机等传播技术的推动下迅速发展起来的。

公民新闻是指公民(非专业新闻传播者)通过个人通信工具或大众媒介向社会发布自己在特殊时空搜集或掌握的新闻信息的新闻报道方式,又被称为"市民新闻""开放信源新闻""自媒体报道""草根报道""博客新闻""公民共享新闻""微博新闻"或"参与式新闻"等。

公民新闻的诞生宣告了"每个公民都是记者""每个人都是麦克风"时代的到来。随着新媒体技术的不断发展,公民新闻更成为一种普遍的新闻传播现象。它是民主参与理论在现实条件下的一种实现形式,对传统新闻学造成了强烈的冲击和挑战,也影响着当前社会的政治、经济和文化走向。

第一节 公民新闻产生的背景

传播技术的革新必然导致传播内容与方式的改变。21世纪来临之际,网络传播技术和数字技术已开始走入寻常百姓家,先进的通信工具也得到普及,人们对于民主政治的追求日益强烈。同时,伴随着对主流媒体权威性和主导作用的质疑,公众表达自我的意愿有了很大程度的提升。正是在这些条件下,公民新闻逐步发展起来,成为新闻体制外的一种民间力量。

一、个人传播技术的进步与普及

莎利·菲尔德曼曾说过,公民新闻只是一个新技术条件下出现的新闻资源。数码相机、数码摄像机、博客、播客、微博、手机等传播技术门槛低,很容易被一般人所掌握,为公民搜集和发布新闻提供了技术上的支持。人们可以随时获取新闻,随时将自己所获取的新闻传播出去。正如尼葛洛庞蒂所言:"在广大浩瀚的宇宙中,数字化生存能使每个人变得更容易接近,让弱小孤寂者也能发出他们的心声。""在网上每一个人都可以是一座没有执照的电视台。"[1]

借助信息传播新技术,公民不再仅仅是被动的信息接受者,而转变为新闻信息的传播者,打破了只有新闻专业人员才能进行新闻传播的传统格局和垄断状况。个人传播技术的不断普及又促使更多的公民以一种更加积极、主动的传播姿态参与到数字时代和媒介社会中来。发生在市井胡同的突发事件、社会新闻以及日常的衣食住行都可以随时被捕捉,都可以成为公民新闻的重头戏。也许下一个"公民记者"就是你!

二、公民主动参与新闻传播活动的意识增强

自由、民主、平等是现代化社会发展的重要目标。随着政治民主化进程的不断发展,公民的权利意识和民主意识日益增强,公民通过媒体表达舆论的意愿也更加强烈。近年来,虽然媒体数量飞速增长、报纸版面急剧扩张、广播电

---

[1] [美]尼葛洛庞蒂.数字化生存.胡泳,范海燕,译.海口:海南出版社,1996:7,205.

视时间越来越长,但是,新闻同质化、信息表象化、知识匮乏化、宣传虚假化等现象仍然十分严重。有学者认为媒体所关注的往往是精英的世界,而非普通大众日常经历的世界。媒体的漠视和固执迫使受众参与新闻传播的需求日趋高涨。他们主动去寻找自己感兴趣的新闻,追逐自己所需要的信息,甚至直接向媒体提供新闻或通过互联网发布新闻。有些新闻线人就是从提供新闻线索发展到制作或者提供新闻报道,直接参与到新闻传播活动中来的,他们从新闻线人转变成了公民记者。

民众是公民新闻报道的主体,因此,民众主动参与新闻传播是公民新闻产生和存在的一个必要因素,也是公民新闻得以兴盛的不竭动力。民众参与新闻传播,一方面可以满足民众自我实现的需要;另一方面,也可以使公民权利得到有力的保障。

OhmyNews 得以创建的原因也正是在于,当时的韩国人,特别是年轻一代,认为传统的媒体并没有代表他们的意见,他们缺乏表达自我的渠道。该网站的主要参与者是 20—40 岁的公众,用 OhmyNews 国际部主任 Jean Min 的话来说,他们在政治方面表现得更为积极,OhmyNews 也因为他们的参与而保持着极具创造性和独特性的编辑方针。①

三、网络提供了信息发布的平台

网络作为公民新闻的主要载体,促使其形成气候。网络在应用之初的主要特点是用户通过浏览器获取信息。但是,随后基于 Web 2.0 技术的博客(BLOG)、RSS、维客(Wiki)、网摘、社会网络(SNS)、P2P、即时信息(IM)等则更注重用户的交互作用,用户既是网站内容的浏览者,也是制造者;在模式上由单纯的"读"向"写"以

图 14-1 web 2.0 元素

---

① 朱长萍.公民新闻实践及其理论分析.武汉:华中师范大学硕士学位论文,2008:14.

及"共同建设"发展;由被动地接收互联网信息向主动地创造互联网信息发展,增强了互动性,从而更加人性化。正是这些交互式媒介的出现,才使大众"参与式"的"公民新闻报道"成为可能。

由此,传统媒体资源稀缺的问题也得以彻底解决,网络成为公民新闻最主要的发布阵地。另外,网络媒体的匿名性、多媒体化、超文本链接、信息海量等特点也受到了信息发布者的青睐,网络传播最终使公民成为记者。

四、分众化与个性化传播格局的形成

伴随着主流媒体日益集团化且以利益为驱动,其所能提供关于全球重要事件的多样化观点的能力正在逐渐减弱,这导致了媒体内容的同质化倾向。与此相对,面对网络上的海量信息,新闻的受众却出现了小众化的发展趋势,呈现出个性化、社区化的特征,他们不再满足于新闻媒体所提供的单一的、同质化的新闻报道,而逐渐开始追寻与自己紧密相关的信息,不同的兴趣爱好、专业、职业、文化背景使他们产生了截然不同的信息需求。也是源于此,在线新闻网站和博客为公众提供了更加丰富多彩的视角,公民记者的价值得以体现。他们或是报道自己所属社区的新闻——这些往往是主流媒体所忽略的内容,或是从自己的职业角度出发提供专业化的知识,或是根据自己的兴趣爱好来制作相关的网站。人们可以各取所需地在网络上搜寻、传播自己所需要的信息,一个分众化、个性化的传播格局就此形成。

同时,大众传播媒介在日益激烈的市场竞争中,为了吸引更多受众的眼球,正积极尝试将公众的报道吸收到自己的媒体报道之中,并通过建立专栏、网络主页的方式,让公众提供自己收集到的新闻信息、撰写新闻报道、打造个性化的传播内容。传播方式由单向传播向双向互动式、分众化、个性化传播发展。在媒体和公众的合作报道中,媒体争取到了更多的受众,而公众也获得了一个表达自我、展示自我、满足自我的舞台,两者实现了共赢的局面。

【小故事】

家住青岛沙子口附近渔村的段广珠是一位 DV 爱好者。2005 年 8 月 8 日下午 5 点,台风"麦莎"刚过,他在自家阳台上拍到了惊心动魄的一幕——十几米高的巨浪一排接着一排,呼啸着扑向岸边,撞击着海岸,农民工魏青刚先后三次跳进大海救人。这段录像很快被送到青岛电视台的"生活在线"节目播出。一夜之间,这个三进三出巨浪救人的小伙子成了青岛市家喻户晓的英雄,后被中央电视台评为"2005年度感动中国人物",段广珠也成了一位名副其实的公民记者。

第二节 公民新闻的历史发展

就美国而言,公民新闻是从20世纪末的公共新闻运动中脱胎演变而来的。随着互联网的发展和普及,尤其是自"德拉吉报道"网站对克林顿丑闻案的揭露开始,人们对公共事务的参与开始有了明显的变化,即从公共新闻运动时期因媒介的发动、组织而被动参与,到自发地、主动地进行事实传播和观点表达。进入新世纪后,伴随着Web 2.0时代的到来,公民新闻逐步走向兴盛。

一、公民新闻的萌芽

20世纪20年代初,一场关于民主与媒体的辩论在美国舆论学家沃尔特·李普曼与哲学家约翰·杜威之间展开。李普曼认为,民主理论要求公民对周围世界有清晰的认知,但事实是,绝大部分公民并不了解也不关心这个世界发生了什么。李普曼认为不如直接将了解世界的任务交给一群社会精英,让他们代替大众来判断和监督政府的行为。他由此建议将新闻业提升为一种更受尊敬、由专业精英组成的职业,媒体把社会中消息灵通的专家们的最好意见和思想准确地传播到公民中去,这样才能正确引导舆论。杜威则认为民主的基础不在信息,而在对话,他认为传播是民主的中心,要发现、聆听并服从公众的利益需要。只有公民们自己最清楚什么对他们来说才是最需要的,专家们不论有多么灵通的消息,都不能替公众做最佳的判断,公民有能力和智慧判断对公共事件的正确认知。[1]

其后数十年的美国新闻传播模式仅是对李普曼思维的实践。直到20世纪90年代,随着网络媒介的普及和公民新闻的兴起,传播的"对话"性质和个体自主性特征得以彰显,杜威的上述理论才被诠释和实践。所以从某种程度上来说,杜威的观点奠定了公民新闻学的理论基础。

---

[1] 单波,黄秦岩.新闻传媒如何扮演民主参与的角色——评杜威和李普曼在新闻与民主关系问题上的分歧.国外社会科学,2003(3).

公民新闻，即通过各种媒介由公民们自己来发布的新闻。自 1993 年以来，马里兰大学互动新闻学院的 J-Lab 中心资助了 120 个小规模实验计划，帮助小型新闻机构利用新媒介技术来创造新的参与公共生活的方式，并鼓励和培训公民积极从事新闻实践。[①]

1998 年，美国马特·德拉吉的博客网，即德拉吉报道（drudgereport.com）率先公开了克林顿和莱温斯基的绯闻，引起世界范围的轰动，几乎倾覆了克林顿的总统职位。德拉吉报道也因此而一举成名。德拉吉博客网以朴素、简洁的网站页面，第一时间的新闻报道而著称，在此后众多重大新闻的披露中，德拉吉报道都彰显出其非凡的报道能力。

图 14－2　马特·德拉吉凭借个人博客，叫板老牌媒体

德拉吉报道对克林顿性丑闻的报道是首次由非主流媒体发布新闻并产生重大影响的案例，这次报道可以看作公民新闻开始出现的标志。从德拉吉报道绵延开去，一种与以传统主流媒体为主导的新闻报道方式截然相对的公民新闻走入人们的视野，由普通公众发布的新闻或信息潮水般涌向受众。在对人类重大新闻事件的报道中，公民新闻的价值正在不断地显现。

二、公民新闻的正式诞生——全球第一家公民新闻网

德拉吉报道率先向全世界报道克林顿与莱温斯基的性丑闻后，公民新闻得到了快速发展，并且已经成为当代新闻传播事业的有机组成部分。特别是韩国记者吴延浩创办的网站 OhmyNews.com，成功地将"每个公民都是记者"的口号变为现实，不仅在新闻界引发了一场大地震，也标志着公民新闻学的正式亮相。

OhmyNews 是韩国国内最有影响力的新闻媒体之一，也是全球第一家成功赢利的公民新闻网。网站成立于 2000 年，它的一大特点就是推行"公民新闻"制度。网站的任何一名注册用户均可成为 OhmyNews 的记者，可以在网

[①] 韩鸿. 论新媒体背景下的公民共享新闻学. 新闻与传播研究，2006(3).

图 14-3　OhmyNews 网站 2013 年 8 月 5 日首页

站上发布新闻稿件,或者是在其国际版上发布英文的新闻报道,还可以为自己的新闻收取稿费。OhmyNews 是韩国第一家靠网络原创新闻起家的新闻网站,它自称为"新闻游击组织",对既有的新闻传播模式做了完全的颠覆。创始人吴延浩提出的口号是"每个公民都是记者",并力求通过 OhmyNews 使人们"告别 20 世纪通过主流媒体看世界的时代"。网站上的文章大都带有主观性味道,较为情绪化,但同时也富有激情、内容非常具体和充实,从体育到娱乐再到政治,新闻可谓是无所不包。

OhmyNews 曾一度在全世界范围内拥有 60 000 名公民记者,同时其国际版拥有遍布 100 多个国家超过 3 000 名的全球公民记者——他们用英语进行新闻报道。除了公民记者以外,该网站还有 90 名工作人员,其中有 60 位编辑以及 30 位技术和管理人员。网站内容的 70% 都由公民记者提供。OhmyNews 的用稿必须经过网站编辑的审阅和编辑,由他们来决定哪些稿件可以被刊登出来,并且决定其标题、所配图片以及版面的位置。文章在网页上的位置有阶层关系:标题愈往下走,就表示编辑认为这则新闻的重要性或趣味性愈少。

吴延浩和他的同事深知媒介互动的吸引力,所以该网站上的每则报道都有一个链接指向评论网页,读者可以发表评论——可以是加油打气的鼓励,也可以是粗鄙难听的话语,并且网站还开展对某些评论的投票活动。OhmyNews 把 20 世纪传统的演说式新闻业模式(新闻组织机构告诉受众新闻是什么,而受众只能选择要或不要)合并为某种由下而上、交互式以及民主化的形式,吸引了广大的受众。①

OhmyNews 的里程碑意义不仅在于它是第一个成功的公民新闻网站,还体现于:在 OhmyNews 出现之前,公民新闻并不遵循专业新闻学的标准,而自 OhmyNews 2000 年创立以来,该网站的公民记者均被要求遵守严格的《道德守则》和《记者协议》。此外,OhmyNews 的另一个贡献是开辟了网络媒体新的赢利模式:其收入的 60%—70% 来源于网站的广告收入,20% 来自内容版权费,剩下的 10% 来自其他的方式(如举办会议所得费用、用户的自发捐款等)。尽管这样的赢利模式不能说普遍适用于其他的公民新闻网站,却为其他同类网站的发展提供了有益的借鉴。

三、公民新闻的大规模发展

OhmyNews 之后,Twitter、WikiNews site、Myspace、Facebook 相继兴起,传统新闻机构日益受到公民新闻的冲击,传媒与受众的互动方式发生了重大变化,记者的专业角色也发生嬗变,一种以对话、合作与平等为核心理念的新闻生产与传播方式正在确立。《新华每日电讯》曾引用美国微软—全国广播公司高管罗瑟·米奇的话说,现在,"游戏不一样了"。

(一)自媒体大量出现

自媒体一般是指为个体提供信息生产、积累、共享、传播的独立空间,可以从事面向多数人的、内容兼具私密性和公开性的信息传播方式总称。随着网络传播技术发展的日新月异,除了一些公民新闻网站外,新闻跟帖、BBS、博客、维客、播客、拍客和微博等自媒体也因其所具有的即时性、开放性、自主性和互动性等特性,而成为公民新闻的主要形式,并在一些重大新闻事件的报道和传播中都有令人惊喜的表现,为公民新闻的发展注入了新的活力。

2001 年美国"9·11"事件就让博客第一次显示了它作为公民新闻发源地的重要地位:上百个报道"9·11"事件的个人博客发布了无数照片、录像和现场录音,还有目击者的亲笔描述,为受众提供了全方位的、充满着无数细节和人情味的新闻报道。

彼得·格里芬是印度孟买的博客作家,在 2004 年底海啸发生数小时后即

---

① 朱长萍.公民新闻实践及其理论分析.武汉:华中师范大学硕士学位论文,2008:5.

开办了一家博客网,很快有数百名来自灾区和其他国家的博客加盟并上传新闻,组建了"东南亚地震及海啸博客网",三天内该博客网的点击率就高达十万人次。①

微博,即微博客(MicroBlog)的简称,是一个基于用户关系的信息分享、传播以及获取平台,用户可以通过 WEB、WAP 以及各种客户端组建个人社区,以 140 字左右的文字更新信息,并实现即时分享。最早也是最著名的微博是美国的 Twitter。根据相关公开数据显示,截至 2010 年 1 月,该产品在全球已经拥有 7 500 万注册用户。中国的微博用户更多,到 2012 年,已超过 3 亿。3G 智能手机的运用也为公民新闻提供了更加方便、快捷的多媒体信息传输,进一步增强了公民新闻的影响力。

目前,公民新闻已经涵盖了以 E-mail 为代表的邮件形式,以博客、播客、拍客、维客、闪客等"客系列"为代表的网络自媒体传播,以 BBS 为代表的网络论坛传播,以手机短信为代表的信息传播等。从发展趋势看,网络已经成为公民新闻最主要的传播渠道。放眼世界,一场网上"公民新闻运动"正如火如荼地开展。

(二)公共新闻转向公民新闻

公民新闻发端之时也正是公共新闻运动逐渐衰退之时。目睹着业已成熟的网络技术开辟的全新天地,众多倡导公共新闻的学者也开始将研究的视野转向这个全新的领域——公民新闻。

有学者认为,公共新闻是公民新闻的理论源头。亲身在美国考察公共新闻的蔡雯很早就发现,公共新闻和公民新闻有融合趋势。2004 年 8 月,在美国"公共新闻兴趣小组"年会上,该会负责人提议,鉴于公共新闻在美国的现实发展,可以考虑将"公共新闻"与"参与式新闻"(公民新闻)相结合,改称为"公共与参与式新闻",这一想法也得到了一些基金会的支持。

早在公民新闻还未引起人们普遍关注和参与的时候,有关公民新闻的相关实验项目就已经在学界展开了。奈特基金会在马里兰大学建立了一个新闻实验室,其最初的实验就是和推动公共新闻运动密切相关的,目的是为了鼓励公众参与社会事务的讨论,促进社会问题的解决。2004 年,随着项目的不断推进、新媒介技术的普遍应用、公众参与意识和参与领域的不断提升和扩展,这些实验项目也逐渐开始关注公众作为新闻信息采集者、提供者的价值,公共

---

① 石磊.新媒体概论.北京:中国传媒大学出版社,2009:133.

新闻的研究逐步向公民新闻转向。

曾是"公共新闻"运动倡导者的罗森教授开设了名为"新闻业思考"(Press Think)的个人网站,在美国 2004 年的大选活动中产生了较大影响。2007 年,受韩国公民新闻网站 OhmyNews 的影响,罗森又领衔开设了一个旨在发动普通民众参与新闻传播的网站 Assignment Zero,开始了更新一轮的实验。这时,他关注的焦点已由"公共新闻"转移到了"公民新闻"。

在 Assignment Zero 网站,大众成为会员后,可查看或提供自己感兴趣的话题,网站编辑每天会针对大家提供的信息提出建议,回答问题,并选择需要的主题。在反馈后,编辑把报道所需完成的任务分成采访、研究、调查、写作板块,参与者可根据自己的特长和兴趣选择任务。确定任务后,参与者可以在网站上获取一个报道页面,用来发布新闻、查看他人的评论以及编辑讨论等。[①]

公民新闻与公共新闻渗透融合,两者都有公众的参与并能够发表公众的意见,但是在公众意见表达方面,公民新闻比公共新闻又向前迈了一大步。

(三)公民新闻与传统媒体合作

公民新闻的兴起,带来了更加白热化的注意力资源争夺,传统媒体不得不拓宽信息资源取向,采取各种各样的手段采集新闻,包括鼓励公民提供新闻或向公民购买新闻,然后将公民新闻作为传统新闻报道的一部分或者直接通过传统媒体发布。

2005 年 7 月 7 日,伦敦地铁站发生爆炸案。数小时后,在博客检索网站 Technorati(跟踪 1 300 万个网站和 130 万个链接)上,就已经出现了几千条日志。英国广播公司(BBC)网站转帖了目击者拍摄的照片和视频,《卫报》也登出了目击者提交到博客上的现场回忆。

伦敦爆炸案的第一张图片是由伦敦市民亚当·斯塔西拍摄的。他用手机拍下了一个男子站在昏暗而拥挤的地铁隧道中,用手绢捂着嘴的模糊画面,男子的身后是刚刚发生爆炸的地铁车厢,车厢内亮着灯,并挤满了乘客。亚当·斯塔西迅速将这张照片通过经营博客网站的朋友阿尔菲·丹恩发布出去,成为互联网上点击率最高的图片之一,并随后被天空电视台、美联社、BBC、《卫报》等媒体采用。

正是通过使用手机和博客,斯塔西和丹恩提供了大型媒体公司的摄像师

[①] 蔡雯,郭翠玲.从"公共新闻"到"公民新闻"——试析西方国家新闻传播正在发生的变化.新闻记者,2008(8).

和专业记者在特殊时刻无法捕捉的恐怖袭击现场的第一张图片。而作为传统媒体的BBC也在短短的6个小时内,收到了1 000余张照片、20个影像片断、4 000多条文字信息以及20 000余封电子邮件。这些图片和录像片断在爆炸发生后很短的时间内被传至英国主流媒体、博客网站等,让置身事外的人们如亲历般感受到恐怖袭击现场的慌乱与恐惧。

　　一些传统媒体不仅刊登公民新闻,还创办了公民新闻频道和栏目。2005年8月,当美国新奥尔良市遭受"卡特里亚"飓风袭击,造成罕见灾害之际,CNN网站随即增加了一个栏目"公民记者",向所有网民征集有关这次风灾的文字和图片。2006年8月15日,CNN正式推出了公民报道的新栏目"I-Report"(我报道)。11月,拥有90家报纸的甘奈特集团宣布不仅正式合并它的网络和印刷媒体的员工,而且计划利用公民记者为它的出版物提供内容。12月,雅虎网站与路透社合作推出了一个叫作"You Witness"(你来目击)的栏目,可以让新闻目击者上传照片或者视频短片,由路透社负责对公众提交的新闻进行选择、编辑,并提供给其他新闻媒体。以这个事件为标志,网络巨头与老牌传统媒体开始携手涉足"公民新闻"这个全新领域。① 如今,新兴媒体与传统媒体的合作、公民记者与专业记者的合作已成为业界常态,这也成为传统媒体扬长避短、增强自身竞争实力的重要途径。

　　开展培训也是众多主流媒体介入公民新闻的一种举措。BBC提出应给予公众一定的技术指导,以方便他们使用数字技术参与其中。在BBC的网站上,人们可以学会如何向BBC上传他们的录像、照片以及文字。

　　传统媒体有一批训练有素的专业工作人员,有一套严格的新闻运作制度,公民新闻可以成为传统媒体发掘新闻的新工具;传统媒体借助新媒体获得信息源,也扩展了公民新闻发布的新渠道。公民新闻与传统媒体可以看成是一种互补共赢的关系,公民新闻的未来应该在大众传媒的并存、交融和协调中谋求发展。

【小资料】

　　2005年6月23日,第一次"国际公民记者论坛"在韩国举办,来自全球的380多名公民记者、新媒体代表、专家学者汇聚一堂,共同探讨公民新闻的未来。该论坛由OhmyNews主办,致力于领导推进公民新闻的发展。

---

① 石磊.新媒体概论.北京:中国传媒大学出版社,2009:134.

第三节　公民新闻的传播特点

公民新闻是一种原生态的生活记录。关于什么是公民新闻，波曼和威利斯在《自媒体》一书中认为，公民新闻就是："公民个体或群体搜集、报道、分析和发布新闻或信息的行为，旨在提供一个民主社会需要的独立、可信、准确、广泛的相关信息。"[①]这一定义反映出公民新闻的一些基本特点。

一、报道主体平民化

公民新闻就是让没有受过专业新闻训练的普通公众通过运用新的传播技术来发布新闻信息，因而又被称为"市民新闻"或"草根新闻"。报道主体是千千万万个公民，他们无处不在，遍布于城乡的各个角落。公民新闻的信息源是开放性的，没有任何年龄、性别、地域、职业限制，任何占有传播工具和信息资源的人都可以成为新闻的提供者和发布者，妇孺皆可、老少皆宜，这也正是公民新闻得以蓬勃发展的重要原因。公民新闻报道者就犹如潜置于社会生活中的一双双善于发现的眼睛，一个个无处不在的镜头！

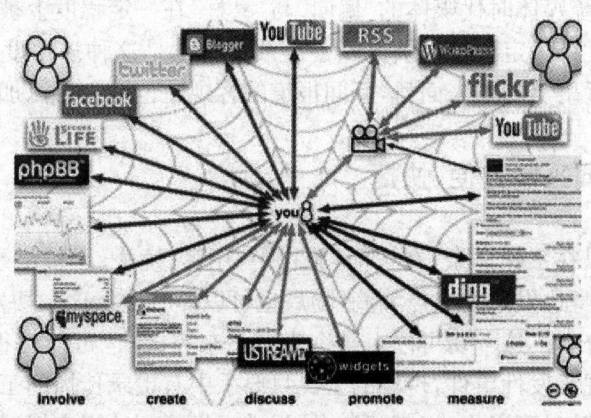

图 14-4　社会化媒体以个人为节点

---

① 杨洋. 中国人民新闻发展形式研究. 北京：中国传媒大学硕士学位论文，2010：6.

二、传播内容个性化

在公民新闻出现之前,大众传播被强势媒体自上而下的单向传播所主导,作为信息生产者的专业记者也囿于众多新闻机构在长期发展过程中逐渐形成的比较稳定的价值取向,来自平民大众的声音、态度和经验几乎被淹没。

公民新闻是一种自下而上、立足于民间的信息传播活动,具有草根的本质和特性。再加上网络相对自由的传播空间,公民可以从不同的视角去观察、采集或发布自己的所见所闻,以独立思考的个性来选择报道内容和报道方式。他们可以将报道的触角伸向社会的各个角落,以平等的眼光、平静的心态、平和的意识,平实地记录普通百姓的生活细节和生存状态,全景式地再现生活。他们也可以打破过去一些传统媒体把国家大事、英模人物、重大事件作为纪录片创作准则的框框,更多地融入平等记录和个性风格,表现出不同人群的生活方式和价值尺度。在反映民意和舆论监督方面,公民可以畅所欲言,来自全社会各个层面的声音日益增多,公民新闻为政府部门客观上提供了有价值的互动和测试平台。

公民新闻的平民视角和个性化表达组成了新闻事实的多种面向,它们无疑将增添新闻视角的多样性和内容的丰富性,同时也促进了多元传播形态的确立和客观性原则的实现。"对同一个新闻事件,开始出现多个不同角度的观察与分析,传统媒体时代媒体的'偏向'与'喜好'在一定程度上被淡化,媒体的新闻生产惯性在一定程度上被打断甚至改变。正是这种多角度,我们才更有可能无限逼近事实的本来面目,新闻报道的客观性也随之得以加强。"[①]

三、新闻采制方便、快捷

公民可以在工作之余,在生活、旅行中,用笔、镜头、手机记录下他们的所思所想,记录身边发生的点点滴滴,随后也可以即时地将这一切发布到网络上与大家一起分享。这一切可以由某个人自己来完成,也可能由很多人共同完成。一旦出现突发性事件,现场的公民只要手中有摄录传播的工具,哪怕只是一部手机,就随时可以作为"新闻记者"报道现场新闻。现实情况表明,当前媒体发布的突发性重大事件的第一时间报道大多来自公民,而不是新闻记者。

---

① 赵俊峰,张羽. 公民新闻的发展与传媒生态的再建构. 国际新闻界,2012(6).

"你可能会在博客或网络论坛上写一篇关于自己所在城市的某些问题的报道;你可以在博客上检验主流媒体上的文章是否有误或存在偏见,并给予指正;你可以把自己抓拍到的有价值的数码照片发布在网络上;甚至你可以摄制视频短片发布到像 Youtube 这样的网站上。如果亲历重大突发事件的发生,你提供的文字或影像资料甚至可以影响整个历史。"[1]

四、传播渠道多样化

传统媒体的报道方式主要是指报刊、广播、电视等。公民新闻不仅可以借助于传统媒体进行传播,而且随着数码技术、个人电脑技术的快速发展和高科技信息产品的日益普及、数字化设备的广泛应用,公民可以便捷地拍照、摄像、编辑,根据自身的兴趣爱好、个人需求、专业敏感和时空优势上传自己所获取的信息。新闻跟帖、网络论坛、博客、维客、播客、拍客和微博、微信等都成为公民新闻日益活跃的传播平台。

五、受传者互动交流密切

双向互动交流是众多传播学者和新闻媒体所推崇的理想的信息传播模式,但传统媒体都是单向传播占主导,信息的反馈是滞后的、延迟的。公民新闻出现后,传者、受者之间的即时互动交流已不再遥不可及。美国学者奥丁甚至将网络媒体上新闻报道之后的评论归为公民新闻的一种简单形式。威尔伯·斯拉姆曾经说过,"大众对传播事业还有一项特殊的责任,他们应学习如何来运用媒体……总之,应有更多的非专业大众来学习传播技术,以使媒体求取最佳的运用"[2]。

公民新闻中,受众是以主动而非被动的姿态,参与甚至主导新闻信息的收集、报道、分析和传播过程的,新闻传播再也不是媒体公司和专业记者自上而下的"广播",而是公民、编辑、记者互动的自下而上的"网播",其最大的特点就是交互性。传统媒体由信源到信宿的单向传播模式,转变为兼具单向与双向

---

[1] 蔡雯,郭翠玲."公民新闻"的兴起与传统媒体的应对——对西方新闻传播变革的观察与分析.新闻战线,2009(9).

[2] 韦尔伯·斯拉姆.大众传播事业的责任//张国良.20世纪传播学经典文本.上海:复旦大学出版社,2002:312.

互动、传播者与受众随时发生转变与重合的"网状传播"模式,传者、受众之间的交流比以往任何时候都更密切。

另外,公民新闻的发展,促进了传统意义上受众权利——"媒介接近权"的增强。1967年,美国学者巴隆在《哈佛大学法学评论》上发表的《接近媒介——一项新的第一修正案权利》一文首次提出了"媒介接近权"的概念。受众的"媒介接近权"是指"大众即社会的每一个成员皆应有接近、利用媒介发表意见的自由"①。但在传统媒体时代,这种权利一直集中在少数人手里,直到公民新闻的出现,大众的"媒介接近权"才有机会得以充分实践。

公民新闻的出现推动了传者、受者之间的权利趋于对等,媒体时代传者、受者之间的专业与技术壁垒在公民新闻中正在趋于消融,传者、受者之间的即时互动交流和双向合作正在越来越多的新闻生产中成为现实。

第四节 公民新闻的历史评析

作为一种全新的现代化传播方式,公民新闻对人们的社会生活以及传统新闻产生了变革性的影响,不仅延伸了公民的话语权,培养了公民参与政治生活的意识,而且革新了传统新闻的采访方式和报道机制。但是,因缺乏把关和公民素质参差不齐等原因,公民新闻也不可避免地存在着一些自身难以规避的问题。甚至有些公民记者为了一味地追求轰动效应,故意编造出一些危言耸听的新闻或肆意揭露他人隐私,使得新闻报道的客观、公正、真实性等难以得到保证。

一、公民新闻促进民主参与媒介理论的实现

民主参与媒介理论抵制媒体集中化和垄断,认为规模庞大、单向传播、垄断发展是媒介的痼疾,试图满足公民需求的"草根"媒介观念,提倡媒介多元、小规模,力求让任何民众个人和弱小群体都能够拥有信息知晓权、传播权、对大众媒介的使用权和接近权。但是由于体制的原因,这些设想并没有很好地实现,在当时的社会背景下,充其量只是民众的一种主观诉求而已。

---

① 张国良.传播学原理.上海:复旦大学出版社,1995:171.

互联网的出现极大地改变了新闻业的传播生态。公民新闻带来了一种新的传播图景:公民可以撇开传统媒体,在网上自主传播新闻、发表观点,进而形成舆论、影响媒体和社会、影响政府对公共事务的决策。

有美国学者认为,"公民新闻"使新闻的定义在经历了很多的曲折和反复之后似乎又回到了起点。因为当美国宪法《第一修正案》被采用之时,出版自由指的是任何人都有运用出版机构自由出版的权利,而不仅仅是某一组织机构从事新闻出版的自由。[①] 在公民新闻中,普通公众利用自己手中的摄录、通信工具可以随时通过互联网参与新闻、信息的创作和传播,这是出版自由在现实生活中最大限度的实现。

二、公民新闻有助于民主社会建设

公民新闻打破了"传播者"与"受众"之间的传统界限,传播者和受众群体不仅完全处于平等的地位,而且实现了传播主体的位移。这一重大变化,使得公民新闻进一步强化和推动了新闻自由,起到了传达民意、民主监督等社会作用。

公民新闻的兴起凸显了个性化表达和个人对社会与自身权利的关注。在公民新闻的传播中,被赋予"自媒体"称号的博客,更显示了其与传统媒体的重要区别,它的即时、开放、自主和互动等特性,呈现出强大的生命力。当博客成为一种民意表达的工具时,个人空间就变成了民意传播的公共领域。

建立在双向传播基础上的公民新闻适应了时代需求,促进了民间话语体系的崛起,颠覆了"舆论一律"的传播格局,是一种民主化的媒体形式。大众的参与和影响在一定程度上改变了舆论监督权由新闻媒体承担和完成的状况,人民群众通过新闻媒体对国家事务和社会公共事务进行监督,使政府工作更加民主和透明,主流媒体的报道也会更加客观、理性。

"公民新闻"也可以被当作继"公共新闻"之后对社会民主政治的又一次极具意义的追寻。公共新闻鼓励公众参与社会事务,通过新闻机构与公众的交流与沟通,实现促进社会问题的解决。公民新闻则更进一步,在追求民主的过程中,新闻机构不再时时充当领航者的角色,公众对政治的关注更多地表现为主动参与,人类民主的新形态——草根民主得以实现。在韩国,OhmyNews

---

[①] 蔡雯,郭翠玲."公民新闻"的兴起与传统媒体的应对——对西方新闻传播变革的观察与分析. 新闻战线,2009(9).

打破传统媒体的垄断,帮助卢武铉赢得了 2002 年总统大选;2008 年,美国民主党、共和党通过博客展开政治交锋,无不体现了草根民主的力量。

三、公民新闻对传统新闻造成强烈的冲击和挑战

不论是从实践意义还是理论层面来看,公民新闻都是对传统新闻传播的一种颠覆、创新和拓延。公民新闻"本身就是对主流新闻媒介生产权力的解构,对商业媒介和权力媒介的反抗,其强烈的去中心化思想和民本特征,将对传统新闻学范式产生一定程度的重塑"①。公民新闻嬗变了传统新闻的传播机制、内容形态和报道领域,丰富了传统媒体的新闻源,弥补了重要新闻事件不在场的缺憾和尴尬,强化了信息社会中媒体与受众的新型互动关系,真正确立了受众在大众传播中的主体地位。

(一)打破了传统媒体对话语权的垄断

传统媒体的传播一般是"点"对"面"的传播,传播主动权掌握在媒体手中。而在新媒体技术日益发展的今天,新闻报道不再是几家媒体的发言,而成为全社会共同的声音,公民新闻带来了新闻业的一场革命。这也促使传统主流媒体对公众议程设置重新思考。

表 14-1 传统媒体不再是唯一的信息源

事件/话题	天涯社区	凯迪社区	强国论坛	新浪论坛	中华网论坛	新浪微博客	合计
腾讯与 360 互相攻击	477 000	6 592	3 213	240 861	42 312	2 605 482	3 375 460
上海世博会	149 093	6 547	10 472	7 824	13 838	1 061 019	1 248 793
网络红人"凤姐"	22 600	2 169	756	10 509	6 374	570 050	612 458
李刚之子校园撞人致死	25 641	4 982	2 154	5 864	16 870	144 840	200 351
富士康员工跳楼	33 800	4 072	16 900	5 015	23 211	57 327	140 325
袁腾飞言论惹争议	2 522	1 352	18 400	1 493	66 973	45 163	135 903

---

① 韩鸿.新媒体背景下的公民共享新闻学.新闻与传播研究,2006(3).

续表

事件/话题	天涯社区	凯迪社区	强国论坛	新浪论坛	中华网论坛	新浪微博客	合计
北京查封"天上人间"	13 400	1 840	2 350	5 869	9 504	82 932	115 895
郭德纲弟子打记者事件	30 400	3 636	2 873	4 835	15 235	29 550	86 529
唐骏"学历门"	821	3 620	1 976	1 309	2 746	72 657	83 129
宜黄强拆自焚事件	22 100	2 416	1 919	608	6 452	44 990	78 485
方舟子遇袭	1 248	1 994	12 300	2 809	16 433	43 293	78 077
张悟本涉嫌虚假宣传	11 900	2 777	549	1 220	3 386	36 465	56 297
各地校园袭童案	14 100	848	642	2 221	1 524	32 141	51 476
安阳曹操墓真伪之辨	15 900	2 520	554	1 090	1 857	27 861	49 782
山西"问题疫苗"	6 542	2 856	1 117	517	1 792	35 939	48 763
商丘赵作海冤案	10 400	3 825	1 386	1 759	2 984	23 094	43 448
王家岭矿难救援	11 800	1 452	874	647	3 631	18 076	36 480
谷歌退出中国	10 500	2 182	914	1 254	3 555	15 323	33 728
唐福珍敏感词汇	11 000	5 562	2 230	1 083	1 658	9 651	31 184
部分地区罢工	10 729	4 080	661	3 199	7 124	4 167	29 960

在《我们就是媒体》(We the Media)一书中,丹·吉尔默这样总结"公民新闻"对传统媒体的影响:"草根新闻从业者摧毁了传统媒体对于新闻的垄断权,并将新闻从说教变为对话。"自称合作型报纸的红纸网站也提出:"给每一个人成为记者的能力!有你自己的专栏!贴出你自己的文章!决定你自己文章的价格!把你的作品卖给全世界潜在的几百万读者!"公民新闻的诞生预示着一种以对话、合作与平等为核心理念的新闻生产与传播方式正在确立,传统媒体垄断的新闻信息传播将因公众的参与而走向媒体与公众共同运营的新闻信息传播时代。

(二)延伸了"记者"的内涵和外延

即使是最好的记者,也会有他的"盲点"。网络媒体的兴起和公民新闻的发展,不论从地域性还是从行业性来讲,都极大地延伸了记者的内涵和外延。

照相机、手机、网络等工具的普及，使普通公民有可能成为无处不在的"新闻眼"，成为新闻事件的当事人、发现者和信息搜集者。

公民新闻时代，可以说人人都是记者，加之传者、受者之间互动与交流的便利展开，使得传统意义上"记者"的触角可以伸向社会生活的方方面面和每个角落，理论上，记者的功能可以得以无限延伸。公民记者生活在社会的各个阶层，他们扎根于现实生活的土壤，有条件接触到丰富的第一手新闻素材，是"深入第一现场"的最有发言权的"记者"。

尤其在突发新闻的报道上，公民比专业记者更有条件首先获取和传播信息，成为某些突发性事件的现场报道者。传统的单纯依靠记者现场采集的新闻生产方式正被公民独立生产、公民参与和专业记者合作报道的方式所替代。一方面，记者功能开始从专业人士向非专业人士延伸；另一方面，公民记者对新闻事件传播的参与使专业记者有可能更好地发挥自身职能，完成自身使命。

（三）改变了新闻的报道流程

长期以来，传统媒体依靠主流意识形态和国家话语占据了社会主导权，引导着社会舆论，针对新闻媒体和新闻传播已形成了一整套较为完整的制度体系。互联网的出现尤其是新的传播技术的发展却带给人们前所未有的体验：人们可以在网络媒体上记录自己的衣食住行和日常琐事并与网民分享，成为新闻；人们可以用手中的移动设备记录发生在自己身边的重大突发事件并将其传递到世界各地，吸引注意；人们还可以就传统媒体的某些报道进行补充和评论，甚至对某些不实或歪曲报道提出质疑，从而使事件真相大白于天下，以正视听。

图 14-5 传统媒体走上与新媒体合作之路

公民记者与专业记者并肩作战、共同报道的做法已屡见不鲜。公民在网络上提供"爆料"或新闻的由头，传统媒体跟进深度报道，然后又引起网络新一轮的讨论、跟帖和留言,继而完成整个事件报道。传统媒体新闻发表以后就算完事,而在博客中新闻的发布意味着新闻才刚刚开始。相当多的博客会按照自己的意愿和需要筛选、追踪、增补、编辑各类已发布的新闻,再发布到自己的主页上供他人阅读,延长了新闻的生命链,改变了传统新闻的生命周期。

随着社会阶层多元化、利益结构多元化、表达方式多元化的变革,公民新闻已经是遍及全球的一种新闻传播新景观,它促使传统新闻媒体进行重新定位,寻找新的报道策略和发展路径。过去的"为大众"报道发展到了今天的"由大众"报道的历史性新阶段,这种嬗变对传统新闻媒体既是挑战也是机遇。只有把传统媒体的优势与公民新闻传播行为相结合,才能更好地把握明天的大众传播发展趋势,获得双赢。

四、公民新闻存在诸多弊端

(一) 虚假信息滋生,新闻真实性受损

不同于传统新闻的生产方式,公民新闻产生的根基是"自媒体"。在"自媒体"传播系统中,"自媒体"的交互性、自主性、去中心化从根本上改变了传统新闻的生产过程,"把关"这一防线形同虚设。公民新闻中,普通民众通过网络、便携式通信设备用文字、图片、视频对身边发生的突发的或新奇的事件进行"未审查、未过滤"的实时传播,信息的真实性、可靠性、客观性甚至伦理道德底线都由普通民众自己掌握。

公民新闻记者的社会角色多种多样,传播者自身的文化背景、个人立场、传播意图、写作技巧乃至对事件新闻价值的判断、对信息真伪的判断能力都可能影响传递信息的客观性和准确性。但是一般公民并没有受过专业训练,加之缺少刚性的职业操守和基本的职业道德,因此信息的可靠性很难得到保证。

此外,网络信息浩如烟海,每秒产生数以万计的即时信息,信息发布者又大多为匿名,一些记者、传统新闻媒体在发布公民新闻时由于时间、篇幅所限,既难以展现其所采访事件的全貌,也没有经过所在媒体负责人的"第二人审核",这就很容易造成公众误解,把舆论引至错误的方向。

2008年10月3日,CNN旗下网站"iReporter"误报苹果公司CEO乔布斯病危,导致苹果公司市值瞬间蒸发90亿美元。后来此条消息被证实是由公民新闻记者发出,而"未审查、未过滤"正是"iReporter"的特色和追求所在。"乔布斯假新闻事件"让公民新闻成为媒体热议的焦点,令公民新闻或者说

Web 2.0网友新闻这一新生网络生态的公信力受到严重打击。

图14-6　CNN误报导致苹果公司市值猛跌

（二）信息碎片化，新闻深度搁浅

尼尔·波茨曼说过："媒介的形式偏好每种特殊的内容，从而能最终控制文化，和语言一样，每一种媒介都为思考、表达思想和抒发情感的方式提供了新的定位，从而创造出独特的话语符号。"[1]他还指出，印刷媒介成就了思想的深度以及公共话语的严肃性、明确性和系统性，促进了阅读和写作水平的提高。电子媒介的兴起则稀释了成熟于印刷媒介时代的读写深度和高度，图像、影像挤走了文字，占据大众的注意力中心之后，视觉又弱化了人们的思维能力，搁浅了人们对世界、人生的深度思考。

网络信息获取实际上是一种快餐式消费，网民往往倾向于获取简洁明了的信息资讯。为了满足网民的这种消费习惯，公民新闻通常比较简短。尤其是如今盛极一时的微博，更是流行浅语化、语录体式的语言文字。这些三言两语、言简意赅的文字信息虽然赢得了信息的时效性，但是限制了我们思考和表达自我的方式，微博有限的表达空间使得用户难以畅所欲言、尽兴表达，如要描述出一个重大的问题或事件，不得不削足适履。

此外，这种表面看来能够在短时间内获取大量信息的碎片化阅读，从长远来看，并不适应人类语言和思维的良性发展。因为较之于系统表达的信息，碎片式的文字往往只表达字面上的意思，以一种"蜻蜓点水"的方式一掠而过，不易被人感知和记忆；而且碎片化的传播不利于受众深度思维能力的锻炼和培养，导致思维的跳跃性和碎片化。[2]

（三）娱乐化明显，缺乏严肃新闻

公民新闻的娱乐化倾向，主要表现为报道重心向软新闻倾斜，休闲性和娱

---

[1] [美]尼尔·波茨曼. 娱乐至死. 章艳，译. 桂林：广西师范大学出版社，2009：10.
[2] 陈维超. 我国微博传播中的公民新闻研究. 长沙：中南大学硕士学位论文，2012：40-41.

乐性信息比例大幅提高,将名人趣事以及带有煽情性和刺激性的犯罪新闻、体育新闻、花边新闻、暴力事件等软性内容作为新闻报道的重点,并且竭力从政治、经济变动中挖掘其中具有娱乐价值的新闻,严肃性新闻则被束之高阁,这与美国新闻史上曾经泛滥成灾的"黄色新闻"仿佛有着某种相似之处。

例如,在微博的热门话题排行榜中,名列榜首的大多是娱乐新闻,时政、民生等与人们生活息息相关的信息反而被拒之千里。在洪水猛兽般的娱乐信息的侵蚀下,即使一些有价值的非娱乐新闻能够侥幸进入微博空间,也瞬间被淹没在娱乐的大潮中,难以为人所知。2012年3月2日,某网站评出的一周之内评论数最多的微话题是网友大接龙"一句话证明你上过学"。该话题竟有852 867条相关微博,其热度可见一斑。而且,前10名的热门话题主要都是关乎明星轶事、新媒体活动、日常琐事等无关痛痒的话题,娱乐性题材占绝大部分,而与人们生活、公共利益密切相关的理性对话和批判性讨论却鲜有出现,真正有价值的严肃报道并没有得到应有的关注。

(四)"草根"话语边缘化,数字鸿沟依旧

自媒体时代公民新闻的发展虽然一定程度上打破了传统媒体的垄断,赋予更多人"媒介接近权",使他们可以有效地表达、传播自己的观点和声音,但公民新闻依然要受到知识层次、观念和传媒工具的限制。研究表明,美国微博客Twitter上,话语的平权想象暂未实现。前几年所拥有的2万名"精英"用户,比例不到总用户的0.05%,却吸引了几乎50%的注意力。[1] 在众多的博客、播客、微博中,由于一大批名人、明星、社会各界精英的加入,反过来造成了这些人的直接垄断,草根的话语权依旧处在信息的灰色地带。传统媒体时代农业劳动者、无业失业者等社会底层人士缺乏话语表达空间的现象在公民新闻时代依然没有彻底改变,且有愈发严重之趋势。

迄今为止,中国互联网络信息中心发布的多份《中国互联网络发展状况统计报告》均显示,从网络普及率、网民结构和网络应用几方面来看,城乡互联网差距持续拉大,城乡之间的"数字鸿沟"有扩大趋势,公民新闻在反映或者表达底层声音方面依然缺乏建树。同时,近年来众多的热门公民新闻事件大多表明,公民新闻所搭建的交流对话平台并不是在异质群体之间展开,而是存在于戴维斯·理查德所称的"壁垒化论坛"之中。[2] 在这种论坛中,聚集的都是态

---

[1] 沈逸.实名制能否带来和谐的网络传播环境.文汇报,2012-03-12.
[2] 胡泳.众声喧哗.桂林:广西师范大学出版社,2008:217.

度一致的人,而不同意见者的声音则被淹没。在这种情境下,就有可能陷入社会现有强势阶层或者强势声音愈发强势,而弱势阶层或者弱势声音日益孱弱的马太效应之中。

公民新闻在世界各地的崛起已然改变了传统媒体的生存状态,引起各国政要、传媒和民众的高度关注。随着公民新闻的发展,如何实现与网民、传统媒体以及政府间的互动?公民新闻如何使民众参与社会治理和利益博弈成为可能?公民新闻能否实现突破而成为真正意义上的公民媒体?这些都是在公民新闻未来发展中值得民众关注和展望的重点。

【资料链接】

《自媒体时代的公民新闻》(申金霞,2013)一书从公民新闻的本体和公民新闻的发展两个方面展开对公民新闻的研究。在本体研究方面,主要探讨了公民新闻传播的主体、内容和渠道等;在发展研究方面,主要探讨了公民新闻如何推进大众传媒公共性的发展,以及公民新闻自身可持续发展的现实可能性等。该书为国内第一本关于"公民新闻"的专著。

【拓展训练】

1. 简述公民新闻与网络新闻的关系。
2. 怎样看待公民新闻对传统新闻的冲击和挑战?
3. 如何更好地发挥公民新闻在政治生活中的作用?
4. 简述微博对公民新闻发展的影响。
5. 试析公民新闻在我国的实践。

参考文献

一、著作类

[1] [美]韦尔伯·斯拉姆. 报刊的四种理论. 中国人民大学新闻系,译. 北京:新华出版社,1980.

[2] [美]约翰·C. 尼罗. 最后的权利:重议《报刊的四种理论》. 周翔,译. 汕头:汕头大学出版社,2008.

[3] [美]弗雷德里克·S. 西伯特,西奥多·彼得森,韦尔伯·斯拉姆. 传媒的四种理论. 戴鑫,译. 北京:中国人民大学出版社,2008.

[4] [美]新闻自由委员会. 一个自由而负责的新闻界. 展江,译. 北京:中国人民大学出版社,2004.

[5] 徐耀魁. 西方新闻理论评析. 北京:新华出版社,1998.

[6] 李良荣. 当代西方新闻媒体. 上海:复旦大学出版社,2010.

[7] 李良荣. 西方新闻事业概论(第3版). 上海:复旦大学出版社,2007.

[8] 刘行芳,刘修兵. 西方新闻理论概论(第2版). 武汉:武汉大学出版社,2011.

[9] 刘建明. 新闻学概论. 北京:中国传媒大学出版社,2007.

[10] 刘建明. 西方媒介批评史. 福州:福建人民出版社,2007.

[11] 刘建明. 当代新闻学原理. 北京:清华大学出版社,2003.

[12] 郑涵,金冠军. 当代西方传媒制度. 上海:上海交通大学出版社,2007.

[13] 何梓华. 新闻理论教程(修订版). 北京:高等教育出版社,2008.

[14] 斯拉沃热·齐泽克. 有人说过集权主义吗?. 宋文伟,侯萍,译. 南京:江苏人民出版社,2005.

[15] [美]帕伦蒂,韩建中. 美国的新闻自由. 刘先琴,译. 郑州:河南人民出版社,1992.

[16] 蔡晓滨. 美国报人:游走于现实与历史之间. 济南:山东画报出版

社,2010.

[17] 林子仪. 言论自由与新闻自由. 台北:台湾月旦出版社,1993.

[18] 唐海江. 西方自由主义新闻思潮新论. 长沙:湖南大学出版社,2006.

[19] 黄建新. 传媒:自由与责任——西方"报刊的社会责任理论"解读. 上海:上海交通大学出版社,2009.

[20] 董岩. 新闻责任论. 北京:人民日报出版社,2010.

[21] 孙聚成. 信息力新闻传播与国家发展. 北京:人民出版社,2006.

[22] [美]韦尔伯·斯拉姆. 大众传播媒介与社会发展. 金燕宁,译. 北京:华夏出版社,1990.

[23] [英]科林·斯巴克斯. 全球化、社会发展与大众媒体. 刘舸,常怡如,译. 北京:社会科学文献出版社,2009.

[24] [法]阿芒·马特拉. 世界传播与文化霸权. 北京:中央编译出版社,2001.

[25] [英]约翰·汤林森. 文化帝国主义. 冯建三,译. 上海:上海人民出版社,1999.

[26] [英]詹姆斯·查德威克. 互联网政治学:国家、公民与新传播技术. 任孟山,译. 北京:华夏出版社,2010.

[27] [美]本·巴格迪坎. 传播媒介的垄断. 林珊,等,译. 北京:新华出版社,1986.

[28] 陈沛芹. 美国新闻业务导论——演进脉络与报道方式. 合肥:安徽大学出版社,2010.

[29] 程道才. 西方新闻写作概论. 北京:新华出版社,2004.

[30] 方延明. 新闻写作教程. 北京:高等教育出版社,2005.

[31] 陈敏直. 新闻写作. 西安:陕西人民出版社,2006.

[32] 芮必峰,姜红. 新闻报道方式论. 合肥:安徽大学出版社,2001.

[33] 杨保军. 新闻价值论. 北京:中国人民大学出版社,2003.

[34] 仇东方. 英国媒体的新闻价值观——以"9.11"报道为例. 北京:中国国际广播出版社,2005.

[35] 黄旦. 传者图像:新闻专业主义的建构与消解. 上海:复旦大学出版社,2005.

[36] 吴飞. 新闻专业主义研究. 北京:中国人民大学出版社,2009.

[37] 芮必峰. 深度报道采访与写作. 合肥:合肥工业大学出版社,2006.

[38] 欧阳明. 深度报道采写概论. 北京:清华大学出版社,2011.

[39] [美]威廉·C. 盖恩斯. 调查性报道. 刘波,翁昌寿,译. 北京:中国人民大学出版社,2005.

[40] 赵华. 国外媒体记者谈新闻调查性报道. 北京:中国广播电视出版社,2009.

[41] [美]威廉·C. 盖恩斯. 调查性报道:成功报道的策略. 骊锋,主译. 北京:中国时代经济出版社,2011.

[42] [美]诺曼·梅勒. 夜幕下的大军. 任绍曾,译. 南京:译林出版社,1998.

[43] [美]杜鲁门·卡波特. 冷血. 杨月荪,译. 北京:中国文联出版公司,1987.

[44] [美]汤姆·沃尔夫. 新新闻主义. 上海:译文出版社,1980.

[45] 肖明,丁迈. 精确新闻学. 北京:中国广播电视出版社,2002.

[46] 章永宏. 重建客观:中国大陆精确新闻报道研究. 北京:中国书籍出版社,2013.

[47] [美]坦尼·哈斯. 公共新闻研究理论、实践与批评. 北京:华夏出版社,2010.

[48] [美]西奥多·格拉瑟. 公共新闻事业的理念. 邬晶晶,译. 北京:华夏出版社,2009.

[49] 黄浩荣. 公共新闻学:审议民主的观点. 台北:台湾巨流图书公司,2005.

[50] 石磊. 新媒体概论. 北京:中国传媒大学出版社,2009.

二、期刊论文类

[1] 谢征. 近代早期英国集权主义报业. 新闻大学,2005(1).

[2] 阿德里安·讷斯塔塞. 东欧二十年转型风暴:从集权主义到全球化. 当代世界,2010(1).

[3] 童兵.《世界新闻报》窃听事件和西方新闻自由再审视. 南京社会科学,2012(3).

[4] 陈力丹. 西方新闻自由与言论自由的固有矛盾. 新闻大学,2008(3).

[5] 沈正赋. 西方新闻自由的理想王国与现实图景——从英国《世界新闻报》"窃听门"事件谈起. 当代传播,2011(5).

[6] 吴晓秋. 新闻自由的性质之辨. 西南民族大学学报（人文社科版），2006(5).

[7] 黄旦. 从新闻职业化看西方新闻自由思想的历史演变. 浙江大学学报（人文社会科学版），2004(1).

[8] 石义彬，庄曦，周娟. 西方新闻自由的历史逻辑与现实表达. 当代传播，2009(2).

[9] 喻权域. "新闻自由"不是科学的用语. 江汉论坛，2006(1).

[10] 王怡红，宁新. 论美国社会责任论的发展及其局限. 现代传播，1993(3).

[11] 黄建新，闫鹏飞. 再论西方传媒"社会责任论"的现实困境. 新闻记者，2011(5).

[12] 黄建新，杨振宇. 试论西方传媒"社会责任论"的现实困境. 新闻记者，2008(4).

[13] 朱春阳. 社会责任论中"政府—媒介"关系再探——以美国哈钦斯委员会专门报告《政府与大众传播》为起点. 西南民族大学学报（人文社科版），2006(2).

[14] 陈力丹. 自由主义理论和社会责任论. 当代传播，2003(3).

[15] 于洋. 关于"社会责任论"的思考. 青年记者，2013(7).

[16] 虞明. 社会责任论的提出背景及发展研究. 青年记者，2010(23).

[17] 李晖. 发展传播学与发展新闻学论析——兼谈构建中国发展新闻学的重要性. 西南民族大学学报（人文社科版），2008(5).

[18] 陈卫星. 关于发展传播理论的范式转换. 南京社会科学，2011(1).

[19] 张娜. 国外发展传播理论与实践60年. 新闻爱好者，2011(1).

[20] 李萌. 技术迷思与发展传播研究. 国际新闻界，2013(2).

[21] 蔡敏. 关于发展新闻学的一些思考. 新闻战线，2007(7).

[22] 袁莉. "媒介帝国主义"的"虚惊". 现代传播，2004(6).

[23] 汪明香. 从"文化帝国主义"到"跨文化传播". 安徽广播电视大学学报，2005(1).

[24] 杨瑞明. 从"现代化"到"全球化"——"媒介帝国主义"理论的发展及其意义. 新闻与传播研究，1999(3).

[25] 李彦文. 21世纪全球化背景下的文化帝国主义. 东岳论丛，2007(5).

[26] 金惠敏. 文化帝国主义与文化全球化——约翰·汤姆林森教授访谈录. 陕西师范大学学报（哲学社会科学版），2012(6).

[27] 陈俊. 简述网络民意与公民民主参与. 法制与社会, 2009(33).

[28] 路红梅. 网络民主参与探析. 安阳师范学院学报, 2011(4).

[29] 单波, 黄泰岩. 新闻传媒如何扮演民主参与的角色——评杜威和李普曼在新闻与民主关系问题上的分歧. 国外社会科学, 2003(3).

[30] 陶文昭. 信息时代的民主参与. 社会科学研究, 2006(2).

[31] 张爱杰. 政府网络传播与民主参与. 青年记者, 2008(33).

[32] 邱戈. 新闻专业主义与新闻道德探询机制考辨. 重庆社会科学, 2013(3).

[33] 刘丹凌. 困境中的重构: 新媒体语境下新闻专业主义的转向. 南京社会科学, 2012(2).

[34] 芮必峰. 新闻专业主义: 一种职业权力的意识形态——再论新闻专业主义之于我国新闻传播实践. 国际新闻界, 2011(2).

[35] 袁光锋. 从文本、制度到行动: 体制缝隙与"实践"的新闻专业主义——基于"行动"的新闻专业主义研究路径. 中国地质大学学报(社会科学版), 2011(5).

[36] 王学成. "现实"与"理念"下的分裂——重思西方新闻专业主义. 新闻与传播研究, 2007(1).

[37] 曹劲松. 现代媒介环境下新闻价值的嬗变. 传媒观察, 2009(1).

[38] 杨保军. 试论新闻价值构成的多项性和层次性. 国际新闻界, 2002(4).

[39] 范以锦, 肖文舸. 对新闻价值与新闻价值观的思考——结合世界新闻报窃听事件进行分析. 记者摇篮, 2011(11).

[40] 方延明. 关于新闻价值的学术思考. 当代传播, 2009(2).

[41] 周立伟. 当代新闻价值浅析. 新闻传播, 2012(10).

[42] 朱学东. 让新闻价值判断权回归媒体. 青年记者, 2013(1).

[43] 尚文静. 媒体报道中对新闻价值的异化及出路. 新闻传播, 2013(6).

[44] 劳春燕. 当代战争中的舆论战和传媒角色——从利比亚战争看信息迷雾与客观报道. 新闻记者, 2011(8).

[45] 刘建明. 否定客观报道的理论误区. 新闻与写作, 2006(3).

[46] 许燕. "客观报道": 六种策略仪式. 新闻知识, 2006(6).

[47] 张维民, 蒲平. 新闻客观报道研究. 青年记者, 2009(11).

[48] 宗春启. 客观报道漫谈. 新闻与写作, 2011(6).

[49] 黄超. 从多媒体呈现形态看调查性报道的变与不变——以第95届普利策调查性报道奖作品为例. 新闻记者, 2011(10).

[50] 程道才. 西方调查性报道的特点及采写要求. 当代传播, 2006(2).

[51] 张威. 调查性报道:对西方和中国的透视. 国际新闻界,1999(2).

[52] 许亚荃. 调查性报道探析. 江西社会科学,2000(4).

[53] 刘鑫,张咏华. 一组解释性报道的范本——2007年普利策奖国际报道奖获奖作品简析. 新闻记者,2007(8).

[54] 石坚. 解释性报道的魅力何在?——评美国新闻作品《中国会成为日本吗?》. 新闻知识,2006(8).

[55] 刘冰. 怎样撰写解释性报道. 新闻与写作,2009(8).

[56] 楼坚. 新新闻主义的复活. 新闻大学,1995(4).

[57] 葛昀. 评议"新新闻主义的复活". 新闻大学,1999(3).

[58] 梁玉婷. 中国新闻语态转变背景下新新闻主义的呈现及借鉴意义——以《南方周末》特稿为例. 新闻知识,2012(9).

[59] 罗以澄,胡亚平. 挑战现实理性构建浪漫真实——解读新新闻主义的价值观及其叙事结构. 现代传播,2004(4).

[60] 徐叶. 新新闻主义——新闻客观性的扩容. 当代传播,2008(3).

[61] 霍文利. 论新新闻主义的核心价值——以汤姆·沃尔夫的杰斐逊演讲为线索. 现代传播,2007(1).

[62] 徐孜望. 新新闻主义研究:理论沿革、历史贡献及发展趋势. 前沿,2008(12).

[63] 章永宏. 主义还是工具:试论精确新闻报道的代价值. 新闻大学,2011(4).

[64] 苏林森. 精确新闻报道的社会功能. 当代传播,2006(2).

[65] 程道才. 西方精确新闻学理论的内容及应用. 当代传播,2004(3).

[66] 赵雅文. 精确新闻报道的平衡把握与体现. 新闻知识,2007(2).

[67] 梁舞. 精确新闻报道的理论起源以及在美国的发展. 东南传播,2006(1).

[68] 蔡雯,郭翠玲. 从"公共新闻"到"公民新闻"——试析西方国家新闻传播正在发生的变化. 新闻记者,2008(8).

[69] 蔡雯. 美国公共新闻的历史与现状——对美国"公共新闻"的实地观察与分析(上). 国际新闻界,2005(1).

[70] 李洋,陈刚. 民主实验和新闻改革——美国公共新闻事业思想评析. 西北大学学报(哲学社会科学版),2010(5).

[71] 李青藜. 美国的公民新闻事业. 国际新闻界,2004(1).

[72] 吴果中. 媒介·公众·民主———美国公共新闻事业演变的内在逻辑. 湖湘论坛,2010(6).

[73] 张青. 公共舆论、公共新闻和公众公民意识的培养. 社会科学论坛, 2011(3).

[74] 邵培仁, 章东轶. 市民新闻学的兴起、特点及其应对. 新闻界, 2004(4).

[75] 蔡雯, 郭翠玲. "公民新闻"的兴起与传统媒体的应对——对西方新闻传播变革的观察与分析. 新闻战线, 2009(9).

[76] 张赐琪. 公民新闻的产生与特征. 毛泽东邓小平理论研究, 2009(5).

[77] 赵俊峰, 张羽. 公民新闻的发展与传媒生态的再建构. 国际新闻界, 2012(6).

[78] 周海燕. 自媒体时代的公民新闻与社会再造. 新闻记者, 2012(12).

三、硕博学位论文类

[1] 占康. 从集权主义到自由主义——关于新闻体制的比较研究. 武汉: 华中科技大学硕士学位论文, 2008.

[2] 刘莉. 从美国公共新闻看媒介的民主参与角色. 武汉: 武汉大学硕士学位论文, 2006.

[3] 高红燕. 面对"新闻价值"本身. 广州: 暨南大学硕士学位论文, 2003.

[4] 王玉英. 美国公共新闻理论探析. 武汉: 武汉大学硕士学位论文, 2005.

[5] 郭翠玲. 新媒体背景下的公民新闻研究. 北京: 中国人民大学博士学位论文, 2009.

[6] 陈维超. 我国微博传播中的公民新闻研究. 长沙: 中南大学硕士学位论文, 2012.

[7] 朱长萍. 公民新闻实践及其理论分析. 武汉: 华中师范大学硕士学位论文, 2008.